BIBLIOTHÈQUE DE VULGARISATION

L'EXTRÊME ORIENT

COCHINCHINE
ANNAM, TON-KIN

avec gravures dans le texte

PAR

RAOUL POSTEL

ancien Magistrat à Saïgon

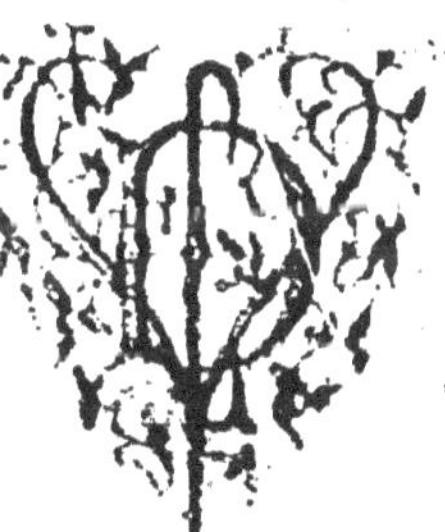

PARIS

4, DEGORCE-CADOT, ÉDITEUR

9, RUE DE VERNEUIL, 9

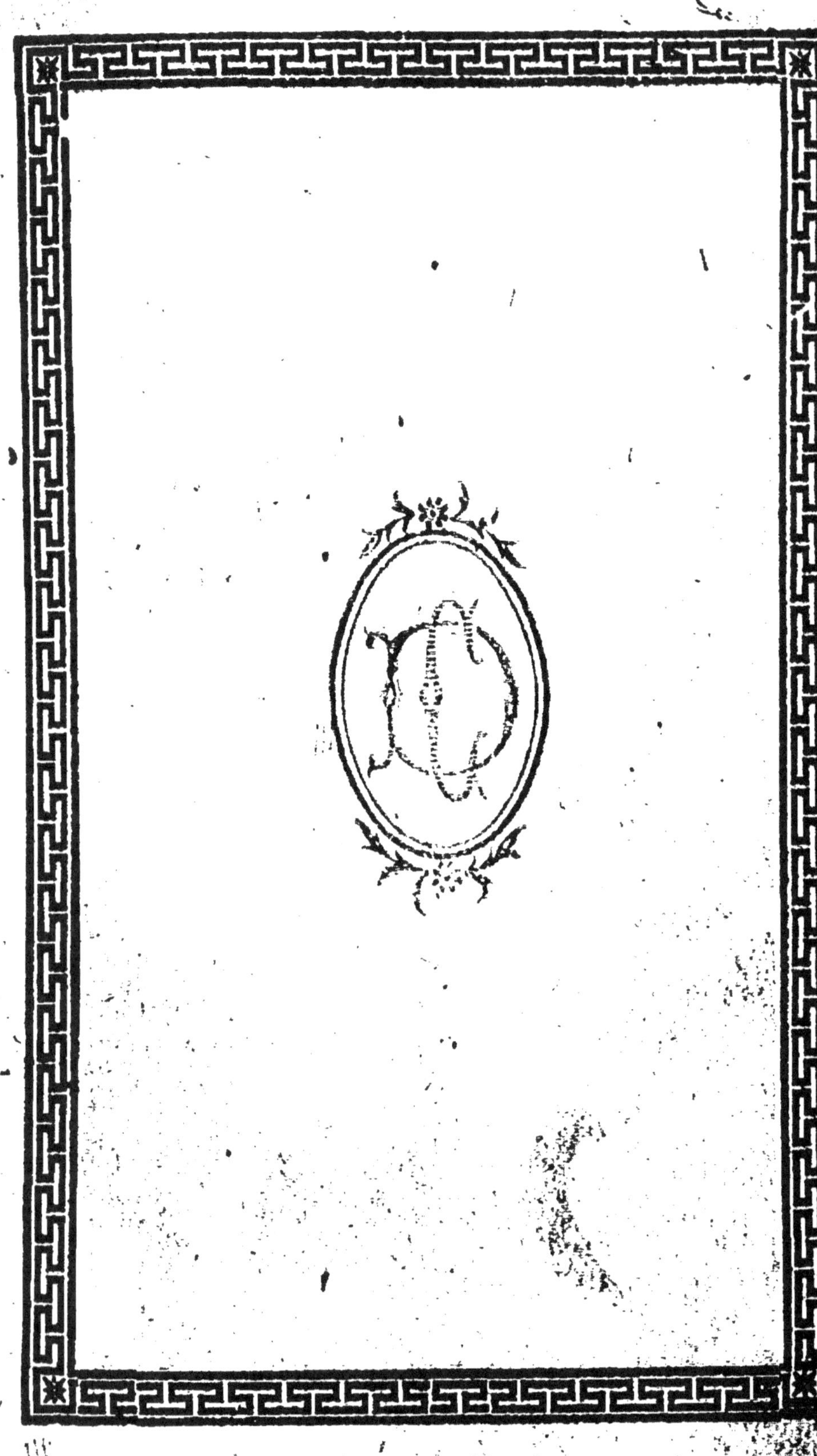

L'EXTRÊME ORIENT

COCHINCHINE, ANNAM, TONG-KIN

PARIS. — IMP. CHAIX, SUCC. DE SAINT-OUEN, 86, RUE DES ROSIERS. — 1508-2

L'EXTRÊME ORIENT

COCHINCHINE, ANNAM, TONG-KIN

PAR

Raoul POSTEL

ANCIEN MAGISTRAT A SAÏGON (COCHINCHINE)

PARIS

DEGORCE-CADOT, LIBRAIRE-ÉDITEUR

9, RUE DE VERNEUIL, 9

—

1882

AVANT-PROPOS

Au point de vue géographique, l'Indo-Chine se divise naturellement en trois régions.

La première, correspondant au bassin du golfe du Bengale, comprend trois fleuves principaux, dont le cours général a la direction N.-S. et qui, tous les trois, ont leurs embouchures assez rapprochées les unes des autres : ce sont l'Iraouaddy (*Ta-kin-cha-kiang*), le Sittoung et le Salouen (*Nam-kiang*).

La deuxième, qui correspond au bassin du golfe de Siam, comprend deux cours d'eau principaux, dirigés aussi du nord au sud : le Méï-Nam et le Mé-Không.

La troisième région correspond au bassin de la mer de Chine et du golfe du Tong-kin. Dans cette partie de la péninsule, les cours d'eau ont une situation générale O.-E. ; au nord, on trouve le Song-Coï, fleuve important qui prend sa source dans la province chinoise du Yû-Nân.

Ces trois régions naturelles correspondent à peu près aux trois régions politiques de cette vaste contrée, lesquelles, prises dans le même ordre, sont : la Birmanie, le royaume de Siam et l'empire d'Annam. Deux points seulement font exception au tableau que nous venons d'esquisser de l'Indo-Chine. C'est, d'abord, la partie méridionale de la presqu'île de Malacca, dont les Anglais sont presque absolument maîtres aujourd'hui : ce sont, ensuite, les embouchures du Mé-Không qui, avec d'autres provinces et le petit royaume du Cambodge, forment notre colonie française de Cochinchine.

De ces trois souverainetés indigènes, deux seulement limitent notre possession asiatique : l'Annam et le Siam. Le caractère remuant et sourdement hostile de leurs populations, pas plus que la politique tortueuse de leurs princes, ne saurait gravement inquiéter les intérêts français.

D'une part, l'empire d'Annam est lié avec nous par un traité qui, tout en lui laissant son indépendance propre, le contraint à certains égards vis-à-vis de notre pays; et si jamais il manquait à ses engagements et que la France éprouvât alors le besoin d'une expansion coloniale, elle trouverait dans la vallée du Song-Coï et le long de la côte orientale de l'Indo-Chine un terrain pour ainsi dire préparé à la recevoir. Les derniers événements du Tong-kin nous faisaient la partie belle ; des considérations politiques d'un ordre tout spécial ont, peut-être, contribué pour beaucoup à laisser intact jusqu'à présent un empire que nous devons, assurément, nous annexer tôt ou tard. La cour de Hué, pour quiconque connaît ses façons d'agir, se chargera elle-même de nous en donner les prétextes. L'Angleterre, seule puissance réellement intéressée, avec la France, sur cette question, laissera faire, n'ayant de prétentions absolues que sur les eaux du golfe du Bengale, qu'elle considère, assez justement du reste, comme siennes.

Quant au royaume de Siam, la question du Cambodge en faisait jadis notre ennemi naturel : mais les négociations de 1868 ont réglé définitivement cette affaire, et le protectorat de cette région, qui nous demeure par suite acquis, a été officiellement reconnu par le roi Ong-Duong, en même temps que consenti pour jamais par le roi Norôdom. D'un autre côté, le Siam a, de tout temps, été en lutte avec la Birmanie au sujet de la suzeraineté à exercer sur les contrées connues sous le nom général d'États Schans. Aujourd'hui, il semble que ces États soient assujettis au Siam jusqu'à 20° de latitude, tandis qu'au nord de ce parallèle ils dépendraient de la Birmanie : celle-ci serait, ainsi, limitrophe du Tong-kin, c'est-à-dire de l'empire de Hué. Dans le cas où le souverain de Bang-kok viendrait à manifester de nouveau des intentions hostiles, il serait aisé de lui susciter à propos quelques difficultés au sujet de la délimitation de ses frontières avec les Birmans. Le voisinage de ceux-ci avec le Tong-kin nous ferait d'ailleurs, au besoin, une nécessité de les soutenir dans l'intérêt de nos futures relations commerciales. On les trouverait faciles d'accommodement. L'ambassade que le roi de Mandalay envoya en France dans le courant de l'année 1872 et le traité de commerce que, malgré quelques difficultés de détail, nous avons conclu avec lui au mois de janvier 1874 en sont une preuve suffisante.

Ces considérations générales — que nul, en France, ne devrait perdre de vue dans l'intérêt de la grande colonie asiatique que nous avons réussi à fonder dans l'extrême Orient — nous avons tenu à les rappeler tout d'abord. Elles sont la préface naturelle de notre livre.

Au moment où les nécessités de notre commerce et de notre politique coloniale dans l'Indo-Chine réclament l'extension, à bref délai, de notre influence effective depuis les bouches du Mé-Không jusqu'à celles du Song-Coï, il importe de se rendre un compte exact de la situation respective, des intentions et des ressources de nos différents voisins. Sans cela, les conclusions qu'on devra tirer de notre étude n'auraient point de base.

Nous sommes de ceux, en effet, qui croient fer-

moment, en dépit des affirmations de contra-
dicteurs intéressés ou frivoles, au génie coloni-
sateur de la France. Nous ne saurions oublier quel
rôle glorieusement prépondérant elle a joué, jadis,
au delà des mers, principalement dans l'Amérique
du Nord et dans les Indes, où l'Angleterre n'a fait
que recueillir notre riche succession. Des fautes
politiques répétées nous valurent, au siècle dernier, la perte successive de presque tous nos territoires d'outre-mer. Au commencement du siècle
actuel, le gouvernement impérial, absorbé par un
autre courant d'intérêts, compléta insoucieu-
sement leur ruine. Nous avons, depuis, essayé de
réparer cette désastreuse suite de revers où d'er-
reurs. Mais le succès n'a point répondu à nos
efforts. Sur tous les points du globe, nous nous
sommes laissé prévenir. Là même où nous avions
des droits acquis depuis plus de deux siècles, —
à Madagascar et sur les bords de l'Amazone, par
exemple, — nous avons permis qu'on bravât
ouvertement, qu'on foulât aux pieds ces droits,
consacrés par de formels traités. Si, du moins,
nous savions tirer profit de ce qui nous reste!...

Eh bien! il faut, en France, qu'on soit convaincu
de ceci : c'est que ce ne sont point nos colons qui
sont insuffisants au point de vue de l'initiative ou
des capacités, mais que c'est, au contraire, notre
régime colonial même qui est défectueux.

Espérons que la substitution des gouverneurs civils aux gouverneurs militaires produira de meilleurs résultats. Mais il importe de ne point se borner à cette unique réforme. La métropole ne doit pas oublier qu'un régime complet de liberté est nécessaire à toute œuvre fructueuse de colonisation. C'est là, surtout, ce que je me suis appliqué à démontrer dans mon livre.

Un dernier mot pour expliquer le titre général de ce volume. Dans un des précédents ouvrages de la *Bibliothèque de vulgarisation*, M. Ad.-F. de Fontpertuis s'est attaché à décrire la Chine, le Japon et le royaume de Siam; à mon tour, j'ai essayé de compléter son excellent travail par l'étude des importantes régions annamites, cambodgiennes et tong-kinoises. De la sorte, le public possédera, dans ces deux volumes qui se font suite, le tableau complet d'un ensemble de contrées encore peu connues, mais avec lesquelles nos relations se multiplient de plus en plus. Le lecteur pourra ainsi se mettre facilement au courant des grandes questions dont l'extrême Orient est devenu le théâtre, questions dont il est temps, assurément, que nous cessions de nous désintéresser.

Je dois déclarer enfin que, pour ce qui concerne notre colonie de Cochinchine et notre protectorat du Cambodge, j'ai résumé ici mes observations personnelles, mais que, pour ce qui regarde le royaume d'Annam et le Tong-kin, j'ai dû souvent m'en référer aux remarquables travaux publiés par M. Dutreuil de Rhins et par M. Jean Dupuis. J'ai, de plus, consigné avec soin les diverses catégories d'interventions ou de réformes dont ces différents pays ont été l'objet jusqu'à ce jour.

RAOUL POSTEL.

L'EXTRÊME ORIENT

COCHINCHINE FRANÇAISE

Configuration générale de la Cochinchine. — Ses fleuves. — Sa température. — Son climat. — Superficie. — Population. — Division en provinces. — Physionomie du pays.

La Cochinchine française se trouve comprise entre 8° 20' et 11° 30' de latitude nord et 102° et 105° 11' de longitude est.

Le sol est formé presque entièrement d'alluvions. Le pays est bas, à peu près plat sur toute son étendue, et coupé d'innombrables *arroyos* qui donnent accès aux marées et qui facilitent merveilleusement l'agriculture et le commerce en portant partout le mouvement et la vie. Quelques points, toutefois, tels que la montagne de Dien-ba, les collines de Bien-hoa, les monts de Shon-Lu, de Baria, du cap Saint-Jacques, les îles de Poulo-Cécir et de Poulo-Condore, de composition granitique, semblent rattacher, au travers de la basse Cochinchine, la grande chaîne dorsale de l'Asie aux pics de Sumatra, de Bornéo et de Java. Le terrain émerge lentement au-dessus des eaux de la mer, autant qu'on peut en juger, du moins, par les traces que l'on observe sur les côtés du cap.

Le sol est admirablement propre à toute espèce de culture tropicale. Les terres basses fournissent le premier riz du monde. Vers le nord et le nord-est, le terrain s'élève, devient plus meuble et sablonneux : les indigènes y cultivent avec succès, bien que sur une échelle restreinte, le coton, le tabac, le thé, la canne à sucre, le bétel, l'indigo, la vanille, le mûrier, les arachides et le poivre. Depuis quelque temps on y a importé le café, et cet essai promet de féconds résultats. Il est à regretter, cependant, que l'arbre à pain, qui se multiplie en abondance à Singapore, refuse de s'acclimater dans notre colonie. Enfin, dans le Nord commence la région des forêts, où se rencontrent de belles et précieuses essences. Malheureusement, l'exploitation inintelligente du gouvernement annamite y a causé de réels dégâts, qu'il nous faut à présent réparer : toutefois, dans quelques années, nos colons devront y trouver une ressource assurée pour l'avenir.

La basse Cochinchine affecte la forme d'un vaste rectangle dont les grands côtés, dirigés du S.-O. au N.-E., ont 280 kilomètres et les petits côtés, allant du S.-E. au N.-O., environ 180 kilomètres de longueur.

Trois grands fleuves arrosent la colonie.

Le Mé-Không, ou fleuve du Cambodge, cours d'eau immense dont les sources semblent se perdre dans les derniers contreforts des montagnes du Thibet : sa branche orientale débouche dans la mer, par un sinueux delta de cinq bras.

Le Grand-Vaïco, formé par la réunion du Vaïco occidental et du Vaïco oriental, qui vient tomber, non dans la mer, mais dans le Soïrap, à cinq ou six milles de l'embouchure de ce dernier.

Le Soïrap, formé de la réunion de la rivière de Saïgon

et de la rivière de Bien-hoa, lesquelles se rejoignent à une douzaine de milles au-dessous du Saïgon.

On compte, en plus, cinq autres rivières, de moindres dimensions. Ce sont, d'abord, le Dan-Trang et le Don-naï qui, reliés entre eux et au Soirap par des larges canaux, sont choisis de préférence par les marins pour remonter jusqu'à la capitale; puis le Thi-Waï qui vient de l'est, de Longh-Thanh, tomber dans la mer près du Don-naï; le Rach-Lap et le Cua-Lap qui, partant de la région de Baria, entourent la presqu'île du cap Saint-Jacques et en font une île véritable.

Les bords du Don-naï sont dominés, dans son cours supérieur, par de petites collines qu'il traverse en formant d'assez nombreuses cataractes. A partir de Bien-hoa, il s'élargit; mais, en aval de cette place forte, il contient des rochers immergés qui ne laissent entre eux et la rive droite qu'une passe très resserrée. Ce banc, un autre du même genre dans le bras de rivière par lequel on remonte à Saïgon, et un troisième plus petit, dans le haut de son cours supérieur, sont les seuls obstacles de cette espèce que rencontre la navigation intérieure dans notre colonie. L'importance du banc de Bien-hoa a été accrue au moyen de blocs de pierre coulés par les Annamites, dans le système de défense desquels les barrages jouaient un grand rôle.

Le Soirap ne peut guère être utilisé malgré sa position centrale, sa parfaite direction du N. au S. et son volume: par suite des bancs de sable qui l'obstruent, il est, en effet, peu navigable. Nous ne parlons, bien entendu, que de sa branche occidentale: son bras oriental, auquel on a conservé improprement la dénomination de Don-naï, est libre de tout obstacle, sauf le banc dont nous avons parlé, mais que les plus forts navires peuvent franchir à l'heure favorable de la marée.

Le Vaïco oriental coule du N.-O. au S.-E., parallèlement à la rivière de Saïgon, dont il a presque partout les caractères : l'eau y est aussi profonde, la navigation aussi facile ; sa largeur seule est moindre. A Tay-Ninh, à 150 kilomètres de la mer, on trouve encore 13 mètres de profondeur.

Le Vaïco occidental est parallèle au Mé-Không. Aussi profond que la branche orientale, mais plus étroit, son cours supérieur est moins connu.

Il est à remarquer que les deux Vaïco, qui traversent des terrains très bas et noyés, présentent ce phénomène qu'ils n'ont, à vrai dire, pas de sources. Leur cours supérieur se termine par un épanouissement, par une « digitation » d'arroyos qui se perdent dans les plaines. Il faut, pour expliquer leur puissant volume d'eau et leur courant rapide, les attribuer au drainage continu qui a lieu dans les campagnes inondées pendant les six mois de pluies, ainsi que par les débordements du Mé-Không.

Ces arroyos ayant deux embouchures, il arrive fréquemment que le flot entre par les deux extrémités, accumulant ainsi les vases au milieu, de sorte que la profondeur y est moindre qu'aux deux bouts. Quand la mer commence à baisser, le courant de jusant s'écoule à la fois des deux côtés du « dos d'âne ». Souvent ces canaux sont dus au travail de l'homme, les Annamites excellant dans ces sortes d'ouvrages. C'est ainsi qu'ils avaient admirablement creusé, sous l'administration des mandarins, un splendide canal de 20 lieues réunissant le Mé-Không au golfe de Siam, de Chau-doc à Ha-tien. Leur multiplicité facilite le commerce intérieur. Les indigènes les préfèrent aux routes de terre, lesquelles, par suite, n'existent pas. Aussi ne peut-on se figurer quelle quantité de bateaux et de jonques circulent dans ces arroyos. En Cochinchine, tous les voyages

Rivière de Saïgon (Confluent de l'Arroyo-Chinois)

et tous les transports se font au moyen de ces « chemins qui marchent », alternativement dans les deux sens, grâce aux marées.

La basse Cochinchine n'est donc, en réalité, qu'un immense réseau de cours d'eau, plus ou moins volumineux, qui traversent le pays en tous sens.

Il résulte de cette situation géographique une chaleur presque uniforme pendant toute la durée de l'année : elle varie de 33° à 35° centigrades pendant le jour, et de 28° à 30° pendant la nuit. Il est vrai qu'il n'y a pas de variations brusques de température, et c'est là une considération importante tant au point de vue de la santé qu'au point de vue de l'agriculture. La saison sèche règne de novembre en avril, pendant la mousson du N.-E., et la saison des pluies de mai en octobre, pendant la mousson du S.-O. En dehors de cette dernière saison, il ne tombe pas une goutte d'eau. Les mois les plus pénibles à passer sont les mois de transition, c'est-à-dire avril et mai : l'air est alors étouffant, il tonne sans pleuvoir, la transpiration est continuelle, la surexcitation des nerfs enlève tout sommeil et tout appétit, les éruptions cutanées naissent et se développent. Quand viennent les pluies, ce malaise disparaît. A cette époque, les orages se forment chaque jour d'une façon assez régulière sous l'influence de la brise de mer et des courants d'air qui suivent les fleuves : ils arrivent généralement avec la marée. On conçoit que cette action constante du soleil et cette accumulation d'humidité et d'électricité rendent le climat énervant et malsain. Cependant, on exagère beaucoup l'insalubrité du climat : des précautions hygiéniques prudemment prises pour l'habitation, l'alimentation et la façon générale de vivre rendent l'acclimatement facile aux Européens. On peut, d'ailleurs, refaire ses forces à l'air plus doux et plus frais du cap Saint-Jacques, ou bien encore à Thu-dau-mot, dans la province de Bien-hoa. Il suffit donc d'éviter les excès, et de ne point trop inconsidérément prolonger son séjour. La mortalité est même moindre en Cochinchine qu'au Sénégal ou qu'aux Antilles, ou même encore que dans certaines parties de l'Inde : les tableaux comparatifs en font foi, bien que peut-être, pour des motifs de sécurité générale, on ait parfois dissimulé officiellement le chiffre réel des décès. Le cimetière européen du Saigon peut, seul, révéler douloureusement la vérité. Au besoin encore, le nombre de malades que nous débarquons tous les deux mois à Toulon et qui succombent au retour viendrait confirmer ce que nous avançons ici. Ces malheureux sont, du reste, presque tous de simples soldats, des sous-officiers ou de bas employés qui n'ont été les victimes du climat que pour avoir négligé, par suite de n'importe quelle cause, les prescriptions de la prudence la plus ordinaire. Il n'y a aucune raison pour que l'acclimatement des Occidentaux soit plus malaisé en Cochinchine qu'à Singapore ou à Java, dont les conditions climatériques sont identiques. Ajoutons qu'il n'existe dans notre colonie aucune de ces terribles épidémies qui désolent trop souvent nos autres possessions d'outre-mer.

On évalue à 56,244 kilomètres carrés la superficie de la basse Cochinchine.

Le chiffre total de la population est estimé à 2 millions d'habitants. Il faut comprendre dans ce chiffre l'effectif du corps expéditionnaire, 10,000 hommes environ, les résidents européens qui ne dépassent pas 1,000 individus, les Chinois et autres Asiatiques. Du reste, la moitié du pays est à peine peuplée, et de cette moitié les deux tiers tout au plus sont cultivés. On voit que tout se trouve naturellement disposé, dans ce vaste champ d'une fertilité inouïe, pour fournir à l'activité de la race blanche les éléments d'une exploitation fructueuse : l'avenir est riche de promesses si l'on considère la quantité inépuisable des produits offerts à l'exportation.

Notre colonie est divisée en six provinces :

1° Saïgon *(Gia-Dinh)*,
2° Bien-hoa *(Dong-Naï)*,
3° Mitho *(Dinh-Tuong)*,
4° Vinh-long *(Long-Ho)*,
5° Chau-doc *(An-Giang)*,
6° Ha-tien *(Can-Cao)*.

Ces six provinces ont été occupées définitivement : Saïgon, le 17 février 1859, par l'amiral Rigault de Genouilly; Mitho, le 12 avril 1861, par l'amiral Page ; Bien-hoa, le 9 décembre 1861, par l'amiral Bonard ; Vinh-Long, le 20 ; Chau-doc, le 22, et Ha-tien, le 24 juin 1867, par l'amiral de La Grandière. Ces trois dernières provinces, acquises « pacifiquement », sont connues sous le nom de *Provinces de l'Ouest.*

Nous donnerons ailleurs la subdivision en 18 cercles de notre colonie.

Chacune des régions de la Cochinchine a son aspect particulier.

Dans la partie basse et noyée que découpent en îles nombreuses les embouchures du Mé-Không et de la rivière de Saïgon, peu ou point de cultures. C'est sur l'eau et de ses produits que vivent les habitants. De grandes pêcheries et une multitude de barques remplissent seules le paysage. Çà et là, des hommes coupent les palétuviers des rives, puis vont les porter dans l'intérieur à l'état de bois à brûler pour alimenter les fabrications de charbon, les briqueteries et les fours à chaux.

En remontant, les rizières apparaissent peu à peu : bientôt, elles envahissent tout le tableau. De lointaines lignes d'arbres encadrent la perspective et dessinent les nombreux détours des arroyos et des fleuves. Le long des îles du Mé-Không, les plantations d'aréquiers et de cocotiers bordent la rive ; les maisons surgissent en plus grand nombre ; le mouvement et la vie augmentent à vue d'œil. De légères embarcations, conduites à la rame, remontent vers Mitho chargées de fruits, de noix de coco, que les indigènes vont livrer aux fabricants d'huile, ou de régimes d'areck qui seront ensuite dirigés sur le Cambodge. A chaque marée un nombreux convoi de jonques, profitant du courant, apporte les produits des pêcheries de la côte et les chargements de sel que Baria expédie au Grand-Lac.

Les barques de plus lointaine provenance arrivent, en même temps, pour échanger les soies des provinces centrales contre le riz nécessaire à la consommation de celles-ci.

A l'encontre de ce courant ascendant, qui vient s'arrêter à l'Arroyo-de-la-Poste, se pressent les transports des denrées de l'intérieur, qui se dirigent également vers le même point. Ce sont les jonques chinoises, qui ont été chercher à Sadec les produits entreposés des six provinces annamites : riz, poivre, cire, stick-laque ; ou bien les lourdes barques cambodgiennes, véritables maisons flottantes, qui apportent le coton, le poisson salé, les ivoires, les peaux, le tabac, les cardamomes, les sucres de palmier et les mille autres richesses de leur région : quelquefois, d'énormes radeaux charrient lentement les dépouilles des forêts du nord de Pnôm-Penh et du Grand-Lac. Tout ce courant de matières premières prend ensuite la route commerciale du cœur de la contrée, qui est Saïgon. Là, les jonques de l'intérieur se croisent incessamment avec les convois de produits manufacturés européens ou chinois. Ce sont des cotonnades, des faïences et verroteries, des ustensiles de toute nature.

Sur cette route, le pays change d'aspect : de nombreux jardins se groupent autour des cases. Le mûrier fait son apparition. Quelques *giongs* sablonneux s'emparent du sol : ils contiennent des plantations de coton et de cannes.

A l'horizon, la Plaine-des-Joncs étend son désert monotone. En tout temps, des barques légères en reviennent chargées de roseaux qui vont aussitôt se transformer en nattes et en sacs à riz sur les marchés échelonnés le long de la route commerciale. Un peu avant le point d'arrivée de celle-ci et dans la partie nord, le sol devient moins humide, les rizières moins belles. Aux riz hâtifs, que seuls elles peuvent donner ici, succède une seconde récolte d'indigo ou de racines.

Si l'on traverse la rivière de Saïgon et les rizières qu'elle féconde pour visiter les riches vallées que dessinent les légers contreforts du fleuve, le paysage, plus accidenté et plus pittoresque, va révéler à chaque pas des habitudes agricoles différentes, des productions et des industries d'une autre sorte.

Les immenses plaines de riz ont bientôt disparu ! d'autres cultures, déjà considérables comme étendue totale, mais très fractionnées, dominent à leur tour. Ce sont le coton, le tabac et la canne à sucre.

Le long des frontières, la population, plus clairsemée que dans le pays à riz, se groupe surtout autour de quatre ou cinq centres principaux dont l'industrie est active.

Les transports commerciaux sont alimentés par les pierres que le district de Bien-hoa fournit aux constructions de Saïgon, par les produits des salines, l'huile d'arachides, le coton, le tabac et le sucre.

Les habitants rapportent du pays des Moïs quelques produits des forêts, et l'espèce de tabac si connue sous le nom de *Longh-Thanh.*

Plus on s'avance dans l'Est, plus les terres deviennent riches et profondes. C'est alors que l'on commence à rencontrer les cultures d'ortie de Chine, dont la triple production annuelle épuiserait bien vite un sol moins fécond.

Le succès des cultures coloniales proprement dites ne peut, en tout cas, s'espérer en Cochinchine que dans la partie de son territoire que nous venons d'indiquer.

L'avenir de cette contrée est facile à préciser, et la nature même du pays lui assigne d'avance des destinées invariables.

Jusqu'à présent, la Chine est restée à peu près le marché unique où vont s'écouler tous les produits de la colonie; aussi l'importation reste-t-elle exclusivement chinoise, alors qu'il serait à désirer qu'elle devînt, au contraire, un nouveau débouché pour l'Europe.

Telle est la physionomie générale de la Cochinchine. Nous aurons lieu de revenir, plus loin, sur certains détails de cette rapide esquisse.

II

Îles de Poulo-Condore. — Île de Phu-Quoc; ports sur le golfe de Siam. — Du cap Saint-Jacques à Saïgon.

Le groupe des îles Condore est situé à 75 milles du cap Saint-Jacques, sur la route de Saïgon à Singapore, par 8° 37' de latitude nord et 104° 14' de longitude est. Leur désignation malaise signifie « îles des Serpents », bien qu'on n'y rencontre aucun de ces reptiles. Elles sont au nombre de cinq. La plus grande, Poulo-Condore (*Con-non*), offre une superficie de 6,000 hectares : sa longueur est de 8 lieues et sa largeur de 2. C'est la première apparition du sol français.

Le climat de ce petit archipel est sain, et il renferme de bonne eau. La petite Condore (*Bac-vioung*) — la seconde du groupe en étendue — possède des sources sulfureuses qui jaillissent de rochers d'origine volcanique, au sommet desquels on rencontre de l'oxyde de fer magnétique. Le granit de ces montagnes n'est pas exploité.

L'aspect de la grande Condore est pittoresque. Les côtes s'élèvent brusquement de la mer à la hauteur de 1,800 pieds. Elles sont couvertes d'une verdure épaisse depuis le bord de l'eau jusqu'à leur sommet. Les herbes sont de très belle taille, le sol très riche ; mais il y a peu de terres cultivées, car les pentes des montagnes sont trop rapides. La garnison, qui est de 200 hommes environ, a construit quelques maisons en pierres sèches, dont la plus belle est naturellement celle du commandant, et deux grosses jetées qui servent de quais, entre lesquelles on aborde. Cette île est un lieu de déportation pour les condamnés annamites. On les y occupe à bâtir et à travailler la terre. Le village est donc tout simplement un port militaire, les naturels ne sortant guère de leurs montagnes, sinon pour pratiquer les échanges dont ils ont besoin. Un aviso ravitaille l'île tous les mois.

Poulo-Condore produit du riz, des fruits, du coton. Il est vrai que cette dernière plante y est d'espèce médiocre, et que, d'autre part, les innombrables singes du cru endommagent fortement les rizières. On rencontre également dans les bois de magnifiques pigeons, au dos vert et aux ailes dorées, ainsi que des tourterelles bleues : la chair de ce gibier est très grasse et des plus savoureuses ; mais il vit peu en dehors de l'île. Quant aux singes, ce lieu doit être pour eux un véritable Éden, tellement la nourriture qui leur plaît abonde dans les forêts, dont chaque arbre porte un fruit ou une amande d'une espèce quelconque.

On rencontre, également, dans la montagne de nombreux spécimens de la chauve-souris dite « vampire ». J'en ai vu, à Saïgon, qui mesuraient jusqu'à deux pieds dix pouces d'envergure : leur tête ressemblait plutôt à celle d'un chien qu'à la tête de tout autre animal ; les dents en étaient très pointues et très fortes. Citons encore une sorte de grosse sauterelle, dont le sifflet aigu et puissant se rapproche assez du cri strident d'une locomotive : pareil effort guttural n'aura rien qui puisse surprendre quiconque a entendu, dans les marécages de la Cochinchine, le mugissement de la grenouille-bœuf.

Les poules sauvages offrent au chasseur un gibier non moins délicat que les pigeons verts ou bleus. Si l'on recherche les émotions vives, on y pourra traquer les buffles ; mais c'est un jeu dangereux. Je note enfin, comme digne de remarque, un curieux produit local dont je n'ai jamais pu retenir le nom annamite ou chinois : c'est une espèce de légume qui ressemble, à s'y tromper, à un beau cigare de la Havane. Sa chair est ligneuse, et recouverte d'une écorce lisse ; sa couleur, celle du tabac foncé.

En 1871, le pénitencier de Poulo-Condore a été placé sous l'autorité du Directeur de l'Intérieur. Les détenus y sont de deux sortes : les prisonniers pour rébellion et pour crimes de droit commun, affectés aux travaux d'utilité publique, et les prisonniers de guerre, qui reçoivent des concessions de terrain. En 1869, le nombre des détenus de la première catégorie s'élevait déjà à 500. Le directeur du pénitencier reçoit, outre le logement, un traitement annuel de 12,000 francs ; son gardien-chef, une solde de 2,100 francs ou de 2,400 francs, suivant la classe, plus une indemnité de vivres de 400 francs; ses huit aides-gardiens, une solde de 1,080 francs, plus une indemnité de 100 francs pour habillement et la ration de vivres ordinaires. Le directeur du pénitencier est investi, dans toute l'étendue du groupe d'îles, des attributions judiciaires conférées aux administrateurs des affaires indigènes, chargés de la justice dans les provinces.

Le gouvernement de Hué avait enlevé les îles Condore aux pirates malais. Au mois de janvier 1780, les bâtiments anglais de l'expédition de l'infortuné capitaine Cook y reçurent accueil, à leur retour, au nom de l'évêque d'Adran. D'après le traité du 28 novembre 1787, conclu par les soins de l'éminent prélat français, ce groupe fut cédé en toute propriété et en toute souveraineté au roi Louis XVI par l'empereur Gia-Long. Pendant le cours de la Révolution, les Anglais l'occupèrent : mais ils en furent bientôt expulsés par les Annamites. Nous avons réoccupé ces îles en 1861.

Nous avons également annexé à notre colonie, sous l'administration de l'amiral de La Grandière, une autre île située dans le golfe de Siam, l'île de Phu-Quoc, dont le territoire, assez étendu, renferme, paraît-il, des mines de charbon. Elle possède, en outre, de superbes forêts de bois de construction. Par suite d'incidents d'intérieur regrettables, l'administration ne tire aucun parti profitable de Phu-Quoc, qui devrait être aujourd'hui le siège d'un commerce important.

En face de l'île se trouve la baie du Rach-gia, dans le voisinage de laquelle s'élève la ville indigène du même nom, d'une population d'environ 12,000 âmes. Ce port fait le commerce du riz, de la soie, du poisson sec, des nattes fines, de grands éventails en plumes, de nids d'hirondelles, de cire, de miel, etc. Ses relations sont principalement étendues avec Compôt, l'unique port du royaume de Cambodge.

Un peu au-dessus de Rach-gia se rencontre le port de Ha-tien. Les jonques de Bang-kok le fréquentent principalement. Son mouillage a peu de fond, ce qui ne le rend accessible qu'aux navires dont le tirant d'eau n'excède pas 200 tonneaux.

Un décret du 9 octobre 1867 a ouvert les ports de Ha-tien et de Rach-gia aux navires de commerce de toutes les nationalités : ils sont soumis aux mêmes droits que le port de Saïgon. Ce sont donc des ports francs.

Nous ne possédons que ces deux ports sur le golfe de Siam. Décrivons maintenant la route fluviale qui conduit du cap Saint-Jacques à Saïgon.

Le cap Saint-Jacques, en langue annamite, *Cai-Mui-Wung-Tau*, est le premier point du continent cochinchinois qui frappe les yeux du voyageur. Ce cap est la pointe extrême d'une presqu'île qui porte le même nom, longue de 20 kilomètres sur une largeur variant de 3 à 5, et terminée par une chaîne de petites montagnes d'une altitude de 500 mètres environ. Quelques centaines d'Annamites l'occupent seuls. Toute la partie centrale est entrecoupée de marécages à moitié salés. Les cocotiers forment, en quelque sorte, l'unique richesse des habitants. Toute l'huile fournie par la presqu'île est achetée par le gouvernement pour alimenter le phare du cap. Seize noix de cocos environ fournissent une livre d'huile. Le phare s'élève sur une colline boisée de 480 mètres d'élévation. La tour, de 8 mètres de hauteur, supporte un feu fixe visible à plus de 30 milles en mer.

Une ligne télégraphique relie le fort du cap au phare et au sémaphore, tandis qu'il est relié lui-même à Saïgon par Baria et Bien-hoa. Tout navire est ainsi signalé à Saïgon dès qu'il a pu communiquer avec le sémaphore par les signaux nautiques en usage. C'est là un avantage de grande importance pour les navires à voile. Quant aux bâtiments à vapeur, ils ne mettent que cinq ou six heures pour remonter du cap à Saïgon. L'avance matérielle de la dépêche qui les signale est donc peu de chose ; mais quand le paquebot annoncé est le courrier de France, qui apporte les nouvelles de la patrie lointaine, on ne saurait croire avec quelle impatience le signal est attendu, avec quel soin minutieux on calcule le temps que le navire mettra à remonter la rivière et celui que nécessitera le dépouillement des sacs de dépêches à la poste.

Les facilités qu'offre l'entrée du Don-naï expliquent le choix qu'en ont fait nos marins comme débouché principal de la colonie. En effet, la présence du cap Saint-Jacques, de l'île de Nui-Neua et des montagnes de Baria rendent son approche commode aux bâtiments, tandis que les autres fleuves, obstrués à de grandes distances de leur embouchure par des bancs de sable, n'offrent aucun point de repère qui permette de prendre des relèvements certains sans le secours d'un pilote.

Au pied du cap, et au nord, se trouve la baie des Cocotiers. Le fort que nous y avons établi la domine. Le mât de pavillon, dressé à l'angle du fort, sert à signaler aux pilotes les navires en vue au large ou à prévenir les capitaines en passage de venir prendre les dépêches à leur adresse. La baie figure une sorte d'élégant fer à cheval, sur les parois duquel se balancent de gracieux panaches de verdure. A droite, la petite bourgade indigène, que dominent quelques bâtiments de construction européenne ; sur le rivage, à l'ombre de palmiers élancés, la pagode annamite dédiée à la « Baleine » protectrice des naufragés ; dans le mouillage, des jonques aux voiles triangulaires, aux mâts de bambou, aux haubans de rotin, qui font du bois ou de l'eau : dans le fond du paysage, les contreforts rocheux et boisés de la baie de Gan-ray. Ce coup d'œil inspire une rêverie délicieuse. On parle bien, çà et là, de quelques tigres qui rôdent affamés sous les voûtes ombreuses : mais c'est, précisément, de la couleur locale ! Et puis, quelle médaille n'a pas son revers ?

Vis-à-vis, sur la gauche, le village de Cangiou. C'est la résidence officielle des douze pilotes de la rivière. Un feu flottant signale, par sa position, la place exacte de la passe. Le prix du pilotage du cap à Saïgon est ainsi fixé : pour les bâtiments de guerre, 4 piastres (22 fr. 20) par mètre de tirant d'eau, et 8 piastres (44 fr. 40) s'ils sont à voiles ; pour les bâtiments de commerce, 5 piastres (27 fr. 75) s'ils sont à vapeur et 10 piastres (55 fr. 50) s'ils sont à voiles. Comme la baie des Cocotiers a peu de fond et qu'elle est ouverte aux vents du S.-O., les jonques vont, pendant cette mousson, mouiller à Cangiou, où l'on peut facilement se procurer des porcs, des volailles, du poisson et des fruits. Une distance de 11 milles sépare ce village de celui du cap.

Quant à la baie de Gan-ray, plus au nord, elle doit une certaine importance à la position de l'île de Nui-Neua, formée par les bras du Rach-lap. Comme cette île est à proximité des salines considérables de Cho-ben, elle est destinée, probablement, à acquérir un jour une valeur commerciale extrême. Il nous serait aisé, en effet, d'y créer une sorte d'entrepôt où les navires pourraient trouver à se ravitailler et attendre, sans dépenses, la réponse aux demandes de fret transmises par le télégraphe du cap. Une montagne assez élevée, fort giboyeuse et boisée, couvre la superficie presque entière de l'île. Les parties basses de cette montagne sont très fertiles et se prêteraient facilement à l'établissement d'un centre actif de population.

Telle est la description exacte de l'embouchure du bras principal du Don-naï. Toute cette partie du pays est fort saine, grâce aux élévations naturelles du terrain et au voisinage immédiat de la mer. On y établirait à peu de frais un « Sanitorium », où nos fonctionnaires et nos colons viendraient réparer, de temps en temps, leurs forces épuisées.

Remontons, maintenant, rapidement le fleuve. Le Don-naï est une splendide rivière, que peuvent remonter jusqu'à Saïgon les plus forts bâtiments. Ses rives, toutefois, deviennent bientôt monotones et plates, bordées qu'elles sont le plus souvent par de vaseux palétuviers, repaires de fièvres et de gibiers mal famés. De rares palmiers d'eau se glissent çà et là dans la bordure : puis, ce sont de larges éclaircies à travers lesquelles on découvre de verts, mais d'humides pâturages. La marée, en se retirant, laisse de larges berges de boue à découvert. Ce n'est pas, assurément, un spectacle propre à éveiller l'enthousiasme, et l'on a besoin, pour que les idées ne tournent pas au sombre, de ne plus songer au passé et d'évoquer les rêves de l'avenir. Les innombrables singes qui s'ébattent grotesquement aux branches, et les jonques qui descendent ou remontent le fil de l'eau servent, du moins, à distraire l'esprit préoccupé.

A une heure de marche, à peu près de Saïgon, on rencontre l'endroit dit des « Quatre-Bras ». Cet étoilement fluvial est formé par le croisement du Don-naï, du Soirap, de la rivière de Saïgon et de la rivière de Bien-hoa. Puis, laissant sur la droite le Rach-Antit et le Rach-Mongom, on arrive à ce dangereux « banc de corail » qui coupe le fleuve et sur lequel sombra, il y a quelques années, la *Ville de Paris*. Sa carcasse y est demeurée, ce qui rend encore la passe plus redoutable. Presque immédiatement on atteint le fort du Sud, ancien débris de fortifications annamites que l'on a réparées pour servir principalement de prison militaire. Un coup de canon du fort annonce aux Saïgonnais le passage en vue du paquebot des Messageries venant de France. Les villages indigènes se pressent sur les deux rives. Signalons à gauche, au-dessus du fort, celui de Tam-Hoï, résidence de Mgr Lefèvre avant l'occupation française : son église, devant le clocher en bois peint de laquelle on passe, est la première construite par nous ; elle fut élevée en 1861 à l'aide d'une souscription privée, qu'organisèrent les fonctionnaires et les officiers du corps expéditionnaire.

Le fleuve fait alors un coude brusque sur la droite. Saïgon se développe immédiatement aux regards. Avec quel avide émoi l'œil embrasse son attrayant panorama ! Le sol s'élève au-dessus des eaux par une douce progression, et de puissants bouquets de feuillage rompent l'uniformité de ce blanc paysage. Maisons particulières et édifices, magasins, arsenal et quais, tout cet ensemble se déroule d'un seul trait aux regards du voyageur surpris. Quelques points culminants se dessinent en relief dans les horizons du tableau : la lanterne du palais de justice, la toiture élevée de l'hôtel du procureur général, la flèche élégante de la Sainte-Enfance qui reluit au loin. On aborde à l'estacade de l'agence des Messageries, si l'on débarque par paquebot : on mouille en plein fleuve, vis-à-vis du vaisseau qui sert de stationnaire, si l'on débarque par le transport. Dans tous les cas, on ne débarque point bord à quai. Le Don-naï mesure en cet endroit, à 90 kilomètres de son embouchure, une largeur de 440 mètres.

L'agence des Messageries, magnifique emplacement concédé à la Compagnie en 1863 moyennant une somme de 22,804 piastres (136,330 fr. 20), est séparée de la ville par le large et profond Arroyo-Chinois. Il n'existe pas de pont sur cet affluent du fleuve. La Compagnie des Messageries en avait bien fait construire un, d'après les conditions qui lui avaient été imposées pour l'obtention de sa concession : mais il a disparu. Cela étonne au premier abord. On a, du reste, le temps d'éprouver en Cochinchine bien d'autres étonnements !

Quand on débarque, il faut donc faire décharger sa personne et ses bagages à l'aide d'un *sampan*. C'est une incommode pirogue, d'une longueur variant entre 10 et 30 pieds sur une largeur de 4 environ, qui bascule sans cesse et qui n'est munie, pour tout agrès, que de deux avirons : on y place ses malles, puis l'on s'étend avec elles sous une voûte en paille destinée à protéger le passager contre le soleil et la pluie. Comme il n'y a pas de gouvernail à cette industrieuse machine, le rameur de l'arrière, qui est debout, dirige l'esquif, tandis que sa femme rame, à l'avant, en sens inverse. C'est dans cet équipage que l'on atteint le nouveau sol français. Il ne reste plus, une fois à terre, qu'à devenir la proie des coolies. Ces bruyants déchargeurs s'emparent violemment de votre personne et de vos biens, et ce n'est que tout étourdi de leur escorte intéressée que vous atteindrez enfin l'hôtel. Là, du moins, cesseront vos fatigues, et vous pourrez même dormir paisiblement votre première nuit, si les moustiques vous le permettent.

III

**La Cochinchine au point de vue stratégique. —
Les milices indigènes.**

Il est incontestable que la Cochinchine peut être facilement défendue contre une agression étrangère sans
qu'il soit besoin de mettre sur pied un nombre supplémentaire de forces.

La nature même a fortifié son littoral.

Les territoires de l'Est sont défendus par la citadelle
de Baria et le fort du cap Saint-Jacques d'abord, et ensuite
par les mouvements alternatifs du flux et du reflux.
Mitho, reléguée au fond d'un bras de fleuve d'un accès
difficile, protégée en outre par une île qui commande
l'entrée de l'Arroyo-de-la-Poste, offrirait à l'ennemi des
obstacles sérieux; Saïgon, retranchée à plus de 60 milles
de la mer au fond de l'estuaire du Don-naï, est une station
de guerre d'autant plus imprenable que la majeure partie
des cours d'eau qui y conduisent est obstruée par des
bancs de sable à de grandes distances des embouchures,
et que le Don-naï lui-même n'est navigable qu'à la condition qu'on y soit guidé par des pilotes. Vinh-long se
trouve au fond d'un fleuve rempli de bas-fonds, d'atterrissements et d'îlots considérables. Les rives du Han-Giang,
dans toute la longueur de la province de Chau-doc, sont
rendues inaccessibles par leurs marécages. Ha-tien, sur le
golfe de Siam, ne peut être abordé par les navires d'un fort
tirant d'eau. Une division navale d'une force médiocre
est donc suffisante, on le voit, pour défendre notre colonie
contre une attaque venant de l'extérieur.

A l'intérieur, les forts et les postes militaires sont nombreux et assurent la tranquillité publique. Ce sont, dans la province de Bien-hoa, en se dirigeant de cette ville, bien fortifiée elle-même, vers le nord : Thudaumot, Tanh-Huyen et Ti-thin; en allant vers l'est, frontière des tribus Moïs et de l'empire d'Annam : Bas-chan, Xuyen-mot et Long-nunh; enfin, vers le sud : Phuoc-Thanh, Long-Thanh et Baria. Dans la province de Saïgon, en se dirigeant vers le nord : Tong-kéou, Rach-tra, Tram-bang, Tha-la, Sui-cao, Trung-mit, Cau-coï et Tay-ninh. Dans la province de Mitho, en allant de cette ville à Saïgon : Tan-an, Go-den et Can-gioc; et, en suivant le fleuve dans la direction de l'ouest : Caï-bé, Caï-laï, Tuoc-niou, Mi-cui et Ba-laï, ce dernier fort plus au sud; tout le nord de la province est naturellement défendu par l'immense Plaine-des-Joncs. La province de Vinh-Long a Sadec, au nord, et Mac-bat au sud, sur la rive du Han-Giang; l'espace compris entre ce bras du Mé-Không et son autre bras du Tien-Giang est entièrement marécageux. La province de Chau-doc est protégée par cette ville, au nord, et par Ba-Xuyen, au sud. Enfin la province de Ha-tien, que cette place couvre au nord, est défendue également, en se dirigeant vers le sud, par les postes du Rach-gia et de Long-Xuyen.

L'hypothèse d'un blocus est encore moins à redouter, car, s'il est vrai de dire qu'une telle mesure empêcherait le commerce intérieur, elle ne saurait apporter qu'un malaise passager à notre colonie qui, servant de grenier aux pays limitrophes, peut amplement se suffire à elle-même par ses ressources propres. Un blocus maritime resterait donc sans effet; à ce point de vue, la position occupée par les Français à Saïgon est de beaucoup supérieure à celle que les Anglais ont choisie à Singapore.

Restent les frontières du Nord et de l'Est.

En ce qui concerne le Cambodge, indépendamment de l'hostilité séculaire qui le sépare des Siamois et des Annamites, nous le tenons par les débouchés de ses fleuves; il est, d'ailleurs, sous notre protectorat; il n'aurait donc rien à gagner s'il encourait notre courroux. Quant à l'empire de Hué, son souverain a bien assez à faire de maintenir sa suprématie dans le Tong-kin, sans cesse en rébellion; il a, d'ailleurs, appris plusieurs fois à ses dépens à connaître le poids de nos armes: d'autre part, nous le tenons par son alimentation, qui le rend journellement tributaire de notre colonie.

Il est vrai qu'on pourrait redouter encore les soulèvements à l'intérieur. Mais quelle cause en pourrait exciter de sérieux désormais? Ce n'est certes pas le fanatisme religieux. Sera-ce le patriotisme? Tous les Annamites sont divisés entre eux, et nous entretenons habilement leurs dissensions intestines; de plus, ils ne possèdent aucune personnalité autour de laquelle ils puissent se rallier. L'arrondissement de Go-cong seul pourrait, parfois, occasionner certaines inquiétudes; c'est dans cette ville que sont les tombes paternelles de la dynastie régnante de Hué: mais les derniers représentants authentiques de cette famille ont disparu, et il leur faudrait maintenant revenir de loin pour assurer quelques partisans à leurs revendications hasardées. On y veille. Le pays est donc tranquille, et toutes causes d'excitation sont éteintes. La population indigène s'est, peu à peu, habituée à notre administration qui, bien que défectueuse, donne, en résumé, une large satisfaction à ses regrets et à ses désirs. L'arbitraire sans limites du système mandarinique a disparu, et les vaincus sont, du moins, assurés d'une justice quelconque, tardive parfois encore, mais enfin qu'ils peuvent provoquer toujours, en cas de prévarications coupables; ils le savent, et ils en usent. On peut donc affirmer hardiment, aujourd'hui, que les Annamites ont accepté le fait de la conquête. La guerre néfaste de 1870, habilement exploitée chez eux par une influence jalouse, n'a produit, dans la colonie, aucun de ces symptômes menaçants sur lesquels on comptait sans doute ailleurs. Notre puissance est bien assise, et nous seuls pouvons nous renverser nous-mêmes.

J'ai dit que l'effectif des troupes que nécessite la garde de la colonie forme un total d'environ 10,000 hommes. Il faut comprendre dans ce chiffre les troupes de mer. Quant aux troupes de terre, elles se répartissent de la façon suivante : 6 bataillons d'infanterie de marine pendant la saison sèche, 4 dans la saison des pluies; 2 batteries d'artillerie, 2 compagnies de canonniers conducteurs et d'ouvriers, plus 1 détachement du génie et 1 détachement de gendarmerie. Mais je pense que, en réalité, l'effectif doit être diminué d'un tiers : il faut tenir compte, en effet, des maladies et des décès; et, d'autre part, il n'a point toujours paru nécessaire de combler exactement les vides par lesquels les cadres se trouvent de temps à autre réduits. Je n'estime donc pas que le corps d'occupation dépasse, d'ordinaire, 6,000 hommes de troupes françaises. Indépendamment que leur entretien grève d'une façon considérable le budget colonial, on a compté, pour maintenir à meilleur prix la paix intérieure, sur la milice indigène, laquelle, du reste, nous a donné, en diverses occasions, des preuves répétées de bravoure et de dévouement.

Cette milice, dont les membres sont désignés par le nom de *matas*, se recrute parmi les inscrits (*trang-hang*) de chaque village, dans une proportion qui varie selon les besoins. Les inscrits comprennent les habitants valides de vingt à soixante ans.

Sous le régime annamite, cette proportion était généra-lement d'un soldat pour sept inscrits, et on l'avait portée, dans ces derniers temps, à 1/4. Leur solde consistait en *1 ligature* (90 centimes) et *1 vuông* (40 litres) de riz blanc par mois; comme elle était insuffisante, elle se complétait par les subsides que les soldats recevaient directement de leurs communes, système défectueux en tous points, les payements ne s'opérant que d'une façon irrégulière par suite du retard ou du refus des villages pauvres; de là, des réclamations et des désertions continuelles.

Nous avons donc modifié cette institution. Dès notre arrivée, nous avons réduit le recrutement à 1/14; dans certains arrondissements, il ne dépasse même point, actuellement, 1/30. Moyennant un impôt spécial de 10 francs par inscrit, le gouvernement français a pu augmenter la solde des matas; nous donnons, par mois, à chaque soldat 20 francs et 40 litres de riz, et, par an, deux habillements complets; en même temps, les maires ont été prévenus que les villages ne devaient rien ajouter à cette solde, fort suffisante si les hommes ne contractent point de vices coûteux.

Presque tous sont mariés; l'administration leur a donc fait construire des campements où leurs familles peuvent habiter avec eux.

Les matas d'un même arrondissement sont réunis au chef-lieu, sous les ordres de l'Administrateur ou de l'Inspecteur. Ils y forment deux compagnies : la compagnie mobile, composée de cinquante miliciens choisis parmi les plus intelligents et les plus vigoureux, est spécialement destinée à la garde des postes militaires, aux expéditions et à la police armée; la compagnie sédentaire, comprenant le reste de l'effectif, fournit les miliciens nécessaires, au service multiple d'une inspection, postes de police, garde des prisons, cantonniers, poste aux lettres, surveillants des travaux.

On s'occupe, de plus, à former des compagnies indigènes à cadres français. Quand on visite les environs de Saïgon, on peut voir, au fort de *Tong-Kéou*, un poste nombreux de matas auxquels cette organisation spéciale donne une physionomie véritablement militaire. C'est sur cette formation nouvelle que l'on a compté pour réduire, successivement le contingent français et, par suite, une des plus lourdes dépenses de la colonie. Au reste, aimant passionnément les armes, les Annamites s'habituent facilement à la vie du soldat : un traitement doux en fait vite, et à peu de frais, des troupes braves, sobres, infatigables et merveilleusement aptes aux expéditions si pénibles, là-bas, pour les Européens.

Il est fâcheux, toutefois, que nous n'ayons pas cru devoir imiter une mesure autrefois adoptée par le gouvernement annamite. Il y avait, alors, auprès de chaque gouverneur de province un mandarin militaire de haut rang, appelé *lãh-binh*. Ce système avait le mérite de donner aux milices une cohésion plus grande. Aujourd'hui, sous notre domination, elles ne forment plus qu'une suite de détachements par arrondissement, sans liens entre eux, sans rien qui les rattache non plus au chef-lieu de la province. Il n'en faut excepter que la province de Mitho, dont la situation exceptionnelle a nécessité un commandant supérieur des troupes. Pourquoi donc ne pas créer dans les autres provinces, au moins dans celles de Saïgon et de Bien-hoa, des fonctions semblables? Pourquoi même, dans les cercles où l'on n'a rien à redouter, ne pas confier cette haute distinction militaire à des Annamites d'un rang élevé, que surveilleraient, d'ailleurs, nos Inspecteurs? Le prestige de ce titre officiel nous rattacherait des hommes influents par leur fortune ou par leur importance.

Il serait également facile et opportun de créer à Saïgon une sorte d'école spéciale, auprès de laquelle les sous-officiers indigènes seraient détachés à tour de rôle, dans le but de donner aux jeunes Annamites incorporés une certaine instruction militaire les rendant aptes à obtenir quelques grades d'officiers. Il y aurait là, ce me semble, un intérêt réel pour nous : on arriverait ainsi à doter nos matas d'une énergie et d'une solidité encore plus grandes, que pourraient employer au profit de la colonie les chefs français chargés de diriger ces troupes indigènes. Ce point demanderait, il est vrai, un certain discernement ; mais les Administrateurs pourraient désigner d'office les sujets sur lesquels on doit compter.

IV

La ville européenne : Saïgon.

Le nom de *Saïgon* a été improprement donné par les Français à la capitale de leur colonie. Les Annamites la désignent ainsi : *Binh-Thuanh*, ou bien encore, *Binh-Ngé*. Saïgon est le vrai nom de la ville chinoise de Cho-len. Nous avons dérangé tout cela sans motif, pour le seul plaisir de créer du nouveau.

L'enceinte de la ville est extrêmement vaste. M. de La Grandière avait rêvé d'en faire le noyau d'une population de 500,000 âmes : l'avenir n'a point réalisé ce plan grandiose. Bien que Saïgon s'accroisse tous les jours, surtout depuis huit ans, j'ai peine à croire qu'on puisse compter dans ses limites, si l'on y comprend les nombreux villages qui l'avoisinent de toutes parts jusqu'à Cho-len, plus de 115,000 individus. A mon sens, la ville européenne proprement dite n'englobe même pas plus de 30,000 habitants. Il est vrai qu'il est fort difficile de recenser les populations annamite et chinoise, dont les registres sont très peu exactement tenus.

Je ne m'occupe ici que de ce que l'on peut appeler la « ville blanche », délaissant les faubourgs où grouille la race jaune dont je parlerai, du reste, amplement plus loin. Saïgon donc est renfermée dans un carré formé par le Don-naï comme base, le Rach-ben-ngé ou *Arroyo-Chinois* à gauche (sud), l'Arroyo de l'Avalanche à droite (nord), et le canal de ceinture qui fait communiquer ces deux arroyos. Inutile d'ajouter que l'immense emplacement compris entre le palais du gouvernement et le canal est encore inhabité et ne sera peut-être même jamais complètement peuplé.

Sur le Don-naï, à l'embouchure de l'Arroyo-Chinois et en aval, se dressent l'hôtel et les magasins des Messageries maritimes; de l'autre côté de l'arroyo, se déroulant sur des quais plantés d'arbres, l'hôtel de la direction du port de commerce, la mairie et le tribunal de commerce (hôtel Wang-taï), puis une longue file de restaurants et de cafés, puis encore, en remontant le fleuve, la direction du port de guerre, la manutention, les chantiers des constructions navales et le dock flottant. Perpendiculairement au quai, et divisant presque également la ville en deux parts, s'allonge le Grand-Canal, bordé de deux rues : la rue Charner et la rue Rigault de Genouilly. Ces deux rues vont aboutir à une longue voie transversale, la rue d'Espagne, où commence la haute ville. La rue Charner n'est occupée que par des commerçants français, chinois ou malabars;

la rue Rigault de Genouilly comprend, en outre, la résidence du commissaire central et l'ancien hôtel de l'ordonnateur. Chacune de ces rues possède, en plus, une salle des ventes, qu'on appelle ici l'*Auction*. La partie supérieure du Grand-Canal vient d'être comblée, et l'on a construit sur son emplacement un vaste square dominé par un kiosque, où la musique se fait entendre plusieurs fois par semaine. A gauche de la rue Charner, dans le bas, les halles de la ville, et, vers le milieu, la très modeste cathédrale. Derrière ces deux monuments, de nombreuses rues affectées uniquemeut aux industrieux Asiatiques, sauf la rue Mac-Mahon, où l'on remarque la plus belle maison de jeu de la ville, et qui est presque entièrement occupée par des négociants européens. A droite de la rue Rigault de Genouilly, parallèlement à elle, mais plus longue, la rue Catinat, jadis la voie principale de la cité naissante, entrepôt animé du commerce européen et indigène; puis, dans le même sens, la rue de l'Hôpital et la rue de Thu-Duc, cette dernière occupée exclusivement par les vastes bâtiments de l'arsenal et par les grandioses constructions de la Sainte-Enfance. Au-dessus de la Sainte-Enfance, les religieuses carmélites, et, vis-à-vis, la Mission et le collège d'Adran. Derrière, le jardin botanique, dont l'intelligent et savant directeur, M. Pierre, a fait le véritable rendez-vous de tous les spécimens d'arbres, d'arbustes et de fleurs de l'Indo-Chine. Tout ceci constitue, à proprement parler, la ville basse. Ce ne sont que des maisons, peu ou point de jardins, sauf en ce qui concerne la Sainte-Enfance, la Mission et le Collège d'Adran, qui en ont de splendides. Dans le bas de la rue de l'Hôpital, un marécage non encore comblé. A gauche de la rue Mac-Mahon, même spectacle, avec des bouquets d'arbres en plus. Ces deux quartiers sont assez malsains.

J'ai dit que la haute ville commençait à la rue d'Espagne. C'est ici le quartier luxueux, européen, le quartier verdoyant, le quartier aristocratique. Point de maisons de commerce, point d'indigènes, de Malabars ni de Chinois : rien que des « faces pâles ». Comme il n'y a ici ni cours d'eau ni marécages, l'air y est sain et vif. Chaque maison a son jardin, coquet et fleuri. De plus, les administrations y possèdent de véritables hôtels, spacieusement construits, lesquels forment le plus imposant contraste avec les maigres baraquements de l'occupation, dont on aperçoit encore, un peu plus bas, les débris.

Parallèlement à la rue d'Espagne, la rue de La Grandière : à droite, en nous dirigeant de Cho-leu vers le jardin botanique, la prison, le palais de justice, l'hôtel du procureur général, l'administration des télégraphes, les bureaux de la direction de l'intérieur; à gauche, en remontant dans le même sens, la gendarmerie, l'observatoire et l'hôpital. Trois grandes artères traversent perpendiculairement la haute-ville : la rue Pèlerin, au milieu de laquelle se trouve l'évêché; la rue Catinat, qui renferme alors la direction des ponts-et-chaussées, l'enregistrement, l'hôtel du secrétariat général de la direction de l'intérieur, le Trésor et, vis-à-vis, l'hôtel de la poste; enfin, la rue Nationale, à l'extrémité de laquelle sont le conseil de guerre, l'ancien palais du gouvernement, l'imprimerie nationale et le *mess* des officiers. Notons, en dernier lieu, le nouvel hôtel de l'ordonnateur dans la rue Thaber, parallèle à la rue de La Grandière.

Il ne nous reste plus qu'à citer le principal édifice de la colonie, le palais du gouvernement, qui longe la voie stratégique de Saïgon à Cho-len, et derrière lequel se trouve le magnifique jardin de la Ville, où la musique militaire se ai t entendre chaque jeudi. De l'autre côté de la voie stratégique, la Plaine des Tombeaux, que nous décrirons ailleurs.

Le palais du gouvernement est d'un aspect grandiose. Son immense étendue ne sert, pourtant, qu'à abriter le gouverneur et ses deux ou trois aides-de-camp. Sa construction a coûté à la colonie une douzaine de millions. C'est là une de ces fantaisies ruineuses, inutiles, que motiva seul le vaniteux caprice d'un gouverneur précédent.

Un dernier mot sur l'aspect du port.

Sans qu'il puisse être encore comparé à la rade si merveilleusement animée de Singapore, notre port saïgonais n'en est pas moins fréquenté par de nombreux navires de toute forme et de toute provenance : *prahos* et *lorchas* des Malais, jonques des Chinois, barques pontées des Annamites, bâtiments de guerre des diverses nations européennes qui ont des stations coloniales dans l'extrême Orient, bâtiments de commerce portant tous les pavillons du globe, paquebots et steamers pour les destinations les plus multiples. C'est un va-et-vient quotidien, dont la contemplation m'a toujours charmé.

Ce qui étonne surtout le regard de l'Européen, c'est la vue d'une embarcation asiatique. Quelles étranges machines que ces constructions antiques, dont la coupe et l'aménagement n'ont jamais changé! Prenons, par exemple, une jonque chinoise. Qui n'en a point vu ne peut se figurer quel incommode appareil elle constitue. Les formes des jonques sont lourdes, carrées, massives, leurs ancres en bois, leurs quatre mâts d'une seule pièce et fort gros. Un œil énorme, gage emblématique de la vigilance du capitaine, ressort en vives couleurs de chaque côté de l'avant. La poupe, qui s'élève au-dessus de l'eau aussi haute que les châteaux d'arrière de nos anciens navires, est également ornée de peintures où l'on distingue, le plus souvent, un aigle gigantesque aux ailes déployées. A l'intérieur, le fouillis est indescriptible. Pas un pouce de place n'est perdu, cependant; mais on ne sait où poser le pied, et le voyage de l'arrière à l'avant semble hérissé de tels obstacles que l'on se demande quelles manœuvres peuvent être possibles en mer avec un pareil encombrement. Les moindres vides regorgent de marchandises. Quant aux cabanons des passagers, s'il y en a, ils sont partout, sommairement fabriqués dans chaque recoin avec des nattes et quelques cerceaux, et si bien pressés que l'on a peine à comprendre comment un coup de mer ne les a pas vingt fois emportés pendant la traversée. De loin en loin, une plate-forme supportant quelque canon rouillé, maintenu on ne sait comment entre le ciel et l'eau. La cale se partage en compartiments indépendants par une série de cloisons étanches. Dans l'envahissement universel de la jonque, deux points seulement ont été respectés : la cuisine, au centre du navire, spacieuse, construite en briques, théâtre d'une activité incessante ; et le château d'arrière, forteresse monumentale qui contient les armes, les munitions et l'autel de l'idole portative devant laquelle brûlent toujours des bâtons odorants. On se demande comment cette informe machine, si dépourvue de toute qualité nautique autre que la solidité, peut accomplir chaque année, sans trop d'accidents, son double pèlerinage. La vue des terres est le seul guide de cette navigation. Le pilote, il est vrai, grâce à une longue pratique, connaît toujours les détails de la côte. C'est heureux, car la boussole, dont la découverte est l'unique titre maritime des Chinois, ne sert pas à grand'chose : je n'oserais même assurer qu'aucun matelot de l'équipage ait quelque compréhension de cet instrument. La confiance et la force de volonté de ces audacieux ignorants les sauvent. On voit, pourtant, de ces jonques qui mesurent sept cents tonneaux.

Mais leur dimension moyenne est de trois cents : elles coûtent alors, en Chine, de 75 à 80,000 francs.

Les bâtiments malais et annamites ne diffèrent guère de ce modèle, sinon que la voilure des premiers consiste, généralement, en nattes de paille tressée. Mais ce qui est impossible à retracer, ce sont les cris et les chants dont les équipages accompagnent leurs manœuvres. On dirait une escouade de démons hurlants. Inutile d'ajouter que les navires asiatiques relâchent dans des limites qui leur ont été spécialement déterminées : l'entrée de l'Arroyo-Chinois leur appartient. C'est, du reste, sur ce point que se concentre tout le commerce avec l'intérieur.

Tel est Saïgon aujourd'hui. Que présager de son avenir?

Saïgon, ville de création récente, ne comporte aucun point de comparaison possible avec les autres colonies européennes voisines. Ce à quoi nous visons, c'est à y établir une richesse compacte, homogène, utile surtout à la métropole ; cela nous semble préférable à une agglomération de vingt races différentes, basée uniquement sur le commerce intérieur, sans ressources propres et soumise à toutes les chances d'une guerre lointaine. Voilà notre but avoué : y réussirons-nous ?

Au point de vue purement physique, à ceux-là qui, comparant Saïgon à Singapore, en ont fait ressortir les infériorités d'un air de dédain pour la nouvelle ville, on peut répondre qu'on ne saurait tout d'un coup, à vingt-deux lieues dans l'intérieur des terres, édifier une cité aussi monumentale que celle qui possède déjà plus de quarante ans d'existence et qui a pu s'asseoir heureusement sur les bords de la mer. Certes, ici le coup d'œil n'est point aussi satisfaisant qu'à Pointe-de-Galles ou qu'à Singapore. On sent encore chez nous le travail de l'enfantement. Quand on songe, cependant, à ce qu'était Saïgon il y a quinze ans, aux marécages qui en couvraient une partie, aux cimetières qui en occupaient une autre et laissaient exhaler, pendant les pluies, de redoutables effluves, aux cases en paillottes qui servaient de demeures à tous les Français; quand, d'un autre côté, l'on met en balance les canaux creusés, les grandes voies tracées, les constructions solides élevées de toutes parts, les grands édifices si promptement sortis de terre, cette haute ville qui se développe comme par enchantement, l'agglomération sans cesse croissante des habitants, on ne peut méconnaître l'activité déployée, et l'on est forcément amené à taxer d'impatience inconsidérée les plaintes de ces envieux qui veulent faire supporter aux autres le poids de leurs illusions perdues ou de leurs caractères chagrins. Quelques années encore, et Saïgon n'aura rien à désirer de ce qui fait l'orgueil des cités qui l'avoisinent. On a construit déjà beaucoup ; on construit beaucoup encore: nous pensons que l'heure est loin d'être venue où l'on devra s'arrêter dans cette voie d'agrandissement. Déjà les environs de l'ancienne citadelle sont envahis, et la truelle de nos entrepreneurs menace les brousses de la Plaine des Tombeaux. Ce n'est pas là un signe de décadence.

<hr>

V

Population indigène et asiatique de Saïgon (Annamites, Chinois, Indiens, Cambodgiens, Tagals, Malais, Moïs).

On ne peut savoir au juste, nous l'avons déjà dit, quel est le chiffre exact de la population de Saïgon et de la ville chinoise de Cho-len. En 1869, on comptait à Saïgon, en y comprenant l'effectif de la garnison, un total de 92,000 habitants environ, dont 555 Européens; ce chiffre renfermait évidemment celui de tout l'arrondissement ou banlieue. Quant à la ville même de Cho-len, on lui donnait 50,000 âmes. L'élément annamite entrait dans la proportion de 75,000 individus pour la première, et de 32,000 individus pour la seconde. Aujourd'hui, le dernier recensement attribue 115,000 habitants à Saïgon et 150,000 à Cho-len, y compris leurs deux arrondissements. Il y a, en outre, indépendamment des Annamites et des Chinois, d'autres Asiatiques dans ces deux villes : ce sont des Indiens, des Parsis, des Cambodgiens, des Tagals, des Malais et des Moïs.

L'impossibilité où l'on se trouve de ne jamais connaître exactement ce qu'il y a de Chinois ou d'Annamites dans un endroit quelconque provient de ce que tout dénombrement est, en quelque sorte, chose interdite à l'égard de races si fluctuantes et si méfiantes. D'ailleurs, où puiser de suffisants renseignements? Le Chinois et l'Annamite, en dépit de nos prescriptions, ne tiennent ni actes de décès, par déférence pour la douleur des parents, ni actes de naissances, par respect pour les mystères de la famille, le premier surtout pour se dérober à la capitation. Si donc on communique à nos fonctionnaires des registres quelconques, ces registres ne sont guère que de fantaisie, et l'on n'y doit ajouter aucune foi. Il faut alors évaluer d'une façon approximative.

Quant à la population européenne, dans laquelle il faut comprendre également des Anglais, des Allemands, des Américains et des Espagnols, en dehors des troupes d'occupation et des fonctionnaires elle est insignifiante. A Saïgon, son centre principal, elle ne compte pas plus de 600 individus. Les causes de cette infime proportion sont multiples. D'abord, on émigre peu en Cochinchine, parce que cette colonie est trop lointaine, trop ignorée ; parce qu'on ne

sait pas ce qui peut s'y passer, qu'on y redoute le militarisme et l'arbitraire; parce que l'État ne favorise pas
l'émigration de nos nationaux; parce que les Français qui
ont quelque argent restent chez eux; parce que les Chinois
sont seuls en faveur et en possession des affaires; enfin,
parce que l'on sait que les colons ne sont pas maîtres d'y
prospérer ou de s'y ruiner à leur guise sans que le gouvernement colonial vienne s'ingérer dans tout ce qui se passe
chez eux; ensuite, et surtout, parce que la crainte du
climat retient dans la métropole tous ceux auxquels pourrait venir l'idée de s'expatrier, d'autant plus que l'on sait
fort bien, en France, qu'un Gouverneur peut ici expulser
n'importe qui lui déplaît, aussi bien nationaux qu'étrangers.

ANNAMITES

L'Annamite a les prunelles saillantes, le nez épaté,
le front déprimé, la barbe rare, le teint jaune : par ces caractères, il se rattache à la race mongolique. Il est chétif,
avec des membres grêles et des extrémités fort petites. Il
a le gros orteil très écarté des autres doigts du pied : nulle
autre race ne possède cette particularité étrange, qui lui a
valu, de la part des Chinois, le surnom injurieux de *giao-chi*.
Les femmes sont assez jolies, quand elles ne s'adonnent
pas au bétel. Elles ont le teint presque blanc, et les formes
admirables; mais elles vieillissent vite. Signes communs
aux deux sexes : les ongles d'une longueur démesurée, et
une opulente chevelure noire qu'on roule en épaisses
tresses ou qu'on laisse retomber sur les reins, selon le
goût de chacun.

Le costume des hommes se compose d'une longue robe
collante d'étoffe brune, fendue des deux côtés sur les
hanches, et d'un ample, mais court, pantalon blanc ou bleu.

Homme du peuple. Femme en toilette. Notable.

Les Annamites de qualité ceignent le turban de coton noir ou de crêpe bleu ; les gens du commun se couvrent le chef d'un vaste chapeau de paille tressé en forme d'entonnoir renversé, terminé par une pointe métallique (*salacco*). La chique de bétel ne leur quitte pas la bouche, à moins qu'il ne s'agisse de fumer du tabac ou de l'opium.

Même costume pour les femmes. On ne les distingue des hommes que par la longueur du pantalon et par leurs oreilles ornées de boucles. Elles vont généralement tête nue ; on en voit, cependant, qui portent un chapeau plat de la forme d'une pierre de meule, de soixante centimètres de diamètre environ, et muni de deux longues brides de soie jaune qui descendent jusqu'à terre, ou bien encore un chapeau convexe en rotin, orné de plaques miroitantes et d'une jugulaire en écaille ou en ébène, montée sur argent. Les riches se parent d'un collier d'argent ou d'ambre fin, de bracelets et de boucles d'oreilles d'or, d'un pantalon de soie rouge, d'une tunique de soie bleue et d'une chemise blanche par dessous. Joignons à tout ce luxueux attirail de fausses nattes rattachées à la chevelure naturelle par de longues épingles d'or, et de petites babouches relevées en pointe. Un énorme parapluie protège leurs charmes contre les ardeurs du soleil.

Sauf à reparler des Annamites, passons immédiatement aux autres Asiatiques.

CHINOIS

Les Chinois ont pénétré sur le sol de la basse Cochinchine en même temps que les conquérants Annamites. A notre arrivée à Saïgon, ils étaient groupés sur deux points principaux : Cho-len et Sadec. Ils y jouissaient de privilèges importants, que nous avons réglementés.

Au point de vue de leur organisation, tous les Chinois parlant un même idiôme formaient un groupe distinct; que nous avons appelé *Congrégation*. La congrégation était responsable, devers le gouvernement, des actes de chacun de ses membres. Ceux-ci se choisissaient un chef qui, proposé à l'acceptation du gouverneur de la province, recevait les attributions accordées aux magistrats municipaux que nous avons improprement appelés *maires annamites*. Ce chef, ainsi nommé, représentait l'administration centrale auprès de la congrégation, et il devenait l'intermédiaire des relations qui s'établissaient entre elles. La congrégation chinoise, en tant que groupe d'individus, avait donc des privilèges analogues à ceux de la commune annamite : c'était, en quelque sorte, une cité sans territoire. Chaque membre payait un impôt de capitation, plus élevé, toutefois, que celui imposé aux Annamites : mais, comme il ne possédait point de terres, il ne supportait aucune autre taxe. De plus, et c'était là le privilège important des Chinois, ils servaient d'intermédiaires uniques aux relations commerciales fondées avec la Chine, seul pays qui eût alors le droit de commercer avec l'empire d'Annam.

Nous avons conservé aux Chinois leur organisation en congrégations, qui nous était avantageuse. Les chefs sont, en général, des hommes riches et importants qui exercent sur leurs coreligionnaires une influence réelle : on les a donc rendus responsables des membres qu'ils dirigent. Ce sont eux qui font agréer par leur corporation les nouveaux débarqués de leur idiôme, et qui en répondent. Cette responsabilité fournit tout à la fois des facilités pour les immigrants et des garanties pour la colonie, en ce sens que nous évitons ainsi, le plus souvent, d'être envahis par des déclassés sans aveu, les Chinois faisant leur propre police.

Nous avons aussi adopté, et en cela nous avons été bien inspirés, la politique du gouvernement de Hué à l'égard des *Minh-Huong*, qui sont les fils d'un Chinois et d'une femme annamite. Il est à remarquer, en effet, que le Chinois qui vient tenter la fortune en Cochinchine y arrive toujours seul, laissant en Chine, s'il est marié, sa femme et ses enfants qu'il rejoindra plus tard, et aux besoins desquels il subvient régulièrement. Il n'en prend pas moins femme dans le pays, en dépit du dissentiment naturel des races, et se crée ainsi une double famille, visitant de loin en loin la première quand son séjour auprès de la seconde se prolonge. Les affaires terminées, sa fortune faite, le Chinois regagne le pays natal après avoir assuré le sort de sa famille de hasard. Ce sont ces abandonnés du père, mais non pas de l'aisance, que nous avons rassemblés en congrégation en leur conservant leur ancienne dénomination. Leurs privilèges sont identiques à ceux des Chinois. Mais notons que, par une combinaison remarquable de la législation locale qui a voulu réprimer ainsi le trop grand développement de l'aspiration et de l'influence chinoises, ces métis sont absorbés, à la seconde génération, par la communauté annamite.

Ainsi, la situation des Chinois est la même aujourd'hui que sous le gouvernement annamite, un point seul excepté : la proclamation de la liberté de commerce a fait disparaître le monopole que la cour de Hué leur avait abandonné. Ils ont donc à subir la concurrence commerciale qui leur est faite non seulement par les Européens et les Annamites, mais encore par tous ceux qui veulent profiter des facilités du libre commerce. Ils n'en sont pas moins actifs, résolus, empressés à se soumettre à notre régime administratif, prompts à profiter des circonstances et, surtout, merveilleusement aptes à se prêter à ce qu'elles peuvent avoir d'inaccoutumé pour eux. Le Chinois est en cela, comme en presque toutes choses, supérieur à l'Annamite, qui vit à l'écart et dont les grandes familles mandarines ont disparu.

Ce n'est pas à dire qu'on doive songer à faire de cette race un élément sérieux de colonisation : le Chinois ne se fixe point, et ne consentira jamais à s'établir définitivement loin de sa patrie ; il y reportera, tôt ou tard, sa personne et ses gains. Ce n'est donc pour nous qu'un ouvrier habile, un merveilleux agent d'échange : mais ce sera tout. Ce qu'il nous faut, ce sont des bras pour cultiver tant de champs encore incultes. Or, le Chinois ne veut pas devenir agriculteur ; s'il devient possesseur de terres, il les fera produire par l'intermédiaire de laboureurs annamites.

Il faut donc n'abandonner aux Chinois que les transactions commerciales ; sinon, l'intérêt des indigènes se trouvera compromis. Ce serait, en même temps, un danger, parce que, indépendamment qu'on froisserait inutilement l'orgueil national des Annamites, on éveillerait du même coup les jalousies des Européens. Peut-être même serait-il bon de ne pas trop favoriser l'accroissement de ces Asiatiques dans notre colonie encore naissante : l'intérêt commercial est sans doute respectable, mais on a peut-être trop oublié à Saïgon, dans ces derniers temps, que la race des « Célestes » menace d'englober peu à peu toute la partie orientale du continent.

Un mot, maintenant, sur l'aspect matériel de ce peuple.

La physionomie du Chinois reflète, hors de chez lui, l'impassibilité la plus complète. Il marche droit dans les rues, sans manifester jamais le moindre étonnement. Son vêtement croise et s'attache sur l'épaule et les côtés à l'aide de petits boutons de métal ou de verre : sa courte

culotte est le plus souvent en soie, ses bas en coton blanc
ou bleu, ses jarretières patiemment brodées, ses chaussures
en feutre blanchi avec des semelles d'un pouce d'épaisseur.
Sa queue, tressée au moyen d'un cordonnet noir ou bleu,
se termine par une longue frange de soie qui descend aux
talons. Il a le visage imberbe, et le haut du front rasé de
près. C'est un beau type, en résumé, et qui ne ressemble
en rien à ces grotesques qui ornent nos paravents. Ajoutons qu'il est d'une propreté scrupuleuse.

Il se complaît, cependant, dans des maisons de fâcheuse
apparence, dont l'étage surplombe un rez-de-chaussée
obscur, écrasé, étroit. L'habitation des riches ne diffère de
l'humble demeure du pauvre que par les volets de métal
travaillé dont ils ornent leurs vérandahs et leurs fenêtres.
Je suis entré souvent chez quelques-uns d'entre eux, et
certes l'on ne dirait point que leurs gîtes renferment parfois des millionnaires. La plupart de ces logis ne laissent voir
qu'un modeste bureau bien sombre, mesquinement meu-
blé. Devant le négociant s'étale une petite machine à compter : pour calculer, le Chinois fait courir ses doigts sur
d'innombrables petites billes, rattachées ensemble par des
fils métalliques. On dirait nos dentellières normandes jouant
activement de leurs bloquets. Je les ai, plus d'une fois,
priés curieusement de multiplier un nombre de quatre
chiffres par un nombre de trois, et l'opération était toujours terminée bien avant que je n'eusse écrit le résultat. Je
doute fort que nos polytechniciens, nos algébristes et nos
membres de l'Institut calculent, à eux tous, avec une aussi
prestigieuse facilité. Ajoutons, pour terminer, que les ateliers sont situés sur la rue, et qu'on peut voir au dedans ces
créatures laborieuses et à demi-nues qui travaillent avec
autant d'art que des castors, sans jamais paraître se fatiguer.
A vrai dire, une promenade dans les quartiers chinois n'est

point toujours agréable, ces porte-queue ne se gênant nullement pour déposer toutes les immondices de leurs maisons sur la voie publique. Les ordonnances de police sont impuissantes à réfréner cette désinvolture insalubre. On les condamne en masse, chaque semaine, pour ce fait : ils payent, sans murmurer, l'amende et recommencent. Une telle négligence demeure inexplicable pour quiconque s'est rendu compte de leur minutieuse propreté dans l'intérieur du logis.

Les Chinois n'admettant jamais d'étrangers, surtout des Européens, dans leur famille, je ne puis dépeindre leur vie intime. Je ne parlerai donc pas de leurs femmes. Les seules Chinoises chez lesquelles on puisse s'introduire sont toutes, sans exception, de mœurs galantes : leur genre d'existence ne mérite point qu'on s'y arrête.

L'une des curiosités de Saïgon et de Cho-len est, sans contredit, le cimetière chinois de ces deux villes. Mais, chose étrange, son aspect n'a rien du coup d'œil monumental qu'offre un cimetière annamite. Et, cependant, nul peuple ne pousse aussi loin que le peuple chinois la vénération des ancêtres. Cela tient à sa nature et, en même temps, aux dures nécessités de la vie qu'il subit. Ses tombes sont de maigres pierres plates, dont l'inscription est l'unique ornement. Passant son existence à charger sa mémoire de formules sonores et vides, à labourer, à vendre ou à acheter, le Chinois ne comprend et ne pratique que la petite sculpture. Esprit essentiellement positif, égoïste et calculateur, il ne connaît l'enthousiasme sous aucune forme : pour lui, le ciel est sans Dieu et l'art sans idéal. Il n'a d'autre souci pour ses champs de repos que de leur créer un horizon sans limites, choisissant d'instinct, d'ailleurs, un beau site, comme si la contemplation de la nature, dédaignée pendant la vie, devait être l'éternelle occupation du mort. Cette liberté laissée aux funérailles procède du seul sentiment élevé qui subsiste chez le Chinois : le respect pour la mémoire de ceux qui ne sont plus. Les vivants mêmes ont souvent à souffrir de cette coutume, qui constitue pour la santé publique un péril grave et permanent : aussi avons-nous apporté quelques restrictions à cette pratique dans notre colonie.

INDIENS

Les immigrants qui nous viennent de l'Inde sont communément désignés, à Saïgon, sous l'appellation générique de *Malabars*, bien qu'ils proviennent presque tous du Bengale ou de la côte de Coromandel. Un certain nombre d'entre eux parle notre langue : ceux-là sont natifs de Pondichéry. Ils comptent parmi eux quelques catholiques.

A titre de mesure d'ordre et de police, on ne leur accorde qu'un permis de séjour ; mais ce permis n'est jamais refusé que pour des choses graves. Ils payent un impôt annuel de capitation, et sont, comme les Chinois, formés en congrégations.

Quelques-uns d'entre eux sont brahmanistes ; mais la plupart sont mahométans. Ces derniers ont construit une mosquée, qu'ils illuminent tous les soirs et parfument d'encens. Ils ont amené quelques femmes indiennes : plusieurs ont épousé des femmes annamites et en ont des enfants ; les descendants de ceux-ci demeurent toujours dans la communauté indienne.

Ces immigrants ont introduit à Saïgon l'usage des voitures de place. Le gouvernement leur en a même assuré le monopole, bien que de riches négociants chinois aient demandé, sans l'obtenir, d'établir une concurrence à des prix inférieurs. Ils font aussi commerce de laitages et de légumes, tiennent de modestes débits de boissons à l'usage du peuple, et aussi des magasins de détail où l'on trouve les produits européens à meilleur compte que chez les Chinois, qui eux-mêmes ont des prix moins élevés que ceux des magasins français. C'est que les Indiens vivent à moins de frais, ce qui leur permet de réaliser des bénéfices plus nets. Ce sont, du reste, des gens doux, paisibles, et qui retournent vivre sur un sol français des économies qu'ils sont parvenus à amasser en traversant les mers.

La pièce essentielle, souvent unique, du costume des hommes consiste en une draperie, appelée *langouti*, ou en un petit pantalon d'étoffe légère dont les replis s'enroulent autour de la ceinture. Les jours de fête, ils jettent par dessus une jaquette, plus ou moins fantaisiste, taillée à l'européenne, le plus souvent en alpaga. Leurs turbans sont mouchetés des couleurs les plus vives. Les Indiens musulmans, principalement, sont splendides. Leur port grave, leurs formes sculpturales, leur haute taille, leurs traits réguliers, leur barbe longue et fine en font de remarquables spécimens du troupeau humain. Quant aux femmes, elles sont petites, mais de formes également irréprochables et mignonnes. Leur coquetterie est extrême : on ne saurait imaginer combien elles aiment à se parer de tout ce qui reluit, piastres, sequins, roupies, colliers et plaques de métal. Elles portent toutes de nombreux anneaux d'argent aux bras et aux jambes ; quand elles peuvent y ajouter un diadème de même métal, ou simplement de cuivre doré, leur bonheur est au comble. Rien ne leur coûte pour se procurer ce luxe, et, d'ailleurs, leurs maris sont complaisants. Cependant, un usage choque chez elles, celui de se passer dans l'une des narines un anneau d'or, orné de pierres fines : c'est là, précisément, l'ornement dont elles sont le plus fières !

CAMBODGIENS

On rencontre à Saïgon quelques Cambodgiens. Les uns descendent le Mé-Khong dans leurs barques, dont ils apportent le chargement à la ville européenne et à la ville chinoise : d'autres arrivent par la rive gauche du Grand-Fleuve, amenant des troupeaux de bœufs ou de chevaux.

Il est encore des familles cambodgiennes qui se remarquent dans les provinces de Vinh-long, de Chau-doc, de Ha-tien : ce sont les restes malheureux de la population refoulée violemment ou détruite par la conquête annamite. Ces familles forment des villages d'où tout sang étranger est soigneusement exclu.

Ce sont des individus paisibles, attachés au sol qu'ils foulent, intelligents et susceptibles d'établissement ; ils ont demandé qu'on leur abandonnât quelques terres : on les leur a concédées. Il serait à désirer qu'ils émigrassent en masse et vinssent se fixer au milieu de nous.

Le Cambodgien est plus robuste et plus grand que l'Annamite ; il porte les cheveux ras. Son habillement consiste en un langouti, une petite veste boutonnée sur le devant, une ceinture de soie. Chez lui, une simple pièce de coton couvre ses épaules. Il a toujours les jambes nues. Comme religion, il est boudhiste. Il y a des Cambodgiens chrétiens, mais en petit nombre.

TAGALS ET MALAIS

Il reste à Saïgon une centaine de Tagals. Originaires des Philippines, ils ont été élevés sous la domination de l'Espagne, dont ils parlent la langue, et sont tous chrétiens. Ils appartiennent à la race malaise, et ont le caractère violent et vindicatif. Leur grand amusement est le combat des coqs : ce barbare plaisir leur est commun, du reste, avec les Annamites.

Les Tagals, venus de Manille avec des officiers espagnols à l'époque de la conquête française, nous ont rendu d'immenses services tant comme cavaliers que comme fantassins. Commandés par le brave colonel Palanca, ils ont combattu à nos côtés à Tourane, à Ki-hoa, à Bien-hoa, à Vinh-long, à Mit-cui, à Go-cong. Ce qui en reste s'est placé comme domestiques, spécialement comme saïs : ils adorent les chevaux. Habitués déjà aux usages des Européens par suite de leur contact avec les Espagnols, ils sont pour nos résidants des serviteurs fort utiles. Malheureusement, ils ne peuvent tarder à disparaître.

Arrivés également dans le pays sans famille, les Tagals se sont alliés avec les Annamites, auxquels leur caractère convient à merveille. Ce sont, au reste, des gens hardis, sobres, agiles, soigneux de leur personne. Ils portent le pantalon blanc très collant, et laissent flotter en dehors les pans de leur chemise. Les saïs portent avec aisance et bon goût la livrée européenne ; mais, même dans ce cas, ils conserveront toujours sur leur tête un foulard de couleur, artistement attaché sur le devant : ils aiment également les bijoux et les chaussures fines.

Quant aux Malais de pure race, il y en a à Saïgon un assez grand nombre. Ils servent généralement de saïs ou de garçons de magasin. Ils portent une courte robe rouge et le turban bariolé. Leur langue est fort en usage dans les transactions commerciales, les Chinois la parlant tous : elle s'apprend fort vite, en deux ou trois mois.

Les femmes malaises sont grandes, bien faites et de tempérament ardent. Elles s'adonnent spécialement au repassage et au blanchissage du linge, en concurrence avec les

Chinois : mais leur méthode d'apprêt l'use rapidement, car
elles ont l'habitude de le frapper violemment contre des
pierres plates au lieu d'employer le battoir. Elles consentent rarement à entrer au service des dames européennes.

MOÏS

Enfin, on rencontre parfois des Moïs à Saïgon. Ces individus appartiennent aux tribus indépendantes qui habitent
les montagnes de notre frontière de l'Est ; c'est une race de
nomades et de pasteurs. On ne leur connaît aucun culte :
on suppose, cependant, qu'ils adorent le soleil. Leur type
se rapproche singulièrement de la race juive, et surtout
des juifs de Bombay ; il y aurait même une curieuse étude
à faire sur cette question d'ethnographie qui n'a point
frappé, jusqu'à présent, nos explorateurs. Leurs hameaux
sont entourés d'impénétrables bambous. Les Annamites les
considèrent comme des sauvages, bien qu'ils paraissent
beaucoup plus intelligents qu'eux. Leur langue n'a pas
encore été étudiée. Il importerait pourtant, ce me semble,
d'examiner si elle ne pourrait point servir à déchiffrer
l'écriture de quelques-uns des monuments Khmers.

VI

**L'emplacement de Saïgon. — Ses communications avec Bien-
hoa. — Le Go-Vlap. — Monument funéraire de l'évêque
d'Adran. — La citadelle. — Distance des divers centres de la
colonie et des marchés principaux de l'extrême Orient. —
Services postaux.**

Un grand nombre d'esprits compétents et impartiaux ont
blâmé, dès le début, le choix que l'on a fait de l'emplacement de Saïgon pour l'établissement d'une capitale. Indé-

pendamment que ce port est éloigné de la mer de plus de vingt lieues, le voisinage de l'importante ville chinoise de Cho-len fera toujours tort à son commerce particulier; en outre, les marécages qui l'avoisinent au nord et au sud, ceux mêmes qui se perpétuent sans façon dans son enceinte propre, en font une résidence malsaine pour ceux de nos compatriotes qui ne peuvent habiter la ville haute; enfin, ce point n'est pas central, bien qu'on ait, dans le temps, allégué cette même considération pour justifier le choix de l'administration.

Un emplacement préférable eût été, assurément, celui des environs du cap Saint-Jacques, soit dans la baie de Ganray, soit dans celle de Cua-lap, soit même de l'autre côté du cap *Tiwan*. Outre l'avantage qu'il offrait à la ville nouvelle d'une assiette sur les bords mêmes de la mer, l'arrondissement de Baria est, certainement, celui de nos différents cercles qui, par l'excellence et la salubrité de son terroir, offre les meilleures conditions d'établissement et d'exploitation.

Il est vrai que les moyens de communication y sont plus difficiles. Aucun arroyo intérieur, peu de bons chemins. L'arroyo même qui, par l'intermédiaire du Rach-lap, réunit Baria à la rivière de Saïgon est impraticable à marée basse. Mais n'eussions-nous donc pu faire disparaître aisément ces difficultés? Autrefois, il y a eu des routes bien entretenues, qui assuraient la communication de Hué avec Saïgon et Mitho. A chaque pas on rencontre des traces d'anciens défrichements. Faudrait-il donc des efforts surhumains ou une trop longue persévérance pour mettre au jour, de nouveau, les richesses enfouies de ce fertile terrain?

Un certain nombre de montagnes se groupent au S.-O., à l'E. et au N.-E. de Baria, derniers contreforts du système orographique de la presqu'île indo-chinoise : quelques-unes atteignent jusqu'à 800 mètres d'attitude. Les mouvements de terrains auxquels ces montagnes donnent naissance permettaient aisément de tenter les cultures les plus diverses, et de choisir les meilleures conditions pour celles qui y existaient déjà.

Bien plus, la configuration particulière du sol permettait d'établir un « Sanitorium » au portes de la ville même : les résidents, affaiblis par le climat, trouvaient ainsi le moyen de reprendre de nouvelles forces, non seulement sans quitter la colonie, ce à quoi il leur faut se résoudre actuellement, mais encore à quelques milles seulement de leurs demeures habituelles.

Enfin, bien loin que le commerce de la capitale se trouvât, en une telle situation, entravé par celui d'une rivale, ce commerce recevait, au contraire, une plus vigoureuse impulsion par suite du voisinage des pêcheries de Phuoc-thyn, des petits hâvres caboteurs de Phuoc-hai et de Loc-an, et surtout des importantes fabrications de sel de Cho-len, dont les salines sont tellement considérables qu'elles fournissent une production suffisante pour alimenter la Cochinchine, le Cambodge et Java.

Tant de réels avantages n'ont pu ouvrir les yeux aux fondateurs de notre entreprise coloniale. Ils ont préféré tenter la fortune sur un des bras du Don-naï, entre Cho-len, dont la concurrence est meurtrière pour Saïgon, et Bien-hoa qui, jusqu'à présent, n'a pu encore lui servir : ils se sont installés hâtivement dans une plaine insalubre, à vingt-deux lieues et demie de la mer, sur un dangereux cours d'eau dont les passes difficiles nécessitent l'emploi constant d'un pilote. Remarquons également qu'au point de vue stratégique un établissement pouvait être défendu pour le moins aussi bien aux environs du cap Saint-Jacques que là où nous l'avons assis.

J'ai parlé du voisinage de Cho-len et de celui de Bien-hoa. Comme je veux consacrer un chapitre spécial à la première de ces villes, je ne vais parler ici que de la seconde, au seul point de vue des profits à en retirer, bien entendu.

L'importance de Bien-hoa est fort réelle quand on considère son agriculture largement développée et les production de toute sorte que ce cercle fournit. Des villages considérables rayonnent à l'entour, où viennent se vendre également tous les produits de la frontière. Une foule d'articles de commerce, des plus importants, pourraient être tirés de ces marchés si le transport en était moins coûteux. En effet, on peut assez facilement les amener à Bien-hoa; mais, de là pour se rendre à la capitale, il faut que les barques descendent la rivière pour aller prendre le bras de Saïgon et le remonter jusqu'à l'Arroyo-Chinois, trajet long et pénible. Les mêmes difficultés se présentent pour le retour.

Une mesure de la plus haute utilité, et qui ferait descendre au marché de Saïgon les importants produits du nord-est, de l'est et des provinces annamites limitrophes, consisterait à rendre navigable le Rack-Tieck, arroyo qui débouche, d'un côté, au-dessous de Bien-hoa et, de l'autre, à cinq ou six milles au-dessus de Saïgon. Dans l'état actuel de cet arroyo, il n'y a que les simples barques qui puissent y passer à la basse eau. Un canal direct de Bien-hoa à Saïgon, navigable pour les gros bateaux annamites, contribuerait puissamment au développement commercial des deux provinces. Tel a dû être autrefois, du reste, l'état de ce cours d'eau, à en juger par la présence des riches villages qui existent encore sur son parcours. L'action du reflux, très puissante dans la rivière de Bien-hoa, a dû le combler peu à peu, le défaut de soins aidant, et l'amener au fâcheux envasement auquel nous le voyons réduit aujourd'hui. Constatons encore l'existence d'une route par voie de terre, d'une longueur de 27 kilomètres, reliant les deux villes. J'ai parcouru plusieurs fois cette route de l'une à l'autre de ses extrémités, et je dois constater que notre incurie la laisse subsister dans un déplorable état. Elle n'est plus même carrossable dès une courte distance de Saïgon.

Cette insouciance des communications est d'autant plus incompréhensible que les rapports entre Bien-hoa et Saïgon sont forcément journaliers. C'est ainsi qu'on ne saurait bâtir à Saïgon sans faire appel, pour les assises des constructions, aux ressources naturelles de sa voisine. Dans les environs de celle-ci, en effet, on exploite d'assez vastes carrières de pierre argileuse contenant de l'oxyde de fer et connue, par toute la Cochinchine, sous le nom générique de « pierre de Bien-hoa ». Dans la carrière, cette pierre est fort tendre et se coupe aisément en blocs réguliers; elle durcit ensuite à l'air assez rapidement : toutefois, elle ne supporte pas bien une longue exposition à l'humidité. Ces gisements appartiennent au gouvernement qui fait procéder, chaque année, à une adjudication pour leur exploitation. Ils sont situés presque au bord de la rivière, tout au près d'une grande et belle pagode, appelée *Pagode Royale* parce qu'elle servait autrefois de résidence au vice-roi annamite. C'est de ce point que l'on transporte la pierre à Saïgon : mais la difficulté du trajet en augmente beaucoup trop les frais.

Un des motifs qui, au début de la colonie, ont pu déterminer l'emplacement actuel de son chef-lieu, c'est que Saïgon se trouve situé sur la voie directe, par terre, qui conduit au Cambodge, c'est-à-dire à Pnôm-Penh, sa capitale, par Tong-kéou, Tram-bang et Tay-ninh. La distance n'est guère que de 250 kilomètres au plus, tandis que par la voie fluviale, qu'on est malheureusement encore contraint de suivre aujourd'hui, elle est au moins d'un tiers plus longue. Mais, avec notre incroyable inertie habituelle, nous ne nous sommes point préoccupés de prolonger notre route de terre au delà de Tay-ninh, de telle sorte que nous nous sommes volontairement fermé toute une voie naturelle de caravanes entre Saïgon et Bang-kok, laquelle n'est distante que de dix jours de marche de Pnôm-penh, à dos d'éléphant, en passant par Battambon. Grâce au protectorat auquel nous avons soumis le Cambodge, il nous eût été facile, cependant, de prolonger la route de Tay-ninh à travers la province de Bap-pnôm, qui sépare seule notre frontière de la résidence du roi Norôdom. Une colonie anglaise n'aurait point négligé un pareil débouché ! Mais, puisque c'est chez nous un parti pris de ne pas dépasser Tay-ninh, peu importait, au point de vue des échanges commerciaux avec le Cambodge et le Siam, d'établir le chef-lieu de notre colonie aux environs du cap : bien plus, cette situation aurait encore eu cet avantage de rapprocher les deux centres en diminuant la distance par voie de navigation.

Il faut être juste, cependant. Il existe autour de Saïgon de riches terrains dont une grande partie se trouve aujourd'hui productive, grâce au bon vouloir des vaincus. Les Annamites, en effet, sont venus se grouper autour de la capitale, s'installant dans les meilleures positions. On a dû les leur laisser prendre, les concessionnaires européens se refusant énergiquement, pour la plupart, de mettre en valeur les terrains ruraux qui leur appartiennent. Entre tous ces cantons favorisés par la nature il importe de citer au premier rang celui de Go-viap pour sa fertilité et les ressources de toute sorte qu'il offre. On n'y recontre que fermes et cultures. Nulle part on ne trouve de mangues aussi exquises, de mangoustans aussi beaux, de bananes aussi parfumées. Je ne parle que pour mémoire des oranges, des ananas, des pamplemousses, des pastèques, des caramboles, des pommes d'acajou, des pommes-canelle, des goyaves et des légumes de mille espèces qui naissent, savoureux et abondants, dans cette région privilégiée. Le touriste y rencontrera des sites ravissants, le rêveur des ombres charmantes, l'artiste un sculpteur annamite, sorte de Benvenuto de race jaune, qui manie en maître la pierre et le bois dans sa modeste case de Tam-léong.

C'est entre le Go-viap et la route de Tong-kéou que se trouve le tombeau fameux de l'évêque d'Adran, Mᵍʳ Pigneau de Behaigne. Ce monument a toujours été respecté par les Annamites, même pendant la guerre acharnée de 1861. L'évêque d'Adran, né dans le Soissonnais, fut, au siècle dernier, vicaire apostolique de la Cochinchine. Principal ministre de l'empereur Gia-long, il l'aida, tant par ses conseils que par l'intervention de plusieurs officiers français qu'il appela auprès de lui, à reconquérir successivement tout son empire jusqu'au Tong-kin, à la faveur des troubles qui divisaient les Tay-son. C'est par ses soins patriotiques que fut conclu le traité de 1787 entre le roi Louis XVI et le gouvernement annamite, traité si avantageux pour la France, mais dont le mauvais vouloir de notre représentant à Pondichéry et la Révolution de 1789 empêchèrent les bons effets. Le grand prélat mourut, le 9 octobre 1799, dans une charmante habitation qu'il possédait aux environs de Saïgon, et qui est encore actuellement connue sous le nom de *Villa des Manguiers*. D'admirables spécimens de cette essence l'entourent, contemporains de l'illustre homme d'État. Gia-long fit faire de magnifiques funérailles, auxquelles toute la province assista, à ce ministre sage, à qui il avait justement donné le titre d'« accompli ». Le monument, construit dans le style des pagodes indigènes, a été réparé, il y a quelques années, par l'architecte français Barthélémy.

Ses quatre faces se composent de battants de bois, mi-partie sculptés et mi-partie à jour : au fond, un autel surmonté en relief des armoiries de l'évêque ; au pied de l'autel, le tombeau, accompagné d'une pierre tumulaire sur laquelle une inscription en caractères chinois retrace les titres et les mérites du défunt. Tout autour, en fer à cheval, une enceinte de pierre ornementée. Sur le devant, faisant face à la route de Tong-kéou, un écran, également en pierre, sur lequel divers fauves sont représentés en émail. Somme toute, c'est un majestueux et imposant sépulcre, plus vénéré encore des populations annamites que des nos indifférents Européens. L'amiral Charner a fait acte de justice et de patriotisme en le déclarant, lui et son emplacement, propriété nationale.

Ce tombeau est situé à six kilomètres environ de Saïgon. On peut s'y rendre par le Go-viap ou par la route de Tong-kéou. Mais la route du Go-viap n'est praticable qu'à cheval, tandis qu'on peut suivre la seconde en voiture presque jusqu'au monument lui-même. Je dis « presque », car l'administration laisse sans réparations un pont de bois actuellement pourri, et qui n'est distant que de 600 mètres à peu près de l'édifice.

Notons, enfin, qu'on traverse, en se rendant de Saïgon à la Villa des Manguiers, la longue suite de retranchements connus sous le nom de « lignes » de Ki-hoa et si célèbres par la résistance extraordinaire que nous opposèrent les Annamites au moment de l'occupation. Ce ne sont plus que des débris.

On le voit, les fondateurs de notre colonie ne se sont préoccupés, dans le choix de l'emplacement de leur capitale, que des nécessités du moment. Il est évident que les environs du cap, indépendamment qu'ils offraient le voisinage de provinces aussi fertiles que le Gia-dinh, étaient de beaucoup préférables tant au point de vue sanitaire qu'au point de vue de la facilité des débouchés. Mais nous ne songeons jamais qu'à l'heure présente ! Toutefois, telle qu'était la situation de Saïgon, on pouvait encore en tirer un excellent parti à l'aide de quelques travaux dont ni la durée, ni la dépense n'eussent été, relativement, considérables : ces travaux, on ne les a point faits, ni même tentés. Et, cependant, les souverains dépossédés par nous les avaient menés à bien jadis ! Nous retrouvons partout les traces de leur intelligent passage : mais nous ne voulons pas même réparer.

Je ne comprends point davantage qu'on ait démantelé la citadelle de Saïgon. Cette place avait été fortifiée, en 1791, par le colonel Victor Olivier, l'un des vingt Français amenés par l'évêque d'Adran à la cour de Gia-long. De cet endroit il fit partir vers Mitho, vers le Cambodge et vers le Siam des routes destinées à neutraliser la voie ouverte, par le Sud et par l'Occident, aux envahisseurs qui tenteraient de descendre les cinq grands fleuves et à diriger rapidement des secours sur les points menacés. En même temps, au point de rencontre de ces routes militaires, il éleva une forteresse quadrangulaire, dont chacune des faces comprenait deux fronts. En 1835, elle fut prise et rasée à la suite d'une révolte. Mais le gouvernement de Hué la fit reconstruire, en 1837, à l'angle nord de son premier emplacement. Il adopta la forme d'un grand carré bastionné, revêtu de maçonnerie. De nouveau, Saïgon commanda le pays, sans avoir rien à craindre désormais des insurrections des Cambodgiens ou des Siamois. Ce furent les Français qui lui portèrent le dernier coup. L'amiral Rigault de Genouilly s'en empara le 17 février 1859 et ruina la forteresse une seconde fois. Cependant, les fossés ne sont comblés que sur quelques points, et il faudrait peu de travail pour les remettre en état. Puisque nous nous sommes décidés à occuper définitivement cette position, je m'étonne que l'on ait ainsi dégarni la ville du côté de la plaine. Le fort du Sud ne protège que le fleuve : il nous semble que cette défense est insuffisante en cas d'un coup de main venu de l'intérieur. Notre flottille du Don-naï, vu la situation topographique de la place, ne pourrait certes pas empêcher, par exemple, l'incendie de la haute ville, dont les innombrables constructions atteignent aujourd'hui une valeur énorme.

Terminons ces considérations par un bref tableau des distances qui séparent Saïgon des autres centres principaux de la colonie ainsi que des colonies voisines.

Distance de Saïgon à Tay-ninh, point extrême nord de la Cochinchine française : 115 kilomètres.

Distance de l'embouchure du Don-naï : 90 kilomètres.

A l'Est, distance de Bien-hoa: 27 kilomètres ; de Bien-hoa à Baria, 94 kilomètres ; de Long-than, point médial entre Bien-hoa et Baria, à Bao-chan ou Gia-loan, point extrême de notre frontière orientale, 60 kilomètres.

A l'Ouest, Mitho est distant de 50 milles de Saïgon. C'est à partir de Mitho que nous comptons maintenant la distance des différentes villes suivantes : Vinh-long, à 25 milles ; Chau-doc, sur le *Bassac*, à 60 milles. Sadec est à 12 milles de Vinh-long; Long-xuyen à 80 milles de Sadec, et Ha-tien, notre port sur le golfe de Siam, à 60 milles de Chau-doc.

Nous avons dit quelle distance sépare notre capitale de celle du Cambodge.

Saïgon n'est éloigné de Hué, capitale de l'Annam, que de 500 kilomètres environ par voie de terre.

Distance de Hong-kong, 915 milles ; de Hong-kong à Canton, 95 milles, et à Macao 60 milles ; de Canton à Pé-kin, 757 lieues.

Distance de Manille, 908 milles ; de Singapore, 637 milles ; de Batavia, par Singapore, 1,187 milles.

Distance de Pointe-de-Galles, 2,137 milles ; de Pondichéry, 2,227 milles ; d'Aden, 4,272 milles.

Si nous voulons, enfin, nous reporter aux deux têtes extrêmes de la ligne desservie dans ces mers par nos paquebots des Messageries, nous trouvons que, d'une part, Marseille est à 7,170 milles de Saïgon et que, d'autre part, Shang-haï et Yokohama en sont éloignées, la première de 1,718 milles, la seconde de 2,503 milles.

Tous les quinze jours, les Messageries desservent Saïgon pour la France, et tous les quinze jours également pour la Chine et le Japon : on sait que le service postal se fait par les paquebots de cette Compagnie. Quant aux dépêches télégraphiques, personne n'ignore non plus qu'elles sont expédiées par un câble spécial.

En outre, un actif service postal se fait par voie de terre à l'aide de courriers (*trams*). Ils franchissent la distance entre Saïgon et Hué en 12 jours, entre Hué et Hà-noï, capitale du Tong-kin, en 7 jours, soit une moyenne de 40 kilomètres environ par jour. Toutefois, quand le temps est mauvais ou que les dépêches ne sont pas pressées, il faut compter sur un retard de trois à quatre jours entre Saïgon et Hué, et de un à deux jours entre Hué et Hà-noï. Depuis que la France a installé une légation permanente à Hué et trois consulats sur trois points différents de l'empire d'Annam, ces services s'accomplissent régulièrement tous les quinze jours. Les courriers vont au galop, sans jamais longuement s'arrêter, même pour prendre la nourriture nécessaire. Sans les montagnes et les cours d'eau qui ralentissent à chaque instant leur course, ils accompliraient facilement un trajet double par jour. Leurs petits chevaux sont ornementés et caparaçonnés avec soin dans le genre des coursiers arabes et des mules espagnoles. Les correspondances sont enfermées dans des tubes de bambou, ficelés et cachetés. Elles se transmettent ainsi, sans risques aucuns, à chaque relai. La première organisation de ces *trams* remonte, paraît-il, au xie siècle, époque où l'Annam faisait encore partie du royaume de Ciampa.

VII

La ville chinoise : Cho-len. — Mœurs chinoises.

Pour se rendre à Cho-len, deux routes sont fréquentées de préférence : celle *des Mares*, et celle de l'Arroyo-Chinois.

La route des Mares fait suite à la rue de La Grandière. A droite, la Plaine des Tombeaux ; à gauche, une longue bande de terrains riches et fertiles. Aux portes mêmes de Saïgon se trouvent d'anciens jardins de mandarins annamites. Situés les uns à la suite des autres, ils renfermaient d'opulentes maisons de plaisance dont les ruines se cachent maintenant sous l'herbe. Il ne reste plus que les bosquets qui ornaient ces délicieuses retraites : goyaviers et pamplemousses, manguiers et mangoustaniers, curieux banians, magnifiques tamariniers, aréquiers élancés. Mais la pioche des Européens tend peu à peu à les faire disparaître : on construit. Plus loin, la route longe le Haras et cet ancien parc d'artillerie, aujourd'hui simple caserne, qu'on appelle « les Mares », à cause de deux petits étangs qui ornent chaque côté de la porte d'entrée, dans l'un desquels les mandarins conservaient du poisson et dans l'autre des caïmans. Il y a là deux pagodes royales, célèbres dans les fastes du pays : en 1783, on enterra pompeusement dans la première un soldat français qui avait donné sa vie pour la défense de Gia-long ; dans l'autre, Gia-long lui-même y épousa une femme qui fut la mère de Minh-Mang. Depuis cet endroit, la route n'offre plus d'intérêt. Elle a une longueur totale de 6 kilomètres.

L'Arroyo-Chinois, si animé, si peuplé, si gracieusement dessiné pour offrir à l'œil d'agréables contours, est une seconde route plus commode pour ceux qui redoutent la poussière et la chaleur. De ce côté, il y a certainement peu de villes qui peuvent offrir un plus joli coup d'œil que Saïgon. Sur les bords de la rivière s'échelonnent des maisons dont les pilotis s'avancent au-dessus de l'eau, et servent de quai à leurs habitants. De petits canaux, d'étroites baies s'échappent derrière des massifs de verdure. A droite, l'immense toiture du théâtre chinois de *Cau-ong-Lanh*. A gauche, un peu plus haut, l'Arroyo-de-l'Amphytrite (*Ong-Lan*) ; en face de cette rivière, et devant nous, se dessine sur un fond d'aréquiers et de cocotiers la modeste croix de l'église de Cho-quan. Auprès, c'est l'hôpital de ce joli village, hôpital consacré aux Asiatiques. Il se relie par mille sentiers, pleins d'ombre et de fraîcheur ; à la pagode des Mares.

L'Arroyo-Chinois est encore plus utile pour le commerçant qu'il n'est agréable à parcourir pour le touriste. Il sert à exporter du vaste entrepôt de Cho-len les marchandises qui y affluent de toutes parts. Un pont, situé à l'entrée, empêchait naguère encore, les jonques de mer d'aller charger à Cho-len même. Ce pont s'est écroulé, et l'on vient de le remplacer heureusement par un pont tournant en fer, qu'on a fait construire en France.

Si nous entrons, maintenant, dans la ville par l'un des embranchements de ce magnifique canal, nous ne pouvons qu'admirer ces larges rues bien bâties de solides maisons à un étage, ces quais encombrés d'hommes et de ballots, ces magasins remplis jusqu'à la porte d'innombrables richesses récoltées par l'actif et patient commerce des Chinois. C'est que Cho-len est bien une ville à eux ; aussi cette cité a-t-elle pris en peu de temps un essor considérable. La liberté commerciale était le seul moyen d'arriver à ce rapide développement : en brisant les vieilles entraves, on est arrivé à fixer définitivement les Chinois dans cette ville de leur choix. Il est vrai qu'ils y sont établis depuis un siècle. Un grand nombre d'entre eux est actuellement propriétaire de terrains et de maisons. Ils comprennent parfaitement toute la portée des mesures prises en leur faveur : ils y aident de leurs efforts, et ils en profitent.

Le nom véritable de Cho-len est *Taï-Ngon*, désignation chinoise dont les Annamites avaient fait *Saï-gon*. Aujourd'hui, cette ville n'est plus appelée que par son nom indigène de Cho-lon, ou Cho-len, qui signifie *grand marché*.

A notre arrivée en Cochinchine, Cho-len était une ville sale, aux longues rues étroites et tortueuses, aux maisons obscures et malsaines. Les ponts en dos d'âne, impraticables aux voitures, étaient même peu commodes pour le pied d'un Européen. La voirie était souvent inondée par la marée, et le devant des cases n'était qu'un réceptacle d'immondices. Nous avons percé des rues amples et aérées, développé les quais, creusé un canal, reconstruit ou restauré les maisons du bord de l'eau, créé des ponts, délimité les propriétés, éclairé et assaini la ville. Par nos soins, les faubourgs annamites ont été reportés sur de nouveaux emplacements. Au milieu de la cité, s'élève un immense bazar à arcades et à étage, avec cours intérieures et trottoirs au dehors. On peut enfin circuler à l'aise dans ce centre mouvementé.

Grâce aux arroyos et aux canaux qui les relient, les jonques, les sampans, les bateaux de pêche peuvent pénétrer de tous côtés dans la ville, et décharger leurs produits au pied même des magasins. Un service spécial de mouches à vapeur porte et ramène, toutes les demi-heures, les voyageurs, leurs marchandises et leurs denrées de Cho-ler à Saïgon.

La ville a été divisée en cinq quartiers, ayant chacun un chef chinois, un chef minh-huong et un chef annamite, ce qui a eu pour effet de rendre homogènes ces trois éléments de population si disparates, et d'intéresser, malgré eux, les Annamites, si indolents, aux améliorations locales et au développement commercial de la cité. L'inspecteur des Affaires indigènes a la surveillance et le contrôle de l'administration des chefs de congrégation : il est également chargé de la justice et du recouvrement des impôts. Notons encore qu'il était question, au moment où je quittais la colonie, de doter Cho-len d'un conseil municipal exclusivement asiatique. Mais je crois qu'au point de vue de l'avenir ce serait là une mesure fâcheuse.

Ce qui fait, pour l'Européen, l'attrait particulier de Cho-len, ce sont ses nombreuses pagodes. Cette ville est le véritable boulevard du Boudhisme en Cochinchine. Nous en visiterons trois.

La première est la pagode de *Kouang-Ti*, le Mars chinois. Elle est consacrée aux divinités guerrières. A l'extérieur, elle ressemble à toutes ses congénères. Une haute muraille de briques l'entoure de toutes parts, au milieu de laquelle s'élève une porte monumentale à trois compartiments supérieurs ornés de bas-relifs en porcelaines incrustées : celui du centre domine de toute sa hauteur les trois autres, et chacun est recouvert d'une légère toiture de briques ondées destinée à les protéger contre les atteintes des pluies. Au dedans des murs, une vaste cour, dans laquelle sont construits deux longs corps de logis séparés : celui de gauche, qui est la pagode même, le temple; celui de droite, réservé aux fonctionnaires du lieu. Entre ces deux bâtiments, une haute et mince colonne en bois ouvragé, supportant une corniche de bronze sculpté dans laquelle s'enchâsse un génie difforme. La toiture en briques de la pagode est surchargée d'une infinité d'ornements merveilleux en faïence ouvrée : de place en place, des oiseaux gigantesques du même travail : au milieu, un groupe colossal de fleurs et de figurines entrelacées en de capricieuses arabesques, et que surmonte la fleur sacrée du lotus, entourée de rayons. Nous pénétrons dans le couloir de gauche, après nous être garés d'un troupeau famélique de molosses indigènes, et nous nous risquons par une petite porte dérobée. La grande porte du vestibule de la façade ne s'ouvre qu'aux jours fériés. L'intérieur du sanctuaire est divisé en deux parties, soutenues chacune par de nombreuses colonnes de bois noir, avec soubassements de granit : le côté qui touche au vestibule est réservé aux fidèles. Le milieu est à ciel ouvert; c'est le parvis intérieur, et cette sorte de cour éclaire seule le sanctuaire. Celui-ci ne contient que l'autel, énorme de proportions, et recouvert de bannières brodées soie et or : des armes en bois peint l'entourent de faisceaux formidables. A chaque angle, deux idoles ventrues, gardés du corps de taille colossale et grimaçants, l'un la face noire et la lance au poing, l'autre les mains enfoncées dans ses larges manches, tous les deux ornés de moustaches et de longues touffes de barbe au-dessous des oreilles : ils se regardent l'un l'autre sans rire. Sur l'autel principal, l'illustre Kouang-Ti ; sa barbe est toute blanche. A sa droite, son fils *Kouang-Ping*; à sa gauche, son fidèle écuyer, Sancho-Pança ridicule de ce carnavalesque don Quichotte.

La seconde pagode est celle de *Kwan-chin-Whay-quau*, élevée à la déesse *Koang-Yn* ou *A-pho*, la puissance créatrice, la patronne des navigateurs.

Pour y accéder, on traverse une cour dallée en granit apporté de Canton. Deux sphinx en granit, roulant une boule entre leurs dents, en gardent l'entrée. Le long des murs, on remarque des grisailles de fleurs d'un très beau fini, quoique l'on ait, avec raison, reproché aux Chinois de ne faire que des travaux grossiers en ce genre. Au-dessus, on voit des scènes à personnages. Ce sont des figurines en terre, recouvertes d'un émail de couleurs et de petites surfaces miroitantes, des gouaches bizarres, de grosses lanternes rouges, un panka sculpté, doré, et sur le toit en tuiles vernies, des serpents et des oiseaux fantastiques.

Les portes sont sculptées à jour; de chaque côté est un petit autel où siége un dieu barbu. Le long des galeries latérales, des plaques de marbre noir sont incrustées verticalement dans la muraille, et couvertes d'inscriptions. Au-dessus règne une série de peintures à la gouache, des sculptures représentant des combats équestres, avec la lance, l'arc et la hachette, des mandarins siégeant à leur tribunal et des dames de la cour. Un espace carré est réservé entre la nef et le chœur pour faire partir des pétards. Les papiers dorés et argentés qu'on brûle sont jetés enflammés dans un grand vase en fonte ornementée placé devant l'autel. La nef est séparée de cet espace par une grille en beau bois dur, et ses piliers portent des sentences en lettres dorées. Là se trouvent des chaises, des fauteuils et des petites crédences en bois noir à dessus de marbre.

Le fond du temple forme un dais supporté par de belles colonnes : sur les autels sont de vastes niches en bois laqué, doré et découpé à jour. C'est là que trônent les divinités chinoises. La niche de l'autel principal est occupée par la déesse, et de chaque côté sont deux autres autels où sont assis des dieux barbus.

La déesse porte un diadème surmonté d'un carré rouge assez semblable à la coiffe des Italiennes. Elle a des boucles d'oreilles : autour de sa tête est une auréole dorée. Elle tient à la main une règle plate et dorée, semblable à celle dont les grands mandarins font usage : près d'elle sont placées deux autres déesses, un enfant portant un coffret et un autre un rouleau. Deux personnages, à la mine menaçante, se dressent de chaque côté. Devant l'autel on voit de grands écrans en plumes de paon, des drapeaux triangulaires, une petite jonque avec ses voiles, des bâtonnets odorants, des fausses fleurs ou des lotus, des images en clinquant, entremêlées de petits cadrans de montre, de petits miroirs et d'inscriptions. Les jours de fête, on y place aussi les bannières de la congrégation cantonnaise et des insignes en cuivre fixés en haut d'un bâton laqué. Sur une table est dressé un cylindre enrubanné en bois de sandal ou autre bois parfumé d'un grand prix, offert pour être brûlé dans le temple.

D'un côté de l'autel est un tam-tam, de l'autre une belle cloche chinoise. Trois tables sont disposées en avant pour recevoir les offrandes des sacrifices, qui consistent en cochons rôtis tout entiers et laqués, en fruits, gâteaux, volailles, crustacés, thé. Au pied des tables sont des nattes et des coussins, où les adorateurs font leurs prosternations et leurs offrandes à grand renfort de coups de tam-tam, de cloche et de détonations de pétards.

Là, ils consultent les sorts au moyen de la racine courbe du bambou fendue en deux : on rapproche les deux parties, on les laisse tomber ; elles se séparent, et la façon dont les nœuds de chaque moitié sont placés respectivement est un pronostic favorable ou défavorable. Ou bien encore au moyen de quarante-neuf petites baguettes sur lesquelles sont des prédictions et que l'on jette au hasard : si leur position fortuite correspond aux lignes indiquées dans les livres des bonzes, c'est un sort heureux. Les jours de fête, les bonzes président les cérémonies, et les Chinois en grand costume viennent de bon matin faire leurs adorations.

Dans la partie latérale droite du temple est un atelier de stéréotypie pour les formules des prières. Les caractères sont gravés sur des planchettes en bois, et on les reproduit à un nombre d'exemplaires considérable. Cette méthode n'est pas aussi perferfectionnée que celle des boudhistes, qui ont envoyé à l'Exposition de 1867 une machine à prières qui en débite cent-vingt par jour. Près de là, on fabrique et l'on vend des cierges, des papiers dorés et argentés, des liasses de sapèques et de piastres en papier, ingénieux billets de banque à la portée de toutes les bourses. Les bons Chinois les font passer, en les brûlant, à leurs ancêtres, en même temps que des habits, des ustensiles et tous les objets nécessaires à la vie matérielle, le tout représenté sur une feuille de papier grossier et disparaissant en fumée.

Un autre compartiment contient quatre grandes chaudières, et sert de cuisine les jours de fête. Nous avons vu sur de grandes tables des monceaux de cochons rôtis offerts en sacrifice pour le plus grand profit des vivants, qui causaient, riaient tout haut, allaient et venaient dans l'enceinte même du temple. Un orchestre indigène mêlait ses notes discordantes à tout ce bruit. Dans la partie latérale, à gauche, est un appartement dont les murailles sont ornées de dessins en noir ; là se trouvent une table et de beaux sièges : c'est la salle du conseil.

Il y a encore d'autres chapelles, et une sorte de grenier où l'on arrive par un escalier en bois, mais où l'on ne voit rien de remarquable.

Nous sommes maintenant suffisamment instruits sur l'aménagement intérieur d'un temple.

La troisième pagode que nous visiterons est la Pagode-Neuve. Elle est consacrée à Boudha. J'ai assisté à son inauguration solennelle, à laquelle prit part un bonze venu tout exprès du Thibet, et pour laquelle on dépensa de folles sommes. De l'autre côté de la rue, et vis-à-vis, se trouve un vaste enclos, ceint de trois côtés par de hautes murailles enduites d'un ciment fin sur lequel on a dessiné en noir de gigantesques tigres : le côté qui donne sur la voie publique est décoré d'une grille, ce qui permet d'en sonder les moindres coins. Cet espace est vide, et on le réserve pour des représentations scéniques à l'époque des Grands-Jours. Quant à la pagode, un fossé profond, revêtu d'un mur de pierres sèches, la sépare de la rue. Sa décoration extérieure et intérieure est analogue à celle des deux précédentes. On y remarque, cependant, un patient et merveilleux travail : ce sont six énormes colonnes en granit, chacune d'une seule pièce, dans lesquelles l'artiste a sculpté à plein de gigantesques dragons. Deux de ces colonnes sont placées à l'entrée, sous le vestibule, deux dans la nef, et deux de chaque côté du sanctuaire.

Telle est la physionomie générale de ces pagodes fameuses, dont on compte bien une trentaine dans Cho-len. Mais il n'y a de riches que celles qui appartiennent aux Chinois.

Les trois pagodes que je viens de décrire sont situées dans la rue qui conduit à Saïgon, non loin de l'église catholique et du couvent des religieuses françaises.

Redescendant enfin cette rue, nous longeons la rési-

dence splendide des trois Administateurs des Affaires indigènes : un magnifique jardin l'entoure. En face, les caser-
nements des matas. Nous voici revenus à la route des
Mares, le long de laquelle, au milieu d'énormes manguiers,
s'élèvent les cintres arrondis de nombreuses fabriques de
briques. Puis nous abandonnons le mouvement et la vie,
car l'œil ne contemple plus désormais que les ajoncs désolés
de la *Plaine des Tombeaux*.

Depuis le 27 décembre 1881, Cho-len est relié à Saïgon
par une ligne de tramways à vapeur qui réussit à merveille.
Leurs wagons ne transportent pas moins, parait-il, de
2,000 à 2,500 Asiatiques par jour, pour le prix de 0 fr. 30.
C'est un beau résultat. Dans leur langage imagé, les Annamites ont surnommé ce tramway : « le cheval de feu. »

Je ne veux point quitter Cho-len sans dire encore quelques
mots des Chinois, ce peuple industrieux, intéressant, pour
lequel j'ai toujours ressenti, malgré moi, un attrait des plus
vifs. Ce n'est pas que je me dissimule leurs défauts
ou leurs vices : mais je ne puis me défendre d'admirer leur ténacité laborieuse, que rien ne lasse, et leur
merveilleuse facilité à s'assimiler les usages et les mœurs
des pays où ils vivent, tout en conservant, dans le secret
inviolable de leurs demeures, l'intégrité de leurs coutumes
et de leurs traditions propres. L'ensemble de ce peuple m'a
toujours paru constituer un perpétuel problème, dont la
solution n'est point aisée à trouver.

Ces hommes, si impassibles d'apparence, si réservés à
l'égard de l'étranger, sont pourtant d'un naturel mobile et
gai. Que de fois, en passant devant le seuil de leurs maisons closes, j'ai entendu retentir à l'intérieur un rire
joyeux et bruyant ! Que de fois je les ai contemplés, assis sous
leurs vérandahs peintes, s'ébattant avec le turbulent essaim
de leurs rejetons débraillés, se faisant petits comme eux et

Porte de la citadelle de Mitho.

partageant avec une complaisance infatigable leurs jeux enfantins ! Que de fois je les ai vus se livrer, avec leurs voisins ou leurs amis, aux charmes d'une conversation plaisante et vive, la raillerie sur le coin des lèvres et l'œil étincelant d'un feu malicieux ! Que de fois, enfin, je me suis étonné de les surprendre modulant un air de fête, tout en s'accompagnant d'une sorte de violon criard dont ils semblaient goûter avec délices l'aigre et perçante tonalité ! Toutes les fois que le Chinois ne se livre pas aux préoccupations du négoce et dès qu'il parvient à se soustraire au regard indiscret de l'Européen, son masque rigide tombe, et l'homme apparaît alors, dépouillé de son insensibilité de commande, ressentant, tout ainsi que nous, les fluctuations si diversement imprévues de l'existence, n'hésitant jamais à s'abandonner franchement au plaisir et à la joie quand il les rencontre sur sa route.

Souvent même son allégresse se manifeste à l'aide d'un apparat exagéré. L'économie le cède, en pareil cas, à la vanité. C'est, surtout, aux grandes fêtes commémoratives des Ancêtres, dans les cérémonies funéraires, ou à l'occasion d'un sacrifice solennel dans les pagodes que son orgueil se donne ample carrière. Un Chinois n'aime pas qu'un rival le surpasse en munificence. Rien ne lui coûte, alors, pour témoigner sa libéralité. Repas somptueux, victimes nombreuses, aumônes et largesses au populaire, il n'épargne rien. Il va même, quand sa fortune le lui permet, jusqu'à donner à ses frais de dispendieuses représentations scéniques ; l'élégant enclos de la Pagode-Neuve est le théâtre ordinaire des exhibitions intéressées des opulents et glorieux Crésus de Cho-len. Que de piastres se sont englouties dans ces luttes d'amour-propre ! Les pièces que l'on joue en pareilles occasions roulent exclusivement sur des sujets sacrés ou historiques : elles sont courtes, bien que la fête se prolonge ordinairement pendant trois jours ; de plus, les acteurs sont exclusivement choisis parmi les troupes d'artistes hommes.

Cette circonstance est à noter. En effet, les *impresarios* asiatiques enrôlent tour à tour et exhibent des troupes composées tantôt d'artistes hommes, tantôt d'artistes femmes : mais jamais les deux sexes ne se rencontrent mélangés. Au reste, l'illusion scénique n'y perd rien. De jeunes garçons rendent au mieux les rôles féminins, d'autant plus que le *nec plus ultra* de l'art dramatique chinois consiste à lancer le plus souvent possible des intonations soigneusement étudiées avec une voix de tête imitant, à s'y méprendre, un soprano suraigu. Les éphèbes réussissent admirablement à ce miaulement quintessencié. Plus la note est ainsi prolongée sur ce mode fatigant, plus l'acteur est populaire et plus le public dilettante applaudit. D'autre part, le visage soigneusement épilé des Asiatiques mâles leur permet de revêtir sans désavantage les ornements féminins. Les plus experts s'y trompent. J'ai connu des Européens qui ne pouvaient, à cet égard, se consoler des mécomptes singuliers que leur causaient les apparences. Ces artistes ne sont pas, cependant, d'une conduite plus irrégulière que dans les autres castes sociales. Je me suis même laissé raconter que les troupes de femmes faisaient preuve d'une moralité relative : à coup sûr, elles se refusent énergiquement, en Cochinchine, à tout contact avec l'étranger. Cette réserve est d'autant plus méritoire que leurs émoluments sont médiocres. Un premier rôle ne touche pas plus de 25 piastres (138 fr. 75) par mois.

Je ne suppose pas qu'on attende de moi une dissertation approfondie sur l'art dramatique chinois. Indépendamment que la langue m'est totalement inconnue, je n'ai que fort rarement assisté aux représentations de Cau-ong-Lanh ou de Cho-len. Tout ce que je puis dire, c'est que les drames, historiques ou fantaisistes, durent généralement deux ou trois jours. Chaque soirée se prolonge sept ou huit heures. Le tout est entremêlé, en guise d'entr'actes, de pantomimes ou de prestidigitations, dans lesquelles les Chinois, et surtout les Japonais, excellent. Quant au décor, il est primitif. La scène ne change jamais : une simple pancarte, suspendue à une ficelle ou clouée contre un portant, indique successivement les changements de lieu. Le public se contente de cet avertissement, et son intelligence supplée à ce que ne peuvent entrevoir ses yeux. L'éclairage laisse non moins à désirer. Le moucheur de chandelles ne se gêne aucunement de traverser la scène, à demi nu, pour remplir son office, bousculant avec la plus grande désinvolture héros et figurants, sans que les spectateurs paraissent y prêter attention. Quant à l'orchestre, il est assis au fond de la scène et fonctionne presque constamment ; mais sa cacophonie endiablée n'est pas une fatigue peu cruelle pour l'Européen nouvellement débarqué. En un mot, assister une fois, en passant, à une représentation chinoise offre l'attrait de l'imprévu : y assister une seconde fois, alors que rien n'y force, n'est, pour moi du moins, qu'une corvée pénible dont rien n'excuse ou n'explique la recherche.

Les Chinois jouent, également, la comédie et le vaudeville. Mais je n'engage point les dames françaises à en risquer l'audition. Ces représentations ne sont que trop souvent d'une immoralité révoltante. L'Asiatique ne s'effraie jamais de figurer sur la scène les actes que leur nature destine à n'être accomplis qu'à huis-clos. Il a fallu que le gouvernement intervînt pour défendre aux acteurs de Cau-ong-Lanh des improvisations ou des attitudes immondes, que le voisinage des Européens rendait dangereuses. A Cho-len et dans les autres centres éloignés, l'administration n'a plus autant de scrupules. Pour ma part, j'ai voulu assister à une de ces figurations hideuses, afin de me rendre compte par moi-même du degré de certaines démoralisations : j'avoue que j'ai dû me retirer avec dégoût. Les Chinois, gens peu prudes et peu délicats en matière d'art, se gaudissaient à ce spectacle, dont ils soulignaient à haute voix, par un feu roulant de plaisanteries sans vergogne, les endroits les plus risqués. Notons, toutefois, qu'ils n'applaudissent jamais des mains. Leurs rires, qui se produisent sans contrainte, témoignent seuls de leur satisfaction.

La première fois que j'assistai aux représentations de Cau-ong-Lanh, c'était à l'ouverture de la saison théâtrale, en juin. Deux de mes collègues et un avocat de Saïgon m'accompagnaient. L'impresario avait fait splendidement les choses. Comme on savait d'avance que trois magistrats français « honoreraient » la fête de leur présence, un buffet soigneusement garni avait été installé dans la tribune réservée aux Européens. Rien n'y manquait, pas même le champagne, ce vin si cher aux riches Chinois ! Inutile d'ajouter que nous devions profiter, sans bourse délier, de cette gracieuse prévenance, dont le banquier Banh-ap, fermier de l'opium à Cho-len et commanditaire du théâtre, avait fait les frais. Son énorme, mais courtoise personne se prélassait à nos côtés. Je m'étais fait escorter de l'un des interprètes indigènes du tribunal : mais le directeur de la troupe, fort au courant de la langue française, avait tenu à m'expliquer lui-même le *scenario* et les péripéties du drame. Une surprise, d'ailleurs, nous était ménagée. Au lever du rideau, le principal acteur, s'avançant seul vers la rampe, nous adressa une harangue pompeuse, improvisée ou à peu près, nous assura-t-on. Il paraît que cette déclamation préliminaire est d'usage à l'égard de tout

Français d'importance qui assiste aux débuts de la saison. Si je m'en rapporte à la traduction qui m'en fut faite, elle était remarquable par l'heureux choix des idées, quoique bien un peu hyperbolique dans sa forme élogieuse. Arrivés à huit heures et demie, nous nous retirâmes après minuit, laissant le public affriolé savourer une trame admirablement embrouillée : mais la simplicité de l'action n'est point de mise ici. Je dois ajouter que chaque fois que j'ai voulu assister à ces représentations, la direction m'a reçu avec les mêmes attentions luxueuses, sauf l'allocution du premier rôle, laquelle ne se reproduit point deux fois dans la même saison.

Les abords du théâtre de Cau-ong-Lanh sont difficiles à décrire. On y pénètre sous une longue voûte de bois, dont l'entrée se manifeste au loin par une multitude de banderolles fantastiques et de lanternes bariolées. La détonation des pétards fait retentir, à chaque minute, les échos de l'arroyo. Au reste, nul peuple ne brûle autant de poudre que les Chinois : leurs moindres réjouissances se signalent de la sorte, et ils se réjouissent souvent. On a dû même interdire ce jeu dans certains emplacements de la ville plus encombrés, afin d'éviter les accidents. Qu'on y joigne les cris des enfants et le perpétuel retentissement d'innombrables instruments de musique, tous plus discordants les uns que les autres, ainsi que le tumulte bruyant d'une foule impatiente et joyeuse, qui va, vient et se heurte incessamment aux environs, toujours grossissante et jamais lasse, et l'on aura quelque idée du lieu. Le théâtre laisse échapper, par les sections nombreuses de sa toiture, une lueur brillante, dont les reflets, d'un rouge vif, se prolongent au loin. Cette lueur et ces bruits feraient croire à un incendie. L'édifice est entièrement construit en bois, et son immense charpente exclusivement en rotin. Tout cela est d'une solidité éprouvée. Quant aux nombreux couloirs qui rayonnent autour de lui, ce sont autant de centres commerciaux dont les entrepreneurs tirent gros profit. Par exemple, la morale trouverait à ce trafic une satisfaction moindre. Les maisons de jeu et les maisons de tolérance y sont en majorité.

Ces dernières constituent, du reste, une des nécessités de la vie chinoise. Ce n'est pas qu'elles soient, à proprement parler, des officines bien somptueuses. Des deux côtés d'un couloir bas et étroit s'allongent des séries de cabines aux portes grillagées. Le mobilier de ces chambrettes est fort sommaire, autant que la garde-robe des hétaïres qu'elles contiennent. Mais les femmes y couchent peu : le soir, une affluence d'amateurs se presse aux portes de l'établissement, et les plus offrants sont libres d'amener à leur propre domicile celles des pensionnaires dont les attraits les ont séduits. Les Européens eux-mêmes ne dédaignent pas de fréquenter ces sortes de maisons, presque toutes groupées, à Saïgon, derrière l'hôtel Wang-taï, dans la « rue des Fleurs. » Mais les installations de Cau-ong-Lanh font à celles-ci une concurrence sérieuse.

Les établissements de cette catégorie affluent principalement à Cho-Len. Des rues entières en sont peuplées. Il est à remarquer, toutefois, que nos résidents n'osent guère s'y hasarder. Les femmes chinoises n'aiment pas la fréquentation des blancs. Au fond, il en est de même pour les femmes annamites, bien qu'on rencontre fréquemment les unes et les autres au foyer de nos nationaux. Qu'on soit bien assuré qu'elles ne cèdent, le plus souvent, qu'à la coquetterie ou au besoin, presque jamais à l'affection. Les indigènes ont même une expression énergique pour traduire cette hostilité, si explicable de leur part. Quand une de leurs filles a cédé à un Européen, « Tu n'as pas de ventre ! »

est l'insulte qu'ils lui jettent à la face, voulant représenter ainsi que la femme qui s'allie aux conquérants est indigne de procréer sur le sol qui l'a vue naître. Du reste, ce ne sont, pour ainsi dire, que les *congaï* de la basse classe qui se laissent entraîner par de pareilles séductions, principalement celles des villages, plus misérables que celles des villes. Je ne parle pas, bien entendu, des jeunes filles achetées à leurs familles, d'après un autre honteux procédé.

En résumé, la démoralisation de la race chinoise est excessive. Elle n'ignore aucun des raffinements de la débauche. Par malheur, les résidents français se laissent trop facilement entraîner à l'imiter, ce qui n'est pas le moyen de relever notre colonie.

<hr>

VIII

Une ville annamite : Mitho. — Mœurs des Annamites de la Cochinchine. — Le cercle de Go-Cong et ses insurrections.

On peut se rendre de Saïgon à Mitho par le service régulier des steamers qui desservent, chaque semaine, ces deux villes. On redescend alors le cours du Don-naï, on longe la côte dans la direction du S.-O., et l'on remonte le Cuâ-tien, le premier des cinq bras du delta formé par le Tien-Giang, ou bras supérieur du Grand-Fleuve. C'est la route généralement suivie.

Si l'on veut, au contraire, s'y rendre par terre, en touriste, on passe tout d'abord par Tan-an. Pour gagner de là Mitho, on n'a plus qu'à suivre dans toute sa longueur l'*Arroyo-de-la-Poste*, charmant et frais cours d'eau qui, comme tous ceux du même genre, a été, non pas entièrement creusé de main d'homme, mais seulement canalisé. Commencé depuis plus d'un siècle par les Annamites, il n'a guère été terminé par eux qu'il y a quarante ans, formant ainsi la dernière portion de cette belle voie commerciale qui relie Saïgon à Mitho par l'Arroyo-Chinois, le Ben-luc et le Rach-bobo.

L'aspect de l'Arroyo-de-la-Poste est peut-être plus agréable encore que celui de l'Arroyo-Chinois : la végétation y est plus luxuriante, la richesse du sol et des habitants plus apparente. On passerait de pleines heures à contempler les détails délicieux de ce cours d'eau, les feuillages si gracieux de l'aréquier, du palmier, du bananier qui se pressent sur ses bords, les admirables jeux de la lumière qui, sous les arcades de verdure, glisse et va se réfléchir çà et là sur quelque objet brillant. Si l'on voyage de nuit, c'est alors une illumination véritable, une féerie resplendissante de mille éclairs inouïs. Une innombrable foule de lucioles couvre les arbrisseaux des deux rives et, comme par un accord secret, projette simultanément ses feux scintillants. On ne peut se faire à l'avance une idée d'un pareil spectacle, encore embelli par le calme ordinaire des nuits tropicales.

L'arroyo, vient se jeter dans le bras nord de Mitho, laissant cette ville sur la rive droite. Précisément en face, dans le Grand-Fleuve, se trouve l'île de Coulao-Rong, qui cache l'entrée du canal derrière un épais rideau de verdure.

Mitho serait, avec sa vieille citadelle et ses vastes magasins, la première ville commerciale de la Cochinchine si les navires venant du large pouvaient facilement pénétrer dans les bras du fleuve qui y conduisent. Malheureusement, il faut des conditions exceptionnelles pour que les bâtiments calant plus de 5 mètres puissent franchir les bas-fonds de l'embouchure du Cua-tien et du Cua-day. Il faudrait alors gagner le Song-co-Kien et doubler Vinh-long, ce qui allongerait de moitié la route. Les jonques annamites et chinoises ont donc l'avantage assuré sur nos bâtiments européens ; cependant, depuis quelques années, nous avons résolu le problème en construisant de légers bateaux à vapeur qui font le cabotage dans les diverses branches du Grand-Fleuve ; mais ces vapeurs ne sont qu'en petit nombre, bien que ce soit uniquement leur extension qui puisse nous donner la clef du commerce énorme d'exportation que peuvent fournir non seulement le Cambodge, mais aussi les provinces de Mitho et de Vinh-long. Dans toute la région, en effet, le riz est abondant et de qualité supérieure ; la canne à sucre, le coton, l'indigo y viennent promptement et à profusion : toutes les îles du fleuve sont habitées et cultivées avec soin ; les fruits et les légumes qu'elles produisent vont s'offrir au marché de Mitho, où ils forment l'objet d'un commerce important : enfin, le poisson des arroyos sert à fabriquer une immense quantité de *nuoc-mam*, poissons salés et séchés dont les indigènes font avec délices leur nourriture. Quant au Cambodge, il y envoie du nord les bois de ses forêts. La partie cultivée de la province de Mitho est donc, de toute la Cochinchine, celle qui réclame le moins de soins pour les progrès de l'agriculture, à part des débouchés plus faciles. Chaque petit coin de terre y est utilisé : les Annamites comprennent la richesse du sol qu'ils foulent sous leurs pieds. Par malheur, une immense étendue de pays dans la direction de l'est et du nord-est est presque toujours couverte d'eau, et ne produit rien : c'est ce qu'on appelle la *Plaine des Joncs*. Il faudrait de coûteux travaux de canalisation pour la rendre à la culture. Quelques *giongs* — îlots de terre sèche et sablonneuse — émergent à sa surface, qui pourraient facilement devenir de petits centres de travailleurs. Mais ce sont les bras qui manquent : l'homme fait défaut à la terre.

L'aspect de la ville de Mitho étonne le premier regard du voyageur. On ne s'habitue pas d'un seul coup au tableau étrange d'une cité annamite. Les indigènes de la basse Cochinchine sont fort arriérés sous le rapport de l'hygiène et du confortable. Cependant, depuis l'occupation française, les plus riches habitants commencent à construire des maisons à étages, à l'exemple des Chinois. Mais cette extension de l'architecture européenne est encore rare. L'immense majorité des Annamites se complait dans ses masures traditionnelles, toutes humides et sombres.

Ces demeures, à peine dignes du nom de maisons, sont en général, de simples hangars formés par la réunion d'un certain nombre de fermes en bois, portant une toiture de feuilles de palmier d'eau. La case est close par un treillis en lattes de palétuvier, percé seulement par devant et par derrière d'une porte à charnières qu'on soulève et qu'on soutient horizontalement pendant le jour au moyen d'un bâton, qu'on laisse retomber à la nuit. Les cloisons de l'intérieur sont, tout simplement, en nattes de paille ; sur le sol nu et fait en aire, s'agitent et roulent pêle-mêle les enfants complètement à l'état de nature, des poules, des canards, des chiens, des porcs, tout cela vivant ensemble en excellente harmonie.

L'ameublement est aussi primitif que le logis : une grande table basse, placée devant la porte d'entrée, sert à la fois de lit de repos, de table à manger et de siège d'honneur pour les étrangers qui y trouvent, à toute heure, le bétel et le thé de l'hospitalité. Dans le fond de la maison se dresse un petit autel, dédié aux Ancêtres ; çà et là de grands paniers en bambou ou en rotin tressé, des instruments aratoires, de vastes jarres d'eau. Dans les coins, un lit formé par un cadre de bois, recouvert de nattes et placé sur des tréteaux ; quelques tables boiteuses, un grand coffre de bois incrusté où l'on enferme les vêtements et la menue monnaie. Quant à l'or et à l'argent, ils sont enfouis dans quelque cachette secrète, connue seulement du chef de la famille.

Les habitations des riches, les pagodes, les maisons communes sont construites sur le même modèle : mais elles sont recouvertes en tuiles, avec des murs extérieurs en briques, un carrelage ou un plancher. Les colonnes des fermes sont en bois de fer, d'un beau noir luisant, supportant des charpentes richement sculptées. Les façades de devant et de derrière sont composées de panneaux aux cadres délicatement fouillés par le ciseau.

Les maisons élevées sur le bord de l'eau sont toujours construites sur pilotis. Elles n'ont, alors, rien à redouter des caprices du flot s'élevant et s'abaissant librement le long des perches qui les soutiennent, selon le jeu de la marée qui se fait ressentir fort loin. Elles communiquent entre elles par de longues et étroites poutres, que chaque propriétaire relève soigneusement aux approches de la nuit.

Il faut, du reste, s'étonner du soin avec lequel l'Annamite cache partout sa demeure. Les villes sont masquées par quelque île qui permet de barrer toutes les avenues ; les villages gisent au fond des arroyos, protégés par toutes sortes de détours et par les marées qui les laissent à sec pendant une partie de la journée ; enfin, les très rares maisons isolées se dissimulent dans un bouquet d'arbres touffus, et ne se relient au fleuve que par un petit canal particulier, dont l'entrée est invisible.

La base de l'alimentation des Annamites est le riz : mais,

comme tous ne peuvent s'en procurer une quantité suffisante, ils y suppléent par des légumes ou des fruits. Le
nuoc-mam, malgré son insupportable odeur, la volaille,
dont ils mangent les œufs pourris et couvés, le porc, qui
est excellent, mais nourri d'une façon insuffisante, et la
viande de chien sont des régals de haute liesse.

En général, la cuisine des indigènes est mauvaise, trop
salée et excitante. De plus, les Annamites sont fort
peu délicats sur le choix de leurs mets. Meurt-il un animal quelconque, et de quelque maladie que ce soit? Quelque
soin que l'on prenne pour en dérober le cadavre aux yeux
des habitants, il ne tarde pas à être découvert, déterré et
dépecé par des gens affamés ou voraces qui en emportent
des quartiers, abandonnant, non sans regret, les entrailles
aux oiseaux de proie, lesquels viennent s'abattre sur le
corps pour en arracher des lambeaux qu'ils disputent à
l'homme. Ces agents ailés de la salubrité publique vont,
du reste, vite en besogne, et bientôt il ne reste plus que
des os dénudés.

L'Annamite a encore trouvé moyen d'aller plus loin dans
l'horrible : il mange sa propre vermine !

Cette nourriture détestable entraîne souvent des désordres graves dans son organisme : fièvre, douleurs intesti-
nales, dyssenterie. Pour combattre le mal, il emploie
l'écorce du *hadfach* et celle du *cou-dén*. La première gué-
rit plus spécialement les coliques et la diarrhée; la seconde,
plus particulièrement les fièvres. Voici de quelle façon il
prépare ces deux remèdes. Il torréfie très légèrement la
racine, puis, au moyen d'un morceau de poterie ou d'un
autre corps rugueux, la râpe dans un peu d'infusion de
thé, ce liquide servant en même temps à la détremper et à
laver le corps sur lequel il frotte. La quantité d'infusion de
thé qu'emploie l'indigène pour cette opération est d'envi-

ron 40 grammes. La quantité de racine dont il use l'écorce pour préparer une potion peut être évaluée, pour une racine un peu plus grosse que le pouce, à cinq centimètre de longueur. On peut répéter cette potion trois ou quatre fois dans la journée. La récolte de ces racines se fait de mai en novembre, c'est-à-dire aux époques où ces arbres ne produisent plus ni fleurs ni fruits. L'écorce du bas de la tige peut être également employée, mais elle est moins active que celle de la racine.

Les Annamites, de même que les Chinois, possèdent un certain nombre de recettes médicales efficaces. Il est, toutefois, malaisé d'en prendre connaissance, les indigènes, comme aussi les Asiatiques, tenant soigneusement leurs moindres secrets hors la portée de l'Européen.

Quelques détails sur les mœurs annamites.

Doux, sobres, hospitaliers, comme tous les peuples agricoles, les Annamites cachent sous les dehors d'une bonhomie naïve et souvent ironique une intelligence pénétrante et un bon sens plein de finesse. Mais ils sont dissimulés et menteurs. Leurs mœurs sont, de plus, fort relâchées. Ils sont enclins au vol, et d'un caractère rampant ; à côté de cela, singulièrement industrieux.

Ils aiment avec passion les jeux, les combats de coqs, les paris, les représentations théâtrales, les cérémonies, la parade. Ils célèbrent les mariages, les naissances et les décès par toute une série de formalités extérieures minutieusement réglées d'après l'étiquette chinoise : les riches y trouvent occasion d'étaler les étoffes aux couleurs voyantes, les bronzes et les cuivres sculptés, les plateaux et tablettes de bois incrustés de nacre, les dessins sur papier ou sur verre, les porcelaines peintes, en un mot tout l'attirail de leur luxe puéril.

Les Annamites sont braves, quoique pacifiques, et fort

orgueilleux, quoique très humbles. Ils aiment beaucoup à faire parler d'eux, et, pour acquérir de la réputation, sont capables des plus belles actions comme aussi des plus grands crimes : c'est ainsi qu'on voit de riches notables consacrer leur fortune à élever des monuments, à exécuter des travaux qui perpétueront leur nom dans la mémoire du peuple, tandis que de hardis pirates arrivent par leur audace et leur cruauté à une renommée d'un autre genre.

Le respect de l'âge et des démarcations sociales est poussé chez eux jusqu'aux dernières limites et se traduit, au dehors, par les formes les plus exagérées de la politesse orientale. Pour saluer officiellement, l'inférieur s'agenouille les mains jointes et se prosterne en touchant du front le sol : il se relève et recommence son salut (*laï*) jusqu'à quatre fois, suivant le rang du supérieur. Les Européens de Cochinchine n'admettent point ce genre de respect, qui heurte leurs idées de libéralisme égalitaire : ils n'admettent de l'indigène que son salut en usage dans la vie privée, et qui consiste à se courber légèrement, les mains fermées et rapprochées l'une de l'autre ou bien encore portées au front. Je ne sais trop, toutefois, si notre prestige ne perd pas extrêmement à cette réformation civilisatrice. J'ai constaté maintes fois que les Administrateurs, qui exigent les salutations réglementaires traditionnelles, sont beaucoup plus respectés dans leurs inspections, que nos fonctionnaires civils ne le sont à Saïgon. Pour mon compte, j'ai toujours fait pratiquer, autant que je l'ai pu, aux Annamites que leurs affaires mettaient en rapport avec moi les formules voulues dans l'intégralité la plus stricte, et je m'en suis bien trouvé. Ajoutons encore ce dernier détail, que la politesse interdit d'appeler les gens par leur nom dans la conversation : quand l'interlocuteur possède un titre. on le lui donne ; quand il n'en a pas, ce qui est rare, on se sert de divers qualificatifs variant selon son âge et son rang.

Il est difficile d'évaluer au juste l'âge d'un Annamite, vu sa façon bizarre de compter le nombre de ses années. Dans quelque mois qu'un enfant vienne au monde, fût-ce le douzième, on lui compte un an en naissant, et l'on compte un an de plus à chaque renouvellement des deux années suivantes. Pour les grands, la méthode est autre encore. C'est ainsi que les Annamites donnent à leur empereur Tu-Duc trois années de plus que son âge réel : une autre a été ajoutée par sa mère, une par le Grand-Conseil de l'empire, la troisième par le peuple. En réalité, les trois quarts des indigènes ignorent absolument la date précise de leur naissance.

Cette race, en général, aime beaucoup les enfants. Je n'ai jamais entendu dire qu'un enfant annamite, pauvre ou malade, et même mal conformé, ait été abandonné par les siens, encore moins qu'on l'ait laissé ou fait périr.

Les femmes mariées travaillent beaucoup ; sur elles reposent exclusivement tous les soins du ménage. Il n'est même pas rare de les voir travailler la terre, en compagnie de leurs maris. Dans les familles qui n'ont pas d'autre habitation que leur bateau, elles aident à la manœuvre. Leur intelligence est, du reste, de beaucoup inférieure à celle des hommes : elles n'ont, pour ainsi dire, que des appétits. C'est ce qui explique la facilité de leurs entraînements. Cependant, dans l'intérieur du pays, elles évitent la présence de l'étranger qui pénètre sous leur toit. Mais dans les villes, il en est bien autrement : aussi les mœurs y sont-elles encore plus relâchées.

J'ai dit que ces femmes ont la passion des bijoux. Elles en portent à la tête, au cou, aux bras, aux pieds ; ces bijoux sont, selon leur fortune, en or, en jade, en argent ou en verre. Le dessin est très pur, et celles qui s'en parent font preuve de goût en s'abstenant de ces amoncellements disgracieux qui nous choquent, par exemple, chez les femmes de l'Inde. Il y a, du reste, à Saïgon des bijoutiers chinois qui sont de véritables artistes, principalement pour la fabrication des colliers et des bracelets en métal précieux. Leur prix est, relativement, modéré. Il est à remarquer, toutefois, que les femmes annamites observent une sorte de progression dans l'ornementation de leurs personnes : leurs bracelets affectent des formes et une richesse différentes selon qu'elles sont nouvellement mariées, qu'elles ont eu un enfant ou qu'elles avancent en âge ; d'habitude, ils représentent un nombre déterminé d'animaux symboliques ou fantaisistes. Quant à leurs bagues, elles sont de trois formes : plates, à facettes ou à fleurs. Les Européens donnent habituellement à leurs *congaïs* des colliers à trois et à quatre rangs composés de boules d'or maintenues par une tresse flexible du même métal. -

Les enfants vont absolument nus, sans distinction de sexe, jusqu'à l'âge de huit ou neuf ans. Leurs énormes petits ventres stupéfient, au premier aspect, le voyageur : le riz dont on les bourre produit ce résultat. Littéralement, leurs parents les engraissent comme ils font de leurs volailles et de leurs porcs : il paraît que cette difformité offre aux yeux indigènes un spectacle réjouissant ! Ils n'en sont ni moins gais, ni moins bien portants pour cela. Quant cette marmaille appartient à une famille aisée, on relève vaniteusement sa nudité par un gros ornement d'argent en forme de cœur, lequel recouvre les parties sexuelles : on le fixe à plat par des tresses qu'on attache autour des reins du bambin et entre ses jambes. Ajoutons que ces enfants ont la tête rasée, sauf quelques touffes éparses en certains endroits. Il est à remarquer que l'ovale de leur visage est toujours gracieux. Mais cette grâce disparaît avec l'âge : les pommettes s'élargissent, alors, plus qu'il ne faut ; il s'opère chez eux comme une transformation anatomique, et leurs traits, jusque là ouverts et enjoués, changent subitement d'expression.

Les mariages et les funérailles, étant considérés comme les plus importantes solennités de la vie, sont l'occasion de cérémonies exceptionnelles. Dans ces circonstances seules, les réglementations hiérarchiques s'effacent, les privilèges sociaux disparaissent : le populaire peut impunément se parer des longues robes, des couleurs brillantes, et des ingénieux dessins, voir même du somptueux parapluie que les mandarins se réservent. Le cortège du plus simple paysan fait respectueusement descendre de son cheval ou de sa litière le personnage du plus haut rang. Ce n'est point, du reste, mince affaire que d'observer les formalités dans leur stricte intégrité en de semblables cas. Je dois dire, cependant, qu'on les abrège quelque peu dans le voisinage des Européens. C'est ainsi que des six cérémonies réglementaires des fiançailles les Annamites n'en observent, d'habitude, que deux à Saïgon et aux environs. Serait-ce notre scepticisme et notre laisser-aller qui déteindraient progressivement sur les indigènes ? C'est probable. Je me souviens que j'eus, certain jour, la fantaisie d'assister à une fête analogue chez un riche indigène chrétien de Phu-mi, village délicieux situé sur la rive gauche de l'Arroyo-de-l'Avalanche au milieu d'une féerique végétation d'aréquiers, de palmiers et d'arbustes à fleurs. J'étais accompagné de deux de mes amis. Pour me faire honneur, le chef de la famille, vieux lettré à barbe grise, m'installa avec mes deux compagnons sur une grande table de bois noir, le plus beau meuble de sa maison, après nous avoir prodigué les flatteuses salutations du traditionnel répertoire. Le fiancé était déjà arrivé, escorté de ses parents et de ses proches. Après une longue harangue du père de la jeune fille, interrompu de *lais* sans nombre, le jeune homme invita tous les assistants à le suivre dans sa case avec sa jeune femme pour assister au grand repas nuptial, lequel devait être terminé pour sept heures au plus tard, les Annamites ne mangeant jamais pendant la nuit. Quand la noce eut franchi son seuil, tout le monde fit cercle, laissant les fiancés isolés au milieu de l'appartement en face d'un improvisateur qui, d'après l'usage, dut célébrer en vers leurs vertus respectives, leur souhaiter la concorde et leur prédire bonheur et prospérité. On procéda, ensuite, à la cérémonie civile. Elle est des plus simples. Le *Xã* se borne à enregistrer une affaire conclue depuis longtemps : l'acte est dressé et déposé devant les tablettes des Ancêtres. Nous le signâmes, mes amis et moi, puis nous nous retirâmes pour ne point troubler la joie du festin. Quand le banquet est terminé, chacun s'en va sur le champ. Il est, cependant, de bon goût, dans les familles d'un certain rang, que le nouvel époux ne fasse point preuve d'une ardeur trop excessive, et qu'il déclare aux parents de sa femme que la maison ne sera complètement préparée pour la recevoir que dans deux ou trois jours. Ceux-ci ramènent immédiatement l'épousée, qui ne prendra possession du logis conjugal qu'après ce délai terminé. C'est ainsi, paraît-il, que les choses se passèrent chez le formaliste lettré de Phu-mi.

Je n'ai point assisté aux cérémonies des fiançailles. Aussi en emprunterai-je le récit à M. Léopold Pallu, qui a pu les décrire.

« Le jeune homme, dit-il, choisit un intermédiaire qui
» prévient les parents de la jeune fille et fixe un jour et une
» heure. Au jour convenu, le jeune homme se rend chez les
» parents avec l'entremetteur et des témoins. L'un d'eux

» porte un plateau incrusté de nacre, sur lequel sont dis-
» posés des feuilles de bétel, de la noix d'areck, de la
» chaux, du cardamome et, dans un vase, une paire de
» boutons d'oreilles. Le tout est recouvert d'une pièce
» d'étoffe de soie rouge. Tout le monde est en robe de
» cérémonie. Le plateau est recouvert d'un parasol. Le
» jeune homme présente le bétel aux parents, aux témoins
» de la famille de la jeune fille : il n'offre rien à celle-ci.

» Le seconde cérémonie ressemble beaucoup à la pre-
» mière. Au jour dit, le fiancé, son intermédiaire et les
» témoins se rendent chez les parents de la jeune fille. Sur
» le plateau est une paire de bracelets, dont les dessins
» représentent huit animaux symboliques qui conviennent
» à son état. D'autres assistants portent sur des plateaux
» trois robes et un pantalon. Ces dons sont recouverts
» d'une étoffe rouge et abrités par un parasol. On offre,
» aussi, un cochon noir.

» Les fiançailles sont terminées. Quinze jours après, la
» noce se fait. »

Les funérailles offrent un autre genre de solennité, auquel
j'avoue ne rien trouver d'imposant. Trop de cris, trop
d'exagérations de douleur extérieure. Il y a, toutefois, dans
ce spectacle quelque chose qui rappelle lointainement
l'apparat des anciens Romains. Le cortège est précédé d'une
troupe de musiciens, faisant un horrible tapage : des porteurs de torches les suivent. Après eux, une seconde
troupe tenant des oriflammes et des banderoles, puis une
troisième ornée de pancartes à l'éloge du défunt. Les images
des Ancêtres viennent ensuite, entourées de serviteurs ou
d'amis armés d'éclatants parasols. Toute cette escorte met
bien dix minutes pour avancer de dix pas. Les hurlements
des pleureuses à gages sont à peine couverts par le bruyant
retentissement des tam-tams et des gongs. Les restes du

défunt reposent dans une sorte de massif monument de bois, que trente ou quarante porteurs ont souvent grand'-peine à soutenir sur leurs épaules. Un bonze précède le cercueil : il règle, au moyen de signaux frappés sur deux petits bâtons, les divers détails de la pompe funèbre. Deux ou trois aides les répètent de place en place si l'assistance est nombreuse. De temps en temps, le bonze psalmodie à haute voix une prière, à laquelle succède, de nouveau, le vacarme des cuivres, l'aigre modulation des flûtes et les criardes lamentations des pleureuses. Celles-ci, vêtues de blanc, se tiennent derrière le cercueil, entourant la famille qui marche sous un dais. C'est dans ce grotesque équipage, qui ne m'a jamais semblé ni émouvant, ni décent, que le cortège, après avoir traversé toute la localité, se rend au cimetière. On dépose, enfin, le cadavre dans sa fosse, après quelques dernières paroles du bonze, et tout est dit. Les parents entretiendront quelques fleurs sur le tumulus en attendant qu'ils aient pu dresser un tombeau.

Un dernier mot relativement aux noms propres annamites.

Les noms de famille ont une importance excessive dans l'Annam. Chaque famille a le sien, qui lui est spécial et demeure la propriété exclusive de toutes les branches qui s'y rattachent. Nos synonymies européennes ne se reproduisent donc jamais dans ce pays, ce qui empêche heureusement certaines confusions désagréables. Par suite, à peine existe-t-il une cinquantaine de noms patronymiques depuis les bouches du Mé-Không jusqu'aux bouches du Song-Coï. A chacun de ces noms on en joint un second qui exprime, généralement, une qualité. Les fonctionnaires s'en appliquent souvent un, de signification purement abstraite, se rapportant à leur emploi ou à leur résidence. Dans ce dernier cas, il leur est permis de changer le nom

de la localité où ils exercent : ayant pris son nom, ils lui
en imposent un nouveau, qui devient dès lors officiel. Une
pareille licence ne manque pas d'occasionner certains
embarras, leurs successeurs pouvant fort bien imiter à leur
tour ce vaniteux exemple. Les indigènes en sont quittes
pour conserver l'ancienne dénomination du village dans
leurs pratiques privées et dans leurs traditions. Au reste,
un changement personnel de noms est sans importance
dans l'Annam : il est, seulement, interdit de prendre ou
de donner celui d'un parent ou d'un ami; ce serait un
affront. Il n'est pas davantage permis de transmettre aux
enfants celui d'un homme décédé depuis peu de temps, de
crainte que ceux-ci, en se disputant ou en s'injuriant entre
eux, ne le rendent méprisable par les qualifications incons-
cientes qu'ils pourraient lui appliquer. C'est là un respect
quelque peu excessif : mais avouons que nous pourrions
bien, nous autres Européens, l'imiter en certaines circonstances.

Quand l'empereur de Hué monte sur le trône, il perd
son ancien nom et en interdit l'usage, en même temps
que celui d'un certain nombre de caractères qui s'y rapportent. On ne peut s'en servir dans les ventes ni dans
aucuns contrats de la vie civile. Un lettré qui les emploie-
rait serait puni du bâton.

Revenons, maintenant, à Mitho et à ses environs.

La population de Mitho peut s'évaluer à 15,000 habitants, dont 4,000 chrétiens catholiques. Ce centre important a souffert de l'annexion de Vinh-long; les Chinois
l'ont un peu déserté, et son développement s'arrête. Son
sol est, d'ailleurs, vaseux et malsain : l'eau y est mauvaise.

La citadelle est une vaste enceinte construite par les
Annamites, quadrangulaire et bastionnée. Les fossés qui
l'entourent sont larges, remplis d'eau : les parapets ont

un relief et une épaisseur considérables. Sur certains points, les marécages augmentent encore la force de ces défenses artificielles par une défense naturelle. Presque toutes les habitations des résidents Européens s'y trouvent renfermées. Une belle avenue de cocotiers y conduit. On y remarque le grand hôpital. Quant à la maison du commandant militaire, c'est une ancienne case transportée là et remontée à grands frais à l'époque où l'enthousiasme des premiers organisateurs de la conquête les poussait à tout admirer sans réserve et sans discernement chez nos nouveaux sujets, leurs institutions comme leur architecture.

Au milieu des cases qui se pressent sur les quais s'élève l'établissement prospère de la Sainte-Enfance. Les frères des Écoles chrétiennes y ont également un institut pour l'enseignement des jeunes indigènes. Ces deux entreprises sont très confortablement installées.

Il est bon de ne point quitter Mitho sans faire une excursion à la vieille ville, *Cho'con*, située sur la rive opposée du fleuve, à un quart d'heure de la citadelle et du centre européen. C'est un marché chinois et annamite qui prend tous les jours de l'extension, et devant lequel mouillent les jonques de mer. Près du village est une intéressante bonzerie. Les bonzes psalmodient chaque jour, au bruit cadencé du gong, les prières boudhiques, élèvent quelques enfants, et conservent les images dorées des personnages célèbres. La déesse du temple est la Vierge chinoise, reposant sur une fleur de lotus épanouie. L'île que l'on traverse en allant au vieux Mitho renferme aussi d'anciennes pagodes dans de magnifiques sites, des cases de pêcheurs, des fabriques de saumure.

C'est en s'éloignant de Mitho qu'on entre dans le Mé-Không. Rival des plus grands cours d'eau de l'Asie, ce fleuve s'étend à perte de vue, et ses eaux se confondent dans le lointain avec les nuages auquel un ardent soleil les réunit par un rideau de vapeurs transparentes. Il sépare, en cet endroit, les provinces de Dinh-Tuong des trois provinces de l'Ouest que nous avons acquises en dernier lieu. Il est couvert d'une multitude de barques, dont un grand nombre porte le pavillon français. Toutes n'ont pas le droit de l'arborer; mais elles le hissent en fraude, parce qu'il couvre la marchandise; les Annamites français sont, en effet, dispensés de payer des droits à la douane cambodgienne en vertu du traité de protectorat. Il serait, pourtant, aisé de remédier à cette fâcheuse supercherie au moyen d'un laisser-passer délivré par l'administration française au patron de chaque barque : mais cette simple idée ne vient à personne. Ajoutons, comme ombre au tableau, que, malgré la largeur du fleuve, les moustiques y abondent la nuit et y sont particulièrement malfaisants.

Disons enfin quelques mots sur Go-Cong, petite localité située à quelques lieues à l'est de Mitho.

Cette ville est le chef-lieu d'un cercle situé sur les limites de la province de Gia-dinh, entre l'Arroyo-de-la-Poste, le Vaï-co, le Cua-tien et la mer. C'est, ainsi que je l'ai dit, une sorte de terre sainte pour les Annamites. Les ancêtres de Tu-Duc y sont nés, y sont ensevelis; et plus de trente familles étaient encore, en 1861, alliées dans ce district à l'empereur d'Annam. La pagode royale y est restée l'objet d'un culte particulier. Par une incompréhensible faiblesse de notre gouvernement colonial, son emplacement a été concédé au souverain de Hué à titre de propriété de famille. Il en a profité pour nous y susciter, jusqu'en 1872, des insurrections perpétuelles, grâce au concours de bonzes vagabonds qui venaient y prêcher librement la guerre sacrée. Aujourd'hui, cet état d'hostilité a disparu par suite de mesures énergiques, quoique tardives. Les parents de Tu-Duc ont presque tous émigré : au reste, l'influence des *Vin-teut* n'est plus à craindre. On donnait ce titre, qui signifie « Fils de mandarin », aux émissaires chargés de révolutionner le pays : il leur valait divers privilèges considérables, tels que le droit à toucher une pension de la cour et à devenir mandarin civil sans passer par les concours exigés.

Autour de Go-Cong s'étend l'une des plus fertiles plaines qu'on puisse voir. Du côté de la mer, dans le N.-E. et le S.-E. du district, ce ne sont que villages se suivant sans interruption, la plupart nés de ces anciennes fermes militaires appelées *Don-dien* au sujet desquelles nous allons revenir un peu plus bas. Un arroyo, le Rach-la, traverse cette plaine, allant du Cua-tien au Vaïco, qu'il réunit. Il arrose, à la distance de trois lieues de Go-Cong, une grosse bourgade nommée Tan-hoa. C'est un important marché de riz.

Pendant onze années consécutives, des troupes de pirates et de bandits ont sillonné cette région. Ils entretenaient le sentiment d'indépendance nationale chez les indigènes en leur persuadant que les Français ne tarderaient pas à abandonner l'Annam. De là ces soulèvements successifs, qui n'avaient d'autre but que de hâter le jour de la délivrance. Le souvenir de la récente évacuation de Tourane fortifiait ces espérances. Les habitants ont fini par comprendre qu'on les abusait.

J'ai déjà dit également que l'Annamite est foncièrement brave. Son état d'infériorité ne lassa jamais sa résistance. Que pouvait-il, pourtant, contre nous avec ses lances, ses mauvais fusils à pierre, ses fusées portatives, ses pièces de quatre qu'il manœuvrait à épaules d'homme, surtout avec ses généraux insuffisants ? Si quelques énergiques chefs de partisans ont réussi quelque temps à contre-balancer notre succès dans une région restreinte, c'est qu'une lutte désespérée sur le sol natal prolonge les forces du vaincu en dépit du désavantage des armes. Il y a eu là un exemple de patriotisme que les peuples civilisés n'imitent pas toujours. Un morceau de *gan*, quelques verres de *sam-chou*, de solennelles imprécations contre eux-mêmes s'ils fuient devant l'envahisseur, cela seul suffit à relever le courage des Annamites après la défaite. M. Léopold Pallu leur prête même une superstition effrayante. « Quand l'un » d'eux est tué, raconte-t-il, ils lui ouvrent le ventre, lui » arrachent le cœur, et le dévorent encore palpitant. Alors » ils marchent; rien ne peut les arrêter : ils ont du *gan* ! » J'ignore si ce fait, dont les traditions ne sont point parvenues jusqu'à moi, est exact : mais ce que je sais, c'est qu'ils font griller le cœur des tigres tués par les chasseurs des villages, qu'ils réduisent ce mets en poussière fine et le font ensuite avaler à leurs enfants pour les rendre inaccessibles à la peur. J'ai, plusieurs fois, été témoin de manipulations culinaires de ce genre.

Puisque je viens de nommer les Don-dien, je retracerai ici, en peu de mots, leur organisation. C'étaient des colons pauvres, auquel l'empereur de Hué accordait l'usufruit de certaines terres à la condition qu'ils s'exerceraient aux armes hors le temps des semailles et marcheraient avec l'armée en temps de guerre. Ils étaient armés de piques. Leur création datait de 1835. Le prince Tri-phuong les réorganisa en 1854, les divisant en *ap* (agrégations communales) de 30, de 50 et de 100 hommes par canton, commandés par des *doïs* relevant chacun du *tong* (chef civil du canton). On en forma ainsi plusieurs régiments, possédant chacun un petit canon et 10 soldats armés de fusils, sous les ordres d'un *quan-co* (colonel) et de plusieurs *ap-truongs* (capitaines). L'uniforme des soldats consistait en une blouse noire fendue par devant, un pantalon violet ou de couleur fauve : sur la tête, le *salacco*. Les chefs se ceignaient d'une écharpe noire ou violette, avec un écusson sur la poitrine. Le nombre des régiments de Don-dien était de 24 pour la basse Cochinchine, ainsi répartis : 7 dans la province de Gia-dinh, 6 dans celle de Mitho, 5 dans celle de Vinh-long, 4 dans celle de Bien-hoa, 2 dans celle de Chau-doc ; en tout, un effectif de 10,000 hommes. L'État leur accordait une somme de trois mille ligatures par groupes de 100 hommes pour s'acheter des outils, et de deux mille ligatures par chef pour pourvoir ceux-ci de buffles. Le voisinage de ces postes fortifiés était presque constamment, du reste, une source de conflits intolérables pour les autres localités.

L'amiral Charner essaya vainement de tirer parti des Don-dien à notre profit. Après avoir reçu leurs protestations de fidélité et avoir approuvé leur formation par décret en date du 19 mars 1861, il fut obligé de les dissoudre le 22 août suivant. Les uns émigrèrent à la suite de leurs chefs, les autres se firent inscrire au nombre de nos *matas*. Ce corps privilégié avait vécu ! Les émissaires de la cour de Hué n'ont jamais tenté de le réorganiser depuis cette époque.

D'habitude, les Annamites ne mutilent point les morts, à moins que, sous l'influence de prédicants fanatiques, ils n'obéissent à l'excitation d'une fureur passagère. Dans ce cas, ils tranchent la tête de leurs victimes. Mais ils réservent ordinairement ce traitement aux chefs, dans le seul but de faire constater aux soldats leur identité et d'affermir ainsi le courage des troupes. Cet acte même n'empêche pas certaines manifestations d'humanité. On assure que, en 1861, lorsque la tête du capitaine d'infanterie de marine

Barbet fut présentée au commandant de Ki-hoa sur son plateau à bétel, ce mandarin laissa échapper quelques paroles de regret, ne pouvant s'empêcher de rendre hommage aux forces athlétiques et au courage du vaillant officier européen que tous ses hommes connaissaient. De pareils traits se sont renouvelés plusieurs fois. Nous n'hésitons pas à les noter, parce qu'ils font honneur aux vaincus.

Par malheur, à côté de ces démonstrations, qui témoignent d'une civilisation réelle, il faut placer d'autres épisodes véritablement horribles. Je citerai pour exemple un fait relatif à la dernière révolte de 1872. Le lieutenant Santerre fut surpris, avec 25 de ses hommes, par 1,500 Annamites aux environs d'une bourgade nommée Kien-phuoc. Les malheureux, épuisés par la marche et par une chaleur torride, se reposaient à l'ombre d'un petit bois. Les sentinelles elles-mêmes avaient cédé au sommeil. Un seul homme fut épargné, afin qu'il pût raconter ce massacre, que les Annamites jugèrent propre à nous épouvanter. Les 24 autres soldats eurent la tête tranchée. Quant à l'officier français, garotté sans avoir reçu de blessures, son supplice fut épouvantable. Après l'avoir dépouillé de ses vêtements, les insurgés lui attachèrent solidement les quatre membres à quatre pieux, puis lui ouvrirent le ventre. Ils lui enlevèrent ensuite les intestins qu'ils déposèrent à côté sur le sol, mais en ayant grand soin d'éviter toute section ou même toute piqûre mortelle. Enfin, ils l'enduisirent tout vif de miel sauvage. L'infortunée victime vécut ainsi pendant plusieurs heures. Quand les troupes françaises, prévenues par le survivant, accoururent sur les lieux, le cadavre pantelait encore. Inutile de décrire l'indicible exaspération de nos hommes ! Les villages voisins furent incendiés par représailles, et leur population passée au fil de l'épée, sans distinction d'âge ni de sexe. C'est là, du reste, le seul exemple que j'aie connu d'une férocité aussi barbare.

IX

Religion des Annamites; culte des Ancêtres. Plaine des Tombeaux.

La religion officielle des Annamites est le boudhisme, apporté de Ceylan dans l'Indo-Chine vers le milieu du v° siècle de notre ère. Cependant, la doctrine de Confucius a réussi à rallier quelques adhérents dans les environs de Bien-hoa. Mais les bonzes sont tombés partout, sans exception, dans l'ignorance la plus honteuse : aussi vivent-ils généralement méprisés, et c'est justice.

En réalité, l'Annamite est profondément sceptique. Il importe de se bien convaincre, en dépit de certaines pratiques superstitieuses auxquelles il obéit inconsciemment, qu'il n'a qu'une unique croyance et qu'une seule foi : son véritable culte est celui des *Ancêtres*, dont les mânes veillent sur sa famille et la protègent. On ne peut nier que ce soit une idée touchante. Je crois, pourtant, qu'il entre dans cette pieuse vénération autant de frayeur que de respect : l'Annamite redoute surtout la vengeance de ceux qui ne sont plus.

D'après la croyance populaire, les âmes peuplent l'espace à l'état d'esprits : elles choisissent de préférence pour asile les sites verdoyants et ombragés, ce qui ne les empêche pas de visiter, de temps à autre, le toit qui abrite leurs proches. La mort ne les a ranenit pas complètement des besoins de l'existence terrestre : elles éprouvent encore, dans le monde immatériel où elles flottent, les angoisses de la faim. Elles viennent donc goûter aux mets qu'on leur offre à des époques déterminées, et ont même pour agréables les offrandes d'or et d'argent qui se font en brûlant des papiers recouverts d'une mince couche de ces métaux. Dans la plupart des maisons, la place d'honneur est occupée par un petit autel orné de l'image de Boudha et dédié aux Ancêtres.

Le renouvellement de l'année est célébré par une grande fête dont les morts sont l'unique objet, le *Têt*. Pendant quatre jours, les travaux et les affaires cessent, on ne va même plus au marché : les familles réunissent tous leurs membres pour aller, en grande pompe, dégager des herbes envahissantes les tombes, qu'on pare de fleurs, et pour célébrer d'abondants festins, où la joie se mêle au recueillement.

La mémoire des Ancêtres est sacrée : la plus grande insulte qu'on puisse jeter à quelqu'un, c'est une malédiction sur ses Ancêtres. La loi annamite punit ce blasphème rigoureusement.

Le *Hoang-Viet-Luat-Lê* édicte longuement toute une échelle de peines encourues pour le crime de violation de sépulture.

Cent coups de bâton, l'exil et une amende de 3,000 *lís* pour quiconque enlèvera la terre pour regarder le cercueil, et la strangulation si le coupable l'ouvre pour regarder le cadavre.

Soixante coups de bâton et une amende variant de 1 à 18 *taëls* pour celui qui dérobe une brique ou une pierre à une tombe.

La décapitation pour celui qui met au jour le cadavre d'un de ses parents plus âgés que lui, ou pour quiconque enlève un cercueil de sa place afin de vendre le terrain de sa sépulture à une autre personne.

Cent coups de bâton et trois ans de fers pour le parent plus âgé qui viole la sépulture d'un parent plus jeune, ou qui met son cadavre au jour.

Quatre-vingts coups de bâton si, en creusant la terre, on découvre un cercueil et qu'on ne s'empresse pas de le recouvrir.

Cent coups de bâton, l'exil et une amende de 3,000 lis pour quiconque brûle, mutile ou jette à l'eau un cadavre ou bien son cercueil non encore mis en terre.

La décapitation, dans le cas précédent, si le coupable est un parent plus jeune, l'exil s'il est plus âgé.

Quatre-vingt coups de bâton et deux ans de fers pour brûler, par mégarde, un cercueil en enfumant un renard dont la tanière est dans une tombe : la strangulation si le cadavre ainsi brûlé est celui du père ou de l'aïeul.

Cent coups de bâton et les frais de réparation pour dégrader le jardin d'une sépulture.

De quatre-vingt à cent coups de bâton pour le maire d'un village qui ne prévient pas le mandarin si quelqu'un meurt dans sa commune, et un an de fers en plus si le corps a été détruit d'une façon quelconque.

On conçoit que, la législation aidant, le culte des morts ait persisté chez les populations de l'Annam dans sa plus entière intégrité. Il fallut, au début de la conquête, afin de rassurer les Annamites sur ce point délicat, que l'amiral Bonnard fît publier en tous lieux, avec l'apparat convenable, que les Français avaient le culte des Ancêtres tout autant en vénération que les vaincus eux-mêmes.

Il n'est personne qui, venu un seul jour à Saïgon, n'ait au moins entendu parler de cette immense nécropole désignée sous le nom de *Plaine des Tombeaux*. Elle s'étend, sur la droite de la route stratégique, depuis Saïgon jusqu'à Cho-len et, traversée en son milieu par le chemin de Tong-kéou, atteint dans sa direction opposée jusqu'aux lignes de Ki-hoa, formant ainsi une superficie de plusieurs lieues carrées. De petites pyramides à base carrée ou hexagonales, des pagodes en miniature avec portes cintrées et dragons en pierre, des tumuli quadrangulaires, un terrain aride, poudreux, n'offrant que des herbes grêles et de rares bouquets d'arbres rabougris, tel est l'aspect de cette plaine fameuse ; aspect singulièrement saisissant cependant quand, après avoir admiré la luxuriante végétation de l'Arroyo-Chinois, les *brousses* touffues et les jardins ombreux de la ville, on se trouve soudain transporté au milieu de cette multitude innombrable de sépulcres, vaste cimetière des jours passés, où sont venues échouer les ambitions des grands, les voluptés des riches, la misère des humbles, misères, ambitions, voluptés aujourd'hui confondues pêle-mêle dans une poussière commune. Cette nécropole est, toutefois, la seule de la Cochinchine. Partout ailleurs, les Annamites enterrent leurs morts au hasard du moment, dans un champ, dans un bois, sur les flancs d'une colline, non par indifférence certes, mais par amour de la nature et de la liberté, cachant ainsi leurs tombes dans les lieux écartés comme pour y chercher un dernier refuge contre la tyrannie qui les opprima toujours.

Il serait possible, du reste, que les Annamites du Gia-dinh aient emprunté l'idée de sépultures groupées dans un espace commun à leurs voisins les Chinois, dont cet usage est l'habitude. C'est ainsi qu'autour de la ville de Cho-len, et à perte de vue, les tombeaux chinois se pressent, renfermant un peuple cent fois plus nombreux que la population

Pagode annamite.

vivante. On remarque une grande uniformité dans leur architecture funéraire : j'en ai expliqué précédemment le motif. De petits portiques en marbre gris ou bleuâtre, sinon une simple plaque, le plus souvent rectangulaire et encastrée dans le sol, le tout supporté par un tertre arrondi, telles sont les formes adoptées. Les dimensions seules varient suivant l'importance ou la fortune du mort. Quelquefois, cependant, un vaste enclos peuplé de statues, décoré de colonnes, et dans lequel une porte monumentale donne accès, sépare le cadavre d'un mandarin des squelettes vulgaires : mais on retrouve le plus souvent, même pour les heureux et les grands, les tables de marbre couvertes d'inscriptions. Au reste, ces prétentieux mausolés se perdent dans l'immensité de l'ensemble ; de loin en loin, des colonnes attirent seules les yeux. Cette égalité de la tombe doit attrister les âmes vaniteuses au milieu des sphères éthérées où elles circulent à l'infini. Pas un arbre, pas de fleurs, pas de verdure ; rien que des tombeaux, où miroite le marbre que le soleil frappe. Ce champ de mort n'a d'autres limites que l'horizon. On se croirait transporté dans quelque nécropole du désert lybique.

Le clergé français s'est résigné à ne point froisser un culte dont les antiques racines sont inébranlables. La prudence lui faisait une loi de cette tolérance, à laquelle s'associe, du reste, l'administration militaire et civile.

X

De l'opium et des jeux.

L'Annamite est rongé par deux vices invétérés, dont rien ne le corrige : l'opium et le jeu. L'administration française a su tirer profit pour son budget de ces deux passions dégradantes ; elle en a affermé le rendement. Il serait temps, ce me semble, de faire cesser complétement ces monopoles honteux, que les heures de trouble de la conquête ont pu nécessiter un instant, qui ne peuvent être plus longuement maintenus aujourd'hui sans porter une grave atteinte à la moralité du pays et à la dignité de notre domination.

On a prétendu que, l'habitude de fumer l'opium étant trop invétérée pour qu'aucun moyen répressif fût efficace à en arrêter le progrès, il valait mieux bénéficier de cette tendance, en la grevant de forts impôts, que de s'efforcer de la combattre inutilement : raisonnement qui constitue un de ces lâches compromis dont ne se lavent jamais les consciences de ceux qui le font et qui l'exploitent. D'ailleurs, peut-on nier, honnêtement, la possibilité du bien quand on n'a pas tenté de l'accomplir ? Il faudrait, auparavant, qu'une expérience décisive eût donné raison à cette excuse commode. Ce qu'il y a de certain, c'est que l'opium, prohibé sous le régime annamite et introduit furtivement alors en contrebande pour le seul usage des Chinois et de quelques riches indigènes, s'est répandu aujourd'hui jusque dans la population ouvrière, où sa consommation augmente tous les jours. En 1865, les *deux* fermes de l'opium et des jeux ne figuraient, *en bloc*, au budget que pour une somme de 1,100,000 francs, sous le nom de contributions indirectes. En 1867, la ferme d'opium *seule* était affermée au prix de un million 530,000 francs ; en 1869, au prix de un million 800,000 francs ; pour l'année 1874, elle était adjugée au prix de deux millions 800,000 francs. Depuis cette date, elle a encore progressé. De tels chiffres ont leur éloquence. Notre facilité a donc aggravé le mal, et j'admets, si l'on attend davantage, que cette faute devienne irrémédiable. On peut encore aviser, cependant. Nous n'avons pas même l'excuse qu'avait l'Angleterre, en 1810, de vouloir ouvrir un débouché à l'industrie nationale. L'opium n'est, autre, en effet, que le suc d'un pavot de l'Inde, et c'est le commerce anglais qui bénéficie seul de son importation sur un sol français. De plus, après avoir montré une si grande et si légitime indignation contre la conduite des Anglais envers la Chine, sied-t-il à la France de se donner quotidiennement à Saïgon un démenti flagrant en faisant — et non pas inconsidérément — ce qu'elle a tant blâmé chez les autres ?

C'est à une Compagnie de banquiers chinois que nous avons affermé la vente de l'opium. Ils profitent du privilège qui leur assure ce monopole pour faire une scandaleuse fortune aux dépens d'un peuple que nous avons légalement annexé à nous, et pour l'accabler de vexations multipliées. Je ne parle ici que pour mémoire de tous les inconvénients qu'entraîne l'exploitation d'une branche de commerce monopolisée entre les mains d'un seul individu, surtout quand cet individu est un Asiatique ! N'est-il pas étrange de voir des Chinois faire euxmêmes et seuls la douane relativement à cette denrée si chère sur un territoire français ? N'est-il pas odieux qu'on leur octroie le droit de perquisitionner en tous lieux, à toute heure de la nuit et du jour, même dans la maison d'un Européen ? N'est-il pas abusif, enfin, de leur laisser, sous prétexte de réprimer la contrebande et d'effrayer des pirates de fantaisie, sillonner nos fleuves et nos canaux de leurs nombreuses flottilles armées en guerre ? S'il faut que la colonie subisse cet incroyable despotisme financier, pourquoi n'en pas octroyer l'exercice à quelqu'un de nos nationaux ? Notre administration préserverait du moins, de la sorte, la race conquérante des avanies soigneusement étudiées que lui ménage trop souvent la sournoise duplicité des « Célestes ». Mais on repousse systématiquement les adjudications des Européens ! A la fin de 1873, j'ai encore vu écarter la surenchère de deux négociants français ! De là des manœuvres sans nom pour l'exercice privilégié d'un pareil droit : dénonciations que le fermier paye au grand jour, actes coupables auxquels se portent des misérables excités par l'appât de la récompense promise, perquisitions et confiscations trop souvent injustes en vue de sauvegarder des bénéfices dont le droit exclusif et légal a été si chèrement acheté. Ce que je déplore encore avant tout, c'est que notre administration soit contrainte d'y prêter les mains. Les trois millions que rapporte actuellement ce fermage ne sauraient payer la dignité perdue par cette coopération, et, à mal égal, mieux vaudrait admettre la liberté absolue du commerce de l'opium que de subir un aussi coûteux monopole ! Par malheur, la Cochinchine, grâce aux dépenses exagérées que l'on a effectuées depuis 1870, s'est trouvée obérée démesurément, et l'on y a fait argent de tout. D'où provenait ce déficit ? Où aboutira un pareil abaissement ?

Un mot sur l'opium, quoique cet ingrédient soit maintenant fort connu en France, aussi bien que l'appareil qu'il nécessite. On expédie le pavot à l'état brut dans les lieux de consommation ; c'est là qu'on le transforme en *chaudoo* en le faisant dissoudre dans l'eau bouillante et en y faisant infuser du tabac ou des plantes aromatiques ; l'opium passe ainsi à l'état d'une pâte très molle. On l'envoie alors des bouilleries, sous forme de petites boules, dans les débits et dans les fumeries. C'est dans cet état qu'on le fume.

La pipe à opium se compose d'un tuyau cylindrique, variant de 30 à 80 centimètres de longueur et fermé à l'une de ses extrémités. Aux deux tiers du tube, qui est en bois plus ou moins riche, se visse un fourneau en terre vernie ayant la forme d'une poire renversée : la surface évasée est munie d'une petite ouverture en son milieu. Au moyen d'une longue aiguille terminée d'un côté en spatule, le fumeur prend sa boule d'opium, la pétrit et la roule à nouveau, puis l'enflamme à la lumière d'une lampe et la dépose sur l'orifice étroit du fourneau. La pointe de l'aiguille ménage le passage constant de l'air. En une minute, après quelques aspirations, la boule est absorbée. On continue alors jusqu'à ce que l'ivresse arrive. Le fumeur a, dans ce cas, besoin d'un aide : les fumeries réservent à cet emploi de jeunes femmes, dont la présence augmentera les énervantes illusions du malheureux.

On reconnaît le fumeur d'opium à son teint mat, à ses joues creuses, à ses yeux hagards, à son corps décharné, à sa démarche incertaine. Constamment ivre de ce poison, il n'est plus, en réalité, qu'une masse inerte. Les menaces le trouvent indifférent ; les coups même ne sauraient l'arracher à son engourdissement. Jamais pays ne connut un fléau plus terrible que celui-là. L'alcool et le choléra ne peuvent lui être comparés. Il exerce pourtant, sur tous un attrait invincible : le plus misérable mendiant fumera avant de songer à manger. L'habitude une fois prise, on devient fatalement son esclave et sa proie. Il n'est point de remède à cette tentation maudite, à laquelle on succombe toujours.

L'énergie est morte, et le fumeur d'opium est incapable de braver les souffrances qu'entraînerait pour lui la privation de sa pipe. La vigueur morale a disparu chez lui bien avant la force physique.

De pareils ravages, qui se généralisent de plus en plus, sont, pourtant, connus de notre administration : mais l'intérêt du fisc a passé avant tout autre genre de considération.

Quant à l'institution des Fermes des jeux (*Bacoins*), elle n'est guère plus honorable que la précédente, et ne présente pas moins d'inconvénients. Elle est également, du reste, d'origine française, le code annamite prohibant sévèrement toute réunion de joueurs. Que ces lois fussent observées, je ne prétends le dire : mais je constate que le législateur indigène, reconnaissant la gravité et l'importance du mal, avait réagi contre lui. Nous sommes tombés plus bas que ce légiste barbare ! Il est certain que, profondément implanté dans les mœurs de la population, le jeu est un véritable fléau pour toutes les classes, pour tous les âges : l'Annamite joue le salaire de chaque jour, et jusqu'à ses vêtements. Ce qui est non moins certain, c'est que ce ne sera qu'en essayant de déraciner cette passion furieuse du hasard que nous pourrons introduire les habitudes du travail, si nécessaires pour tirer parti de cette population qui vit au jour le jour des ressources trop faciles qu'offre le pays, que nous obtiendrons d'elle l'amélioration et le développement des cultures, que nous la rendrons prévoyante et sage, que nous créerons chez elle des besoins autres que les fatales émotions d'une table de jeu. On ne saurait imaginer à quel degré de gravité atteignent les désordres qui se manifestent dans les maisons légalement autorisées, et quelles causes de trouble l'existence officielle de ces repaires constitue au milieu d'un centre de population.

Bien souvent il arrive que les notables des villages, chargés de l'impôt de la communauté, aillent risquer dans une maison de jeu le dépôt confié à leur probité. D'autres fois, ce sont d'épouvantables rixes qui y surgissent, dans lesquelles mort d'homme s'ensuit. On a même vu des villages limitrophes en venir aux mains pour des querelles de joueurs. Mais le système rapporte de l'argent, et nous fermons les yeux sur les conséquences déplorables qu'il entraîne.

J'ai eu, à plusieurs reprises, la curiosité d'assister à des réunions de joueurs indigènes. Ma présence ne dérangeait en rien leurs combinaisons. Aucune scène n'est plus animée que la vue de ces figures bronzées; les yeux ardents, fixés avec angoisse sur les enjeux qui disparaissent à chaque coup du sort. Bien qu'il soit défendu de jouer autre chose que de la monnaie, on n'en tient compte; les bijoux, les vêtements, les titres de propriété, tout est jeté dans le gouffre. Quelques énergumènes engagent leurs femmes, leurs enfants, leurs familles, et ce genre de mise trouve toujours un ou plusieurs preneurs.

Pour parer à ces honteux désordres, le gouvernement colonial supprima, en 1865, les maisons de jeu dans les provinces. Pourquoi pas, du même coup, dans la capitale? Se faisait-il illusion sur la portée morale de ces déplorables incidents? Non, car le *Courrier de Saïgon*, journal officiel de la colonie, disait alors : « La suppression des maisons de » jeu dans l'intérieur est un véritable *bienfait* pour le » pays. Sans tenir compte de *l'action démoralisatrice et* » *dissolvante de ces établissements*, nous avions beaucoup » à nous plaindre de leur *influence pernicieuse au point* » *de vue des intérêts matériels des particuliers et de* » *l'État.* »

On pouvait espérer, par suite, que l'administration

locale, comprenant enfin le mal que faisait au pays cette passion qu'elle y avait implantée et patronnée, avait l'intention d'arriver progressivement à la suppression complète des maisons de jeu, et que leur maintien à Saïgon et à Cho-len n'était motivé que temporairement, par suite d'impérieux besoins fiscaux. On se trompait. Quelques années plus tard, les maisons de jeu étaient rétablies dans les provinces. Il fallait de l'argent à tout prix. C'est ainsi que j'ai pu voir les bacoins se multiplier florissants dans les moindres villages.

Le jeu a donc repris avec plus d'ardeur. Saïgon s'est couvert d'élégantes maisons construites à l'européenne, où l'on sert aux joueurs des consommations et des cigares gratis. Leurs écriteaux, éclairés la nuit, s'étalent partout, et l'étranger qui débarque à Saïgon peut facilement les compter : il y en a dans toutes les rues. A côté, d'innombrables tripots de bas étage rassemblent les ouvriers et les coolies, objets des paternelles bontés d'un gouvernement qui comprend les « distractions » et le « plaisir ». Il n'y a pas d'affaires, on joue : sous ce rapport, Saïgon n'a de rivale dans ces mers que Macao. Les prisons se peuplent, les vols se multiplient, les travaux sont désertés, le commerce décline, qu'importe ? On joue, et le jeu rapporte au fisc.

M. le contre-amiral Dupré avait, cependant, semblé se préoccuper de cet état de choses. A la fin de 1873, la suppression des maisons de province était, de nouveau, décidée ; mais on les conserverait toujours à Saïgon et à Cholen, vu les pressants besoins du Trésor, que ce gouverneur avait encore appauvri.

Aujourd'hui, sous le nouveau gouvernement civil, ne peut-on rompre totalement avec le passé ? Il y aura, allègue-t-on, des maisons clandestines. Soit ; mais le pouvoir est armé de lois répressives. Serait-ce donc seulement contre les joueurs qu'il n'oserait en user? Il faudrait, je le reconnais, sévir contre nos nationaux, même contre certains de nos employés ou fonctionnaires. Après? Préfère-t-on couvrir indéfiniment du patronage de l'État un vice dont les proportions sont scandaleuses? On objecte encore les intérêts du Trésor. Oui, c'est bien là la grande affaire! Mais les fortes amendes dont on frapperait les trop nombreux et perpétuels contrevenants ne seraient-elles point une suffisante compensation à la disparition nécessaire de cette branche malsaine de revenus publics?

Il est question, actuellement, d'interdire l'entrée de ces sortes de maisons aux Européens. C'est encore là une demi-mesure qui ne satisfera pas l'opinion. La réforme doit être radicale, ou rien de bon n'en résultera.

XI

De l'ancienne administration indigène.

L'ancienne organisation de la société annamite est curieuse à étudier.

Au sommet, un souverain absolu, dont le pouvoir n'était tempéré que par l'influence des grands dignitaires du royaume ; influence qui s'affaiblissait et devenait nulle lorsque l'autorité royale était exercée par un homme à la volonté énergique et aux grandes conceptions.

Au-dessous de ce pouvoir royal, et lui venant en aide, une administration très puissamment organisée — le *mandarinat* — extrêmement centralisée, qui s'exerçait par un ensemble de fonctionnaires, lesquels se recrutaient dans les entrailles mêmes du peuple et avaient tous reçu une instruction en quelque sorte officielle; car le mandarinat était accessible à tous, sans distinction aucune, à la seule condition d'avoir obtenu certains grades universitaires.

Au bas de l'échelle sociale, le peuple annamite tout entier, subdivisé en une multitude de communes, toutes à peu près indépendantes du pouvoir central et n'ayant de rapport avec lui qu'en ce qui touche le payement des impôts, le recrutement militaire, l'exécution des corvées. Ces privilèges de la commune annamite étaient d'une importance extrême pour le peuple : il y tenait d'autant plus qu'il comprenait que c'était par eux qu'il échappait au despotisme qui pesait sur lui. Aussi toute la vie publique des habitants était-elle concentrée dans le village.

La commune, dans l'Annam, jouait donc précisément le même rôle qu'elle joua en France, pendant le moyen âge, vis-à-vis de la féodalité.

Ainsi, deux éléments d'administration : le mandarinat, la commune. Quand ces deux rouages se rapprochaient et s'engrenaient l'un dans l'autre, il en résultait un grand bien pour le peuple, dont les intérêts étaient alors consultés, reconnus, sauvegardés.

Un mot donc sur chacun.

Et, d'abord, le mandarinat.

Sous le gouvernement annamite, le chef-lieu des provinces était occupé par trois mandarins civils de haut rang.

En premier lieu, le *Quan-tông Dôc*, qui était le chef militaire, administratif et judiciaire de la province, mais qui, le plus souvent, étendait ses pouvoirs et sa juridiction sur deux et même sur trois simultanément.

Venaient ensuite, en sous-ordre :

Le *Quan-bô*, qui centralisait toute l'administration de la province et connaissait, sauf recours au grand mandarin, de toutes les affaires contentieuses administratives.

Le *Quan-án*, ou mandarin de justice, qui occupait le troisième rang et remplissait, auprès du grand mandarin de la province, des fonctions ayant quelque analogie avec celles de nos juges d'instruction, tout en connaissant du contentieux civil.

Ces grands mandarins provinciaux appartenaient tous les trois à l'ordre civil. A côté d'eux, mais dans une position très secondaire, très effacée, se tenait le chef militaire de la province appelé, en langue annamite, *Lãh-bính*. Ce fonctionnaire était subordonné aux trois grands mandarins de la province; c'est à lui qu'incombaient les missions de peu d'importance ou désagréables, c'est lui qui devait courir sus aux voleurs et aux pirates. Il s'acquittait fort mal de cette partie de ses attributions.

C'est, du reste, un signe des mœurs de l'extrême Orient que le discrédit dans lequel sont tenues les personnes et les choses qui tiennent à la guerre ou au militarisme. En Cochinchine, il était rare qu'un chef militaire eût acquis ses grades universitaires : son instruction spéciale n'allait guère au delà de quelques exercices gymnastiques. En revanche, étant souvent aux prises avec les bandits, il était fin et rusé comme eux.

Passons à la commune.

Je crois que nous n'avons pas bien compris les conséquences naturelles de l'organisation communale annamite.

J'ai dit que le peuple n'avait de rapports avec le pouvoir central qu'en ce qui concernait le payement des impôts, l'exécution des corvées et le recrutement militaire.

J'ai fait connaître précédemment sur quelles bases reposait l'organisation de la milice indigène. Quant aux corvées, grâce auxquelles le gouvernement d'alors a pu faire exécuter de grands et de magnifiques travaux, tels que citadelles, routes et canaux, nous n'avons eu qu'à conserver, en le régularisant, cet impôt du corps consacré par l'usage et aisément payé par la population, qui est la première à en bénéficier.

Je ne veux faire ici de remarque qu'au sujet de l'impôt proprement dit. Sous le gouvernement annamite, il se payait partie en argent et partie en nature : les provinces du Nord, en effet, ne produisant pas assez de riz pour nourrir leur population, l'administration tirait, chaque année, des provinces de la basse Cochinchine, le riz qui faisait défaut aux besoins des sujets des autres parties de l'empire. Dans chaque province, le *Quan-bô* était chargé de la direction générale de l'impôt : c'était entre les mains de ses employés que les maires (*Ong-xä*) de toutes les communes de la province venaient verser leur impôt. Les mandarins de l'arrondissement (*Phù* et *Huyên*) étaient chargés d'en surveiller la rentrée.

Avec un personnel spécial restreint et un petit nombre de magasins, le service de l'impôt se trouvait ainsi assuré. Mais ce système, avantageux pour l'État, était onéreux pour les communes, surtout pour les plus éloignées du chef-lieu de la province. En effet, leurs maires étaient obligés d'aller plusieurs fois par an porter les acomptes de l'impôt par des voies lentes et peu sûres, ce qui entraînait de grosses dépenses pour la communauté et la gênait dans ses intérêts locaux : de plus, ce mode de perception interdisait aux contribuables tout rapport direct avec le Trésor, autre source possible d'exactions et d'abus dont le peuple supportait le poids. Nous avons dû y aviser : c'était justice.

Ce qui est moins juste, c'est que nous ayons vu un abus

excessif dans des actes de perception communale, émanant de l'initiative privée du village, alors que ces actes n'étaient que l'usage régulier d'un droit appartenant à la commune. On a voulu remédier, sans réflexion, à ces abus prétendus. Ne devions-nous pas, au contraire, pour être équitables et conséquents avec nos propres déclarations, respecter les franchises municipales des indigènes? Héritiers, par droit de conquête, du pouvoir royal et de la centralisation administrative, n'étions-nous pas astreints à ménager, comme l'avait fait le pouvoir déchu, ce qui leur faisait un contrepoids nécessaire? Nous n'avons pas compris que nous nous exposions à perdre ainsi les sympathies du peuple tout entier. Il serait bon, en effet, de ne pas rêver, par excès de chauvinisme, le plus parfait des mondes. Dans le cas en question, ne nous suffisait-il donc pas, pour empêcher de graves abus, d'attendre les plaintes des populations? Pourquoi nous ingérer dans la comptabilité des villages, quand personne ne réclamait?

On se trompe encore en comparant le maire d'une commune annamite au maire d'une commune française, lequel est bien réellement la première autorité de la communauté. Il peut arriver, au contraire, que l'*Ong-xã* n'appartienne même pas au conseil des notables (*Hu'ong*) du village (*Long*), et même qu'il y occupe un rang inférieur : ce n'est, après tout, qu'un délégué du pouvoir central. Présenté par le village, il recevait l'investiture du grand mandarin de la province : dès lors, il exerçait, assurément, une action réelle sur la commune; mais l'autorité qu'il déployait ne lui venait nullement de ses pouvoirs municipaux, il la tirait tout entière de son titre de délégué du pouvoir central.

Tel était le vrai caractère, telles aussi étaient les franchises de la commune annamite. Le respect des grands mandarins eux-mêmes pour celles-ci était si profond et si vrai qu'ils ne pénétraient jamais sur le territoire d'un village sans se faire officiellement annoncer.

Ces franchises, qu'elles nous paraissent défectueuses ou bizarres, devraient être respectées avec la plus scrupuleuse bonne foi. Les Annamites les ont tellement à cœur que ce serait très certainement nous aliéner ce peuple que d'y porter une imprudente main.

<hr>

XII

Du système administratif français.

Voyons, maintenant, de quelle façon nous avons compris l'administration de notre colonie.

Notre rouage administratif est assez simple comme principe, assez vigoureux comme mode de centralisation ; ses défauts, s'il en a, n'apparaissent que dans les abus qu'on a su tirer de son application.

Au sommet de la hiérarchie, le gouverneur, représentant le pouvoir souverain, dont il est le plus haut délégué. Au-dessous de lui et sous son autorité immédiate, le Directeur de l'intérieur, centralisant, depuis 1864, le pouvoir civil et rayonnant jusque dans les provinces par ses Inspecteurs et ses Administrateurs des Affaires indigènes. Voilà pour la représentation de l'État. A côté, et comme transition, les *Phûs* et les *Huyêns*, à la nomination du gouverneur, sortes de préfets et de sous-préfets soldés par l'État, transmettant les ordres de l'autorité française aux chefs de cantons, aux maires et aux notables des communes. Ces fonctionnaires annamites n'agissent, toutefois, que sous la surveillance immédiate des Inspecteurs et des Administrateurs auxquels, en matière de service judiciaire indigène, est adjointe une commission d'appel dont font partie les notables, et qui est appelée à éclairer la religion du gouverneur dans les questions délicates ou épineuses.

Par décret en date du 21 août 1869, un Conseil privé a été placé auprès du gouverneur de la Cochinchine. Ce conseil se compose :

1° Du Gouverneur, président ;

2° Du Commandant supérieur des troupes ;

3° Du Chef du service administratif ;

4° Du Directeur de l'intérieur ;

5° Du Procureur général ;

6° De deux Conseillers coloniaux choisis parmi les notables habitants de la colonie et nommés par le Gouverneur.

Lorsque le conseil privé se constitue soit en conseil de contentieux administratif, soit en commission d'appel, ou qu'il est saisi de questions relatives à l'exercice des pouvoirs extraordinaires du gouverneur, il s'adjoint deux membres de l'ordre judiciaire. Ces deux membres sont désignés par le gouverneur en conseil, au commencement de chaque semestre.

Les fonctions du ministère public, exercées primitivement par le contrôleur colonial, ont été confiées, depuis la suppression de cet office en 1873, au substitut du procureur général. En son absence, un membre du commissariat de la marine siège à sa place.

Les délais d'appel au contentieux sont : d'un mois, si le demandeur demeure dans la province de Saïgon ; de trois mois, s'il réside dans les autres provinces de la colonie.

La direction de l'Intérieur, telle qu'elle est actuellement constituée, comprend toute l'administration de la colonie au point de vue civil, judiciaire et financier. Elle se centralise à Saïgon dans quatre bureaux. Nous avons dit quels sont ses représentants sur toute l'étendue du territoire.

En 1873, les Inspecteurs ont été réduits à cinq.

Les Administrateurs sont divisés en trois classes, de traitements inégaux variant de 8,000 francs à 15,000 francs de fixe, plus le logement, le mobilier, la ration, le domestique, les indemnités de route, les transports, etc. On les a répartis, en 1871, dans 18 résidences ou cercles, qui sont : Saïgon, Baria, Tay-ninh, Bien-hoa, Mocay, Thu-dau-mot, Tra-vinh, Vinh-long, Sadec, Mitho, Chau-doc, Soctrang, Go-cong, Tan-an, Ha-tien, Cho-len, Long-xuyen et Rach-gia. Ces fonctionnaires sont ordinairement trois ensemble. En cas d'absence des titulaires, on remplace ceux-ci par des stagiaires.

Ces 18 arrondissements ne sont que des subdivisions de nos six provinces, lesquelles sont, ainsi que nous l'avons déjà dit : Saïgon, Bien-hoa, Mitho, Vinh-long, Chau-doc et Ha-tien.

Les fonctions des Administrateurs sont nettement définies par l'arrêté du 26 juin 1871.

Le premier Administrateur a autorité sur ses deux collègues. Il correspond seul avec le Directeur de l'Intérieur relativement aux divers services de son arrondissement. Il est spécialement chargé de la justice, de la tenue des registres de l'état civil, de la comptabilité, du rôle de l'impôt, de la surveillance des prisons, du recrutement des miliciens.

Le second Administrateur est responsable de la caisse : il tient tous les registres de la perception de l'impôt, il fait établir et signe les états de dépenses. Il tient lieu de percepteur, et, s'il y en a un, s'occupe du service financier qui n'est pas dévolu à celui-ci. Il est chargé, en outre, des comptes et des attributions de l'entretien du matériel, de la caisse des prisonniers, de leur nourriture et de leur entretien. Enfin, en matière de justice indigène, il peut être désigné par le premier Administrateur pour faire les instructions.

Le troisième Administrateur est chargé de toutes les opérations du cadastre, du recensement, de l'entretien des *trams* (courriers et relais de postes), des routes, des diverses constructions, et des écoles : il en tient registre et état.

Ces divers fonctionnaires étaient toujours des officiers de marine et d'infanterie de marine. Une loi spéciale, qui date de 1873, a eu pour but de remédier à ce régime par trop autoritaire. Elle a accordé à ces fonctionnaires un délai de trois ans, à partir de sa promulgation et de sa publication, pour opter entre leurs grades militaires et leur position administrative. Mais cette mesure suffisait-elle ? Ces immenses pouvoirs ne fonctionnent qu'au gré seul de MM. les Inspecteurs, et l'administration de la colonie en souffre singulièrement. On a cru ou feint de croire, pendant longtemps, que leur petit nombre et la multiplicité de leurs fonctions les forçaient à en négliger une partie, et l'on a immédiatement augmenté leur personnel. Or, quel a été le résultat ? Le même. C'est que le vice du système réside tout à la fois et dans le système et dans les fonctionnaires qu'il emploie. On ne pourra obtenir quelque sérieuse régularité que lorsqu'on aura supprimé les délégués militaires pour leur substituer franchement des commissaires civils. Un coup d'œil jeté sur le système municipal de notre colonie nous en convaincra.

La population indigène se divise dans chaque commune, au point de vue administratif, en deux grandes catégories : les *inscrits*, propriétaires payant la capitation et dont les noms sont, pour ce motif, portés sur le registre des impôts du village, et les *non inscrits*, gens exempts de la capitation.

Les inscrits représentent les chefs des familles les plus anciennes de celles qui ont fondé des villages. Cette représentation n'a rien de fictif, les souvenirs des premiers établissements annamites s'étant parfaitement conservés par la tradition. D'ailleurs, la création d'un grand nombre de nos centres de population actuels ne remonte pas à plus de quarante-cinq ans ; ils datent de la fin de l'insurrection du Gia-Dinh, qui eut pour conséquence la destruction de Saïgon sous Minh-Mang, en 1834. Cette catégorie des inscrits s'accroît, en outre progressivement, par l'admission de tous les propriétaires de 19 à 60 ans, dont la présence est constatée par un recensement qui a lieu tous les six ans, et par l'extension du droit de cité à tous les nouveaux colons qui offrent des garanties suffisantes.

Les inscrits se subdivisent eux-mêmes en deux classes : les *trâng-hang*, hommes de 19 à 55 ans, payant la capitation entière, qui est de 2 francs; et les *lao-hang*, payant la demi-capitation, et comprenant les hommes de 55 à 60 ans. Quant aux non inscrits, ou *dàn-làn*, ils comprennent tous les indigents, les domestiques, les ouvriers et les vagabonds, qui forment le plus populeux noyau de la richesse communale, la caste, en un mot, qu'il importe le plus de ménager. Car si les inscrits sont responsables du payement des impôts de population, les non inscrits subviennent aux dépenses propres du village dans la limite de leurs moyens, principalement lorsqu'il s'agit des contributions prélevées collectivement sur les communes, telles que les corvées et l'entretien des milices. Or, si l'on ne savait pas que, pour un inscrit, chaque village possède en moyenne vingt habitants non inscrits, on trouverait exorbitant le chiffre des impôts de population lesquels, réunis aux contributions foncières, aux dépenses communales et aux impôts indirects, grèveraient chaque contribuable d'une charge de 50 à 60 francs, charge aussi forte que celle qui pèse sur les habitants de la France ou de l'Angleterre. Mais cette somme se répartit, en réalité, sur dix ou douze personnes au moins, ce qui la rend fort minime; la preuve en est dans la facilité avec laquelle les impôts sont acquittés depuis que les rôles ont été établis d'après ce nouveau système. Les villages bien administrés ont donc tout intérêt à ne pas exiger trop de corvées ou trop d'argent des non inscrits, car ces utiles auxiliaires pourraient alors changer de résidence et priver ainsi l'ancienne d'une ressource précieuse.

Le maire (*Xã*) et les notables (*Chức-Việc*) seraient donc responsables en ce cas.

Le maire, premier magistrat de la commune, délégué du conseil des notables, est le seul intermédiaire de la communauté avec l'administration centrale. Il est nommé par le gouverneur, et ses fonctions sont gratuites. Les notables ne sont guère que ses agents. Ils ne rendent d'arrêts ou de décisions qu'en matière de propriété indigène: dans ce cas, c'est devant le conseil des notables, présidé par le maire, que se passent les contrats ou les actes portant mutation de propriété, ainsi que les transmissions ou héritages dont la transcription littérale, dans les deux langues, se conserve à l'enregistrement de l'Inspection, moyennant une faible redevance.

On conçoit que tout ce fonctionnement municipal nécessite, de la part de l'Administration, un certain contrôle.

Aussi le maire est-il astreint de tenir, sous la surveillance des notables et sous leur responsabilité, quatre registres différents, qui sont :

1° Le registre de la population (*Bô-dinh*) ;

2° Le rôle de l'impôt foncier (*Bô-diênh*) ;

3° Le registre des barques (*Sô-ghe*) ;

4° Le registre des Asiatiques non indigènes (*Sô-dân-lân*).

Pour remédier aux inconvénients que le gouvernement annamite avait laissé subsister dans le service de l'impôt, le gouvernement français a créé, dans tous les chefs-lieux d'arrondissement, des perceptions où l'impôt est versé soit par l'intermédiaire du maire, soit directement par le contribuable, et le payement se fait en argent. Dans le principe, les Inspecteurs recevaient eux-mêmes les fonds : mais on a dû renoncer à ce mode de recette, et remplacer les officiers receveurs par des délégués spéciaux du trésorier payeur.

En ce qui concerne l'administration des biens communaux, chaque village, pour établir le compte de ses recettes et dépenses, possède deux registres, celui des recettes (*Sô-thân*) et celui des dépenses (*Sô-xuât*), tenus soigneusement chacun par le maire sous la surveillance des notables.

Tel est le système administratif substitué par nous en Cochinchine au système indigène. Il a eu son utilité, au moment de la conquête ; mais il a fait son temps. Nous savons comment le militarisme a traité l'Algérie : il est à craindre que le régime du sabre ne ruine également notre colonie de l'extrême Orient. D'autres ont déjà signalé le péril. Nous crions, à notre tour : *Caveant consules!*

Quant aux villes de Saïgon et de Cho-len, elles ont chacune une organisation municipale particulière.

En ce qui concerne Cho-len, j'ai dit que cette ville avait été divisée, administrativement, en cinq quartiers différents. Cette décision porte la date du 6 juin 1865. Chacun de ces quartiers, formant une sorte de localité à part, élit un conseil municipal parmi les notables Asiatiques résidant sur son territoire, quelle que soit leur nationalité : ce conseil a les mêmes pouvoirs et les mêmes attributions que les conseils municipaux des villages annamites, et il Choisit son maire parmi ses propres membres. L'Administrateur de la ville sert d'intermédiaire entre ces cinq conseils et l'administration centrale de Saïgon.

On ne s'explique guère, selon moi, que le gouvernement colonial ait ainsi scindé l'administration de la plus populeuse cité de la Cochinchine. Les « considérants » de l'arrêté de l'amiral Roze constatent bien « que le nouveau tracé et la reconstruction de la ville chinoise ont fait disparaître les délimitations des villages qui étaient situés sur son territoire »; ils constatent également « que la plupart des anciens propriétaires des terrains, ayant perdu leurs droits, n'ont plus d'intérêts matériels dans la ville »; qu'en conséquence, il est « urgent de reconstituer les municipalités sur ce territoire en appelant à en faire partie les notables qui y sont domiciliés » : mais on chercherait en vain dans ce document tout entier quelque indication des nécessités de la mesure prise. Peut-être a-t-on redouté l'opposition d'une administration unique dans une aussi vaste agglomération d'Asiatiques de toute race. En ce cas, pourquoi ne pas continuer à les régir militairement ? On a pensé, sans doute, qu'on aurait plus facilement raison, en cas de résistance, de cinq municipalités juxtaposées et forcément rivales. Mais le droit de surveillance des Inspecteurs n'est-il donc compté pour rien ? Assurément, le mobile de cette réglementation bizarre a échappé aux successeurs de

M. l'amiral Roze, tout ainsi qu'il nous échappe à nous-même, puisqu'il a été question, sous l'administration de l'amiral Dupré, de subsituer à ces cinq conseils une seule municipalité indigène : mais cette réforme, si elle était admise, nous paraît devoir constituer un véritable péril. Elle serait, d'ailleurs, souverainement injuste ; car, à côté du commerce asiatique, il y a encore, à Cho-len, le commerce européen : il est vrai que, dans son amour inconsidéré de l'élément chinois, M. l'amiral Dupré faisait bon marché de l'élément européen, le mettant, toutes les fois qu'il le pouvait faire, à la remorque du bon plaisir indigène ! Espérons qu'une telle mesure ne sera jamais réalisée.

Quant à la ville de Saïgon, son administration propre a subi trois phases distinctes.

Jusqu'en 1867, elle a été régie militairement.

Ce fut l'amiral de La Grandière qui, le premier, institua une commission municipale. Le développement de la cité, l'importance et la multiplicité des intérêts qui se rattachaient à son administration, leur bonne gestion surtout nécessitaient, enfin, le concours d'une institution conforme à celles de la métropole. Toutefois, l'arrêté du 4 avril 1867 constatait : « Que l'état de la ville et les éléments qui s'y rencontraient ne comportaient encore ni la constitution définitive de la commune avec tous les droits qui en découlent, ni l'emploi du système électif pour la désignation des citoyens qui doivent participer à la direction de ses affaires. » En conséquence, l'administration municipale était composée d'un commissaire municipal et de douze conseillers nommés par le gouverneur, la durée des fonctions du premier n'étant pas limitée, celles des autres ne pouvant excéder deux ans. Le commissaire municipal, placé sous les ordres immédiats du Directeur de l'Intérieur, pouvait être choisi parmi les fonctionnaires publics : quant aux conseillers, on les prenait dans toutes les classés dé la population saïgonnaise, tant asiatique qu'européenne ; il ne pouvait entrer de fonctionnaires parmi eux au delà d'un quart. Toutefois, par ces mots : « choisis dans toutes les classes de la population », il fallait entendre, aux termes mêmes de l'arrêté, les résidents choisis « sur une liste de notables arrêtée chaque année par le gouverneur, et sur laquelle on portait tous les habitants jouissant d'une notoriété jugée suffisante, âgés d'au moins vingt-cinq ans et justifiant de six mois de résidence ». On devait prendre les adjoints parmi les conseillers, « s'il était jugé utile de pourvoir à ces fonctions ». Ajoutons que les délibérations du conseil municipal étaient adressées au Directeur de l'Intérieur pour être par lui soumises à l'approbation du Gouverneur, et que les sessions n'avaient lieu que quatre fois l'an : en février, mai, août et novembre, sauf le cas de convocations extraordinaires décidées par le même Directeur de l'Intérieur sur l'ordre exprès du gouvernement colonial.

Deux ans plus tard, l'amiral Ohier faisait un pas en avant. L'arrêté du 8 juillet 1869 reconnaît, en principe, la nécessité de l'emploi du système électif. Toutefois, le gouvernement se réserve encore le droit de désigner, à son choix, un certain nombre de conseillers « pour pondérer la représentation des diverses nationalités au sein du conseil ». Que le gouvernement déclarât qu'il voulait y pondérer la représentation de sa propre influence, je concevrais alors la réserve qu'il s'attribuait : mais j'avoue ne plus comprendre le droit qu'il spécifiait pour lui-même d'intervenir dans le choix de conseillers européens, dans le seul but de maintenir l'équilibre en présence des conseillers asiatiques. Pourquoi ne se réservait-il pas, bien plutôt, le choix de ces derniers parmi les indigènes sur lesquels il croyait pouvoir compter? La municipalité de Saïgon n'étant rien de plus qu'une concession aux apparences, l'élément asiatique n'était-il pas suffisamment favorisé par le choix du Gouverneur?

Voici, maintenant, quel était le système en vigueur de mon temps.

La municipalité saïgonnaise se composait d'un maire, toujours nommé par le Gouverneur et pouvant être choisi parmi les fonctionnaires publics, et de 13 conseillers municipaux, dont 6 désignés par le gouvernement et 7 élus par voie de scrutin : ces conseillers ne demeuraient en fonctions que pendant deux ans. Toute délibération du conseil était, dans les vingt-quatre heures, adressée par le Directeur de l'Intérieur au Gouverneur qui l'approuvait, la recevait ou opposait son *veto*. Les vacances étaient remplies dès la première séance qui les suivait si le Gouverneur le jugeait à propos, mais, dans ce cas, pour le temps seul restant à parcourir aux anciens titulaires des pouvoirs vacants. Étaient électeurs tous les résidents européens ou originaires de colonies européennes, âgés de vingt et un ans et ayant un domicile de trois mois dans le ressort des tribunaux de la ville, sauf les exceptions d'indignité ordinaires ; étaient éligibles tous les électeurs européens et les Annamites domiciliés, ayant atteint l'âge de vingt-cinq ans accomplis, sauf exceptions provenant de degrés prohibés de parenté ou d'un emploi dans une Société ou dans un établissement commercial communs.

Les habitants de Saïgon sont entrés, depuis mon départ, dans leur quatrième phase administrative. Il leur est permis, depuis 1879, d'élire complètement et librement leurs délégués municipaux, d'éviter, en même temps, la surveillance immédiate et contraire à tous les principes de droit public de ce fonctionnaire omnipotent qui se nomme le Directeur de l'Intérieur. Le conseil municipal se compose donc actuellement de onze conseillers français et de quatre conseillers indigènes ; le maire et les deux adjoints restent à la nomination du Gouverneur. On ne peut qu'applaudir à cette tardive mesure.

J'ajouterai que, par décret en date du 8 février 1880, un Conseil colonial a été institué en Cochinchine. Cette assemblée, dont les attributions ont été, pour la plupart, empruntées à celles des conseils généraux des autres colonies françaises, se compose : 1° de six membres citoyens français ou naturalisés, élus par le suffrage universel ; 2° de six membres asiatiques, sujets français, élus dans chaque circonscription par un collège composé d'un délégué de chacune des municipalités désigné par le suffrage des notables ; 3° de deux membres délégués de la Chambre de commerce, élus dans son sein ; 4° de deux membres civils du Conseil privé, nommés par décret colonial. Les uns et les autres sont nommés pour quatre ans ; tous les deux ans, ils sont renouvelés par moitié, dans chaque catégorie, et indéfiniment rééligibles. Tout en maintenant à l'élément français la suprématie dans les conseils de l'administration locale, cette institution assure à l'élément indigène une participation importante à la gestion des affaires communes et constitue en sa faveur un commencement d'accession à nos institutions et d'assimilation à nos mœurs.

Enfin, un vote du Parlement a donné, en 1881, un député à la Cochinchine. Un honorable avocat de Saïgon, M. Blancsubé, a été élu, le 20 novembre suivant, par 401 voix contre 412 suffrages réunis par ses deux concurrents, également membres du barreau. Les affaires de la colonie vont donc pouvoir, désormais, être portées à la connaissance du public français et subir un contrôle rigoureux !

A Saïgon, l'élément indigène compte actuellement 693 électeurs inscrits, sur lesquels 391 seulement sont venus prendre part aux élections municipales des 9 et 16 octobre 1881. Le chiffre est minime : mais la prudence ne permet pas encore de l'élever.

XIII

La question judiciaire.

Jusqu'en 1868, la justice a été rendue, en Cochinchine, par un tribunal de première instance et un tribunal supérieur jugeant en appel, le procureur impérial, chef de service, faisait fonctions de ministère public aux deux degrés. Le décret de 7 mars 1868 a modifié cette organisation par la création d'une cour d'appel composée d'un président, de deux conseillers, d'un conseiller auditeur et d'un procureur général, chef du service judiciaire de la colonie, auquel un autre décret, du 17 avril 1871, a adjoint un substitut. Le tribunal de première instance, composé d'un juge président, d'un lieutenant de juge (juge d'instruction), d'un procureur et d'un substitut, a été accru, par décret du 23 mars 1873, de deux juges suppléants : il a statué également comme tribunal de simple police jusqu'en 1877, date à laquelle on a encore créé une justice de paix à Saïgon. En outre, la loi du 28 avril 1869 attribuait à la cour de Saïgon les appels de tous les jugements des tribunaux consulaires de la Chine, du royaume de Siam et du Japon, ainsi que la connaissance des crimes commis par des Français dans ces mêmes contrées. Enfin, constituée en cour criminelle, la cour d'appel était accrue de deux assesseurs civils désignés par la voie du sort sur une liste de dix notables dressée, chaque année, par le Gouverneur: du reste, la cour d'assises est permanente.

Telle a été la première phase de l'organisation judiciaire civile de notre grande colonie indo-chinoise: une cour d'appel et un tribunal de première instance unique, dont la compétence ne s'étendait pas au delà de la ville de Saïgon, des quelques villages qui forment sa banlieue et du quart, à peu près, de la ville voisine de Cho-len. En dehors de ce ressort étrangement limité, toutes les affaires civiles, commerciales et criminelles ressortissaient des tribunaux privilégiés des Inspecteurs et Administrateurs des Affaires indigènes. Tel est le régime que j'ai connu, et qui a disparu il y a quelques mois seulement.

La procédure suivie devant le tribunal et la cour est fort simplifiée : elle n'est autre que celle que l'on suit d'ordinaire, en France, devant les tribunaux de commerce.

Le barreau est composé de cinq offices d'avocats défenseurs, remplissant, en même temps, les fonctions d'avoués et celles d'agréés devant le tribunal de commerce : ils sont nommés par le ministre de la marine, qui peut les révoquer à son gré, et n'ont point de bâtonnier.

Il y a deux notaires à Saïgon, dont l'un est greffier en chef de la cour et du tribunal : eux aussi, ils sont à la nomination et à la révocation du ministre de la marine. Leurs offices sont incessibles. Ils déposent un cautionnement de 12,000 francs, et leur discipline appartient au procureur général.

La seule prison de Saïgon est placée sous la surveillance de l'autorité judiciaire: les autres prisons de la colonie appartiennent au régime militaire. Toutefois, la maison pénitentiaire des jeunes détenus a été soumise, depuis 1870, à la surveillance du procureur-général.

Les fonctions d'huissier près la cour et le tribunal sont

remplies par des agents de police désignés par le Gouverneur sur la proposition du chef du service judiciaire.

Il y a, enfin, à Saïgon, un tribunal de commerce. De mon temps, il était composé de cinq notables commerçants, français ou étrangers, résidant depuis un an au moins dans la colonie, nommés chaque année par le Gouverneur, lequel désignait, en même temps, leur président. Un décret du 13 mars 1880 a réorganisé cette juridiction. Dorénavant ce tribunal, composé d'un président, de quatre juges et de trois juges suppléants, est élu par une assemblée de notables pris : 1° parmi les commerçants français âgés de 21 ans ; 2° parmi les commerçants étrangers âgés de 25 ans et soumis à une patente de 1re ou de 2e classe ; 3° parmi les commerçants indigènes âgés de 25 ans et compris dans les trois premières classes de patentes ; 4° parmi les commerçants asiatiques étrangers appartenant aux deux premières classes de patentes, sans que cependant leur nombre puisse dépasser celui des électeurs français ; 5° parmi les représentants de Compagnies ou de maisons de commerce ; 6° parmi les capitaines au long cours et les maîtres au cabotage français. Sont éligibles : les électeurs français âgés de 25 ans, les capitaines au long cours et les maîtres au cabotage, ainsi que les électeurs indigènes sachant lire, écrire et parler le français. Comme auparavant, ces magistrats sont toujours aptes à être renommés ; ils ne peuvent rendre de jugements que lorsqu'ils siègent au moins trois ; leurs fonctions sont gratuites. Leurs attributions sont les mêmes, en matière commerciale, que celles des juges consulaires de France, et leur ressort est le même que celui du tribunal civil de Saïgon : toutefois, en matière de navigation, ce ressort a été étendu sur tout le parcours de la rivière de Saïgon, entre cette ville et la mer, ainsi que sur tout le littoral de la Cochinchine.

Ajoutons, pour terminer, que des interprètes assermentés sont spécialement attachés au service de ces divers tribunaux, ainsi que des lettrés, et répartis, selon les besoins, par arrêtés du gouvernement.

Il est incontestable que ce mode d'organisation judiciaire était insuffisant. Le nouveau Gouverneur civil, M. Le Myre de Villers, l'a bientôt compris. Il a donc procédé à une réforme radicale des plus louables, que les justiciables n'eussent jamais obtenue, à coup sûr, avec des Gouverneurs militaires.

C'est, d'abord, le décret du 25 juin 1879 qui ouvre, définitivement, le recours en cassation contre les arrêts et jugements rendus en dernier ressort par les tribunaux français de la colonie en matière criminelle et correctionnelle, ainsi que le recours en annulation contre les jugements en dernier ressort rendus dans les tribunaux de simple police : ce dernier recours est porté devant la cour d'appel. C'est ensuite, au début de 1880, l'ouverture du pourvoi en cassation en matière civile et commerciale. On peut aisément supposer quel préjudice portait, auparavant, aux justiciables l'absence de toute possibilité de recours et de pourvoi en d'aussi graves matières! C'est encore le décret du 3 avril 1880 qui attribue à la cour de Saïgon, désormais subdivisée en deux chambres, la connaissance des appels en matière indigène, ce qui permettra désormais de surveiller les agissements des Inspecteurs : par suite, l'exercice de l'action criminelle dans toute la Cochinchine est confiée au procureur général. Quand la cour d'assises aura à juger un Asiatique, elle devra s'adjoindre, en outre, deux assesseurs indigènes désignés par le sort sur une liste de vingt notables dressée, chaque année, par le Gouverneur en conseil. C'est, de plus, le décret du 1er mars 1881 qui rend justiciables du tribunal français, sur tout le territoire du Cambodge, tous Français, Européens ou Américains qui y résident, dans le cas où il n'y a pas de sujet cambodgien en cause.

Cette importante réforme a été enfin complétée par le décret du 25 mai 1881, lequel mérite d'être analysé avec quelques détails.

Six tribunaux de première instance ont été érigés à Bien-hoa, à Mitho, à Bentré, composés de quatre magistrats, à Vinh-long, à Chau-doc et à Soc-trang, composés de trois magistrats, avec leurs greffiers spéciaux pour chacun. Quant au tribunal de Saïgon, ses juges suppléants ont été portés à quatre. Toutefois, je ne comprends pas pourquoi le ministre a cru devoir maintenir dans chaque tribunal l'unité de juge sur le siège, laquelle, parfois, prête à suspicion et, souvent, rend difficile, sinon impossible, la saine et libre interprétation de la loi. Les quatre suppléants de Saïgon permettraient aisément de remédier, pour ce qui concerne ce tribunal, à ce fonctionnement défectueux : dans les six autres tribunaux, il eût été également facile d'instituer deux suppléants chargés de siéger à côté du magistrat en titre.

Ce qui me paraît également peu praticable, c'est la disposition de l'article 38 imposant la connaissance de la langue annamite au président, au lieutenant de juge et au procureur de chaque tribunal. En effet, sous ce climat rigoureux, les magistrats demandent leur changement après deux ans environ de résidence : comment exiger que leurs successeurs soient au courant de l'idiôme d'un pays où ils n'auront jamais paru ? Il faut bien, pourtant, que les sièges vacants soient pourvus sans délai, et que leurs titulaires soient investis en faveur des règles ordinaires de l'avancement hiérarchique. Généralement, aucun magistrat ne consentira à perpétuer son séjour en Cochinchine :

la connaissance de la langue annamite, d'un apprentissage très pénible, ne sera donc guère exigible qu'en théorie. On a voulu parer à l'inconvénient des interprètes asiatiques, d'une probité douteuse et de relations peu sûres, soit ; mais il y avait un autre moyen suffisant, celui-là même qui est prévu par l'article 37, lequel ouvre l'accès de la magistrature de la colonie à ceux des Administrateurs des Affaires indigènes pourvus du diplôme de licencié en droit : cela est si vrai que les Administrateurs non pourvus de ce diplôme sont admis provisoirement, à titre auxiliaire, parmi les magistrats jusqu'à ce qu'il soit « possible de leur trouver un autre emploi. » En réalité, leur présence rendra de réels services à leurs nouveaux collègues, et ce « provisoire », qui n'offre aucun inconvénient grave, restera probablement définitif.

Une innovation méritoire est celle qui crée des attachés, licenciés en droit, aux divers parquets d'instance et d'appel de la colonie. On exige d'eux un stage d'un an au moins et la connaissance de la langue du pays pour leur admission dans la magistrature locale. Ceux-là du moins, arrivés jeunes, pourront s'acclimater peut-être. Ils peuvent être proposés, dit l'article 34, « à l'emploi de juge suppléant ou à celui de lieutenant de juge ». Pourquoi pas à celui de substitut, intermédiaire de ces deux offices ? Puis encore une autre critique : pourquoi avoir fixé à 22 ans l'âge requis pour être nommé suppléant, quand ces fonctions ne peuvent être attribuées nulle part en France qu'après 25 ans accomplis ? Cette anomalie ne devait pas être passée sous silence.

Est-ce à dire que je blâme la teneur du décret du 25 mai 1881 ? Non, il est très bon ; mais il pouvait être meilleur. Quelques taches légères n'influent en rien sur le caractère vraiment libéral de son ensemble. C'est encore ainsi que

Aspect intérieur de la citadelle Go-Cong.

l'on a eu raison de décider que, pour le jugement des crimes, la cour criminelle siégera périodiquement dans chaque chef-lieu d'arrondissement judiciaire : jusqu'à présent, les Administrateurs des provinces faisaient ce qu'ils voulaient, et sans le moindre contrôle, des criminels de leur ressort. A ce même point de vue, le décret précédent du 3 avril 1880 a réalisé un non moins grand progrès en ne conservant pas au Gouverneur le droit de grâce ou de commutation en matière indigène. Sait-on, en effet, de quelle façon ce haut fonctionnaire en usait parfois? Je me contente d'un seul exemple. Dans le courant de 1875, par jugement de M. l'Administrateur de Long-xuyen, trois Annamites ayant été condamnés, savoir : une femme à huit ans de fers, deux hommes à douze ans de la même peine, le Gouverneur, M. l'amiral baron Duperré, écrivait en marge de la sentence : « Approuvé; *seulement*, les deux accusés *auront la tête tranchée*; la femme sera mise en liberté. » Voilà sur quelles étranges « commutations » de peine se sont exercées, pendant vingt ans, les capricieuses humeurs de nos gouverneurs militaires. Dorénavant, les Annamites sont appelés à bénéficer des dispositions qui protègent à cet égard les Européens.

Il convient d'approuver également sans réserves que l'on ait créé une vice-présidence en appel, qu'on ait élevé à cinq le nombre des conseillers, à quatre celui des conseillers auditeurs, à trois celui des substituts du procureur général : la division de la cour en deux chambres nécessitait cet accroissement. On a eu raison aussi d'adjoindre deux Inspecteurs des Affaires indigènes aux membres de la seconde chambre, à laquelle l'appel des jugements rendus par les tribunaux indigènes se trouve dévolu : la compétence des juges du dernier ressort n'en sera que mieux assise. On applaudira, enfin, au texte de l'article 39, lequel porte que les greffiers de la cour et des tribunaux devront être désormais licenciés en droit, à moins qu'ils n'aient exercé d'autres offices de justice pendant trois, ou cinq ans. Peut-être cette dernière restriction est-elle fâcheuse, l'élévation des traitements de ces greffiers permettant de s'en tenir strictement à la règle générale. Dans tous les cas, j'ose espérer qu'on aura ainsi trouvé le moyen de remplacer par des greffiers sérieux les grotesques plumitifs que j'ai connus là-bas.

Je regrette, toutefois, que le décret du 25 mai 1881 ne fasse aucune mention des huissiers. A Saïgon, ils constituent un corps de détestables bas officiers de justice. Pris parmi les agents de police et insuffisamment payés, ils deviennent forcément agents d'affaires et finissent, plus d'une fois, sur les bancs de l'audience correctionnelle ou de la cour d'assises, mais non plus, ce jour-là, à titre de fonctionnaires. C'est là un oubli qu'il importe instamment de réparer. Qu'on les choisisse ailleurs, qu'on les rétribue d'une façon décente, et surtout qu'on tienne la main à ce qu'ils ne s'occupent pas de gestions particulières, trop souvent véreuses.

La surveillance des prisons par l'autorité judiciaire aurait également besoin d'une véritable sanction.

J'achève, maintenant, l'examen du décret. Pour la première fois, aussi, les appels civils et commerciaux formés contre les jugements rendus en premier ressort par les représentants du protectorat français dans l'extrême Orient et par les consuls de France en Annam, ainsi que les appels correctionnels contre les jugements rendus par notre agent au Cambodge ou par nos consuls en Annam, sont nettement déterminés. Pour la première fois, enfin, les crimes commis par des Français ou par des Européens dans notre protectorat du Cambodge sont déférés à la cour criminelle de Saïgon. Cette double mesure, depuis longtemps réclamée, fait disparaître l'arbitraire et assure largement notre influence dans l'esprit des Orientaux. Nul, désormais, ne pourra plus nous accuser, en Cochinchine et au Cambodge, de favoriser nos nationaux au détriment des indigènes en les faisant disparaître, sans exiger d'eux aucune indemnité, quand ils auront commis un acte coupable. On doit saluer, dans cette disposition nouvelle, l'aurore d'une autre réforme évidemment prochaine, celle concernant le droit d'expulsion attribué au Gouverneur de la colonie : espérons, en effet, que ce haut fonctionnaire sera bientôt dépossédé du droit arbitraire de se débarrasser d'un colon ou d'un employé qui le gêne, ainsi que du droit de soustraire un résident quelconque aux rigueurs méritées de la justice, ainsi que je l'ai vu pratiquer plus d'une fois.

La réorganisation de la magistrature appelait un remaniement complet dans ses traitements. Le ministre s'est occupé, dans cette question délicate, de mettre la rémunération en rapport avec les exigences du pays et les dangers courus. D'autre part, l'assimilation de ces magistrats coloniaux avec les magistrats de la métropole donne satisfaction à tous les amours-propres. C'est encore là un autre progrès.

Une dernière question restait à régler : celle des rapports de la presse coloniale avec le régime judiciaire. Pendant longtemps, les journaux saïgonnais ont été soumis uniquement au bon plaisir des Gouverneurs, en vertu de la loi sur l'état de siège. Un décret du 20 février 1874 était venu, pour la première fois, promulguer la loi de 1819 sur le territoire de la Cochinchine : on la rendit applicable, un peu plus tard, aux Annamites eux-mêmes. Ensuite, deux décrets du 2 mars et du 30 juin 1880 avaient appliqué, sous certaines réserves, à la colonie la législation métropolitaine sur la presse. Mais l'article 69 de la loi du 29 juillet 1881 ayant replacé toutes nos colonies sous le régime du droit commun, les deux décrets précédents se trouvaient abrogés aux termes exprès de l'article 68 de la même loi : en conséquence, il importait d'édicter de nouvelles dispositions pour déterminer la juridiction à laquelle devraient être déférés dorénavant les crimes et délits commis par voie de la presse. Un nouveau décret du 14 mars 1882 vient d'y pourvoir : il dispose que les crimes et délits spécifiés par la loi de 1881 comme étant du ressort de la cour d'assises en France seront portés devant les tribunaux criminels composés conformément aux ordonnances et décrets en vigueur dans notre possession, c'est-à-dire devant la cour d'assises de Saïgon : en cas de non comparution, le prévenu sera jugé par défaut, sans assistance ni intervention des assesseurs. C'est dire que la colonie se trouve traitée sur le même pied que la métropole.

Toute cette réforme judiciaire fait le plus grand honneur à M. Le Myre de Villers. Somme toute, en deux ans et demi, le nouveau Gouverneur civil aura plus fait pour la Cochinchine que les innombrables Gouverneurs militaires qui l'y ont précédé pendant vingt ans.

C'est encore à l'intelligente inspiration de M. Le Myre de Villers qu'est dû le décret du 16 mars 1880, rendant enfin les dispositions du code pénal métropolitain applicables en Cochinchine pour ce qui concerne les crimes et délits commis par les indigènes ou Asiatiques. Cette substitution si rationnelle du code pénal français au code pénal annamite était vainement réclamée depuis 1869. On a dû reconnaître, toutefois, que notre code pénal ne pouvait pas être introduit dans son entier, certaines de ses dispositions étant incompatibles les unes avec le droit privé des indigènes, les autres avec leurs mœurs. Ainsi, le crime de bigamie, prévu par la loi française, ne peut exister chez un peuple polygame; ainsi encore telle pénalité, établie pour des Français, ne pourrait être appliquée à des indigènes parce qu'elle n'est pas dans leurs traditions et dans certains de leurs préjugés qu'il importe à notre stabilité de respecter, ou parce qu'elle serait pour eux tantôt inefficace et tantôt excessive. De là des exceptions à faire ou des modifications à introduire quand on promulgue le code pénal français dans une colonie asiatique. Ces nécessaires questions de détail n'infirment en rien, du reste, l'à-propos de la mesure prise.

L'application du code pénal français aura, en outre, l'avantage de faire disparaître les répressions arbitraires, trop souvent barbares, que se permettaient les Administrateurs des Affaires indigènes sous le couvert complaisant de la loi annamite. Déjà l'arrêté du 21 décembre 1875, créant à Saïgon une commission d'appel, au-dessus de laquelle on institua encore, par l'arrêté du 6 octobre 1879, un tribunal supérieur pour la révision des jugements rendus par eux, avait réfréné quelque peu le cours de leurs caprices; puis un nouveau décret, en date du 7 novembre 1879, était venu retirer les fonctions judiciaires au chef militaire de l'arrondissement pour les confier à un autre Administrateur spécialement affecté au service de la justice. La loi du 3 avril 1880, en supprimant la commission et le tribunal précités pour leur substituer l'appel direct devant la cour de Saïgon, a été le dernier coup de grâce porté à ce régime du bon plaisir devenu tristement légendaire.

Signalons, pour terminer, le récent décret du 6 mai 1882, qui est le complément de celui du 25 mai 1881, en vertu duquel le règlement des conflits survenus en matière de contentieux administratif entre le gouvernement cambodgien et les sujets européens ou américains justiciables du tribunal de France est attribué au conseil du contentieux de Cochinchine siégeant à Saïgon, lequel statuera en premier et dernier ressort. La législation en vigueur sur ces matières dans notre colonie va donc être prochainement promulguée dans le royaume du Cambodge.

XIV

Instruction publique. — Clergé.

Le gouvernement colonial a fait beaucoup en Cochinchine — je me plais à le reconnaitre — pour l'organisation et la propagation de l'instruction. Il a compris qu'il y avait là un auxiliaire tout puissant et direct de notre civilisation et, par suite, de notre influence. Si tous les services publics avaient été inspirés, dès leur début, par des intentions aussi heureuses, notre établissement dans l'Annam occidental serait assis aujourd'hui sur des bases autrement sérieuses que celles qui le supportent. Malheureusement, le progrès, en matière d'enseignement, ne peut être que lent sur cette terre de préjugés et de routine séculaires. Je ne suis pas de ceux qui rêvent la francisation complète d'une race que son origine et ses instincts ont créée complètement dissemblable de la nôtre : ce qu'il faut espérer et ce que l'on doit atteindre à l'aide d'une vigilante patience, c'est faire accepter sans murmure, sinon faire adopter de cœur, aux vaincus le mouvement progressif de l'idée européenne.

Les obstacles à surmonter sont nombreux. Le premier de tous, pour être complètement matériel, n'est pas le moins considérable. Je veux parler de la langue du pays et de l'écriture qui la représente. La langue annamite, en effet, se chante plutôt qu'elle ne se parle, et sa gamme se compose de six tons différents. Tandis que, chez nous, les syllabes longues et les syllabes brèves ne jouent qu'un rôle très peu important dans la prononciation, dans la langue annamite, l'accent et le ton font varier, au contraire, la signification des mots, à ce point qu'une même voyelle, accentuée de façons différentes, peut revêtir jusqu'à dix interprétations distinctes. On conçoit quelles difficultés la vulgarisation d'un pareil idiome offre à l'Européen ! Cependant, on s'y fait vite, en ce qui concerne, du moins, l'apprentissage des mots usuels ; on arrive, surtout, à être compris facilement des indigènes. Ce qui est plus malaisé, c'est de les comprendre eux-mêmes, principalement lorsqu'ils affectent, par respect, de parler bas et entre leurs dents.

Quant à l'écriture, c'est l'écriture chinoise légèrement modifiée. Elle est tout à la fois idéographique et phonétique : d'une part, en effet, un Chinois ignorant de la langue annamite s'entend néanmoins fort bien avec un indigène, et réciproquement, grâce au procédé spécial de représentation qu'expriment chez les uns et les autres les caractères explicatifs d'une idée analogue ; d'autre part, les Lettrés transcrivent avec la facilité la plus grande en caractères locaux les noms européens ou les termes propres de notre langue qu'on leur donne à traduire. Ce caractère particulier de l'écriture chinoise a inspiré aux missionnaires catholiques l'idée heureuse d'une transformation appropriée aux besoins de la communication parlée : je fais ici allusion à la pratique de l'alphabet latin dont ils substituent les caractères à ceux de l'écriture idéographique. Ce mode d'interprétation de l'idiome local produit des résultats excellents. En très peu de temps — en quatre mois — les jeunes indigènes qui suivent nos écoles sont en état de lire à leurs familles tout document en langue annamite écrit en caractères européens. Pour favoriser cet enseignement et intéresser, en même temps, la population annamite, le gouvernement, par décrets spéciaux du 22 février 1868 et du 18 mars 1869, a ordonné la publication d'un journal indigène imprimé en caractères latins, le *Gia-dinh-Bao*, et paraissant chaque semaine à Saïgon. Cette feuille comprend deux parties distinctes : l'une, renfermant les actes officiels ; l'autre, contenant une série d'articles littéraires ou historiques, des questions de morale ou des actualités.

En même temps, à la date du 5 juin 1868, une commission de sept membres était instituée, sous la présidence du savant Inspecteur Le Grand de la Liraye, pour examiner les différentes grammaires annamites publiées ou à publier afin d'en composer une sorte de grammaire officielle élémentaire, simple et concise, qui pût être mise entre les mains des enfants indigènes pour leur faciliter l'étude du français. Ce travail terminé, la commission devait publier un dictionnaire rédigé dans le même sens et présentant, en outre, les caractères populaires en usage parmi les Annamites.

Ces sages prescriptions doivent, à la longue, assurer la propagation de la langue française dans l'Annam. Est-ce à dire, avec un publiciste enthousiaste, que cette langue est « *seule appelée*, à un moment donné, à intervenir dans les actes authentiques par une révolution radicale, analogue à celle qui s'est opérée, dans notre propre pays, sous saint Louis et qui y a assuré, avec le triomphe de notre idiome national, le triomphe des idées modernes »? Une telle phrase n'est que l'impression du chauvinisme, rien de plus.

Ce que l'on doit prévoir uniquement, c'est que l'heure ne tardera pas à sonner où le caractère latin sera substitué généralement dans l'Annam au caractère idéographique.

Ainsi disparaîtra également l'influence privilégiée de la classe des Lettrés, de ces orgueilleux ennemis de notre civilisation, dont le bagage scientifique se réduit, en réalité, le plus souvent à bien peu de chose. Un très petit nombre d'entre eux est en état de bien comprendre les anciens ouvrages, et nul peut-être ne connaît les origines historiques du sol natal. Le Lettré d'un village est ordinairement celui qui, par un travail de mémoire et de routine long et pénible, a réussi à connaître matériellement le plus de caractères. Il n'acquiert point d'autres grades, les examens officiels de l'ancien empire indigène n'existant plus depuis de longues années, au moins depuis la mort de Gia-long en 1820. On conçoit que tout Annamite puisse, désormais, parvenir sans grande peine à ces hauteurs littéraires : la facilité d'instruction que nous leur offrons nous sera donc du plus grand secours, l'indigène était vain de ses titres et des honneurs attachés aux charges publiques. Or, il sera, sous peu de temps, facile à chacun d'eux d'aspirer aux fonctions, qu'ils regardent comme éminentes, de *phú*, de *huyên* ou de *xã*. Aussi s'appliquent-ils en toute hâte au maniement de nos vingt-quatre lettres, sources de la fortune et du fonctionnariat. Leur amour du gain tournera donc ainsi à notre profit. Peu nous importe le mobile qui les pousse si, grâce à la vulgarisation de nos lumières, nous parvenons à sauvegarder nos intérêts.

C'est à l'amiral Bonard que la Cochinchine doit l'organisation de l'instruction publique indigène. Son décret porte la date du 31 mars 1863.

Il conserve à la tête de l'instruction publique dans chaque province l'ancien *Doc-hoc*, sorte de recteur académique indigène ayant sous sa surveillance immédiate, dans chaque arrondissement de sa province, un *Giao-tho* et un *Huan-dao*, fonctionnaires jouissant respectivement des mêmes pouvoirs dans leur canton. Chacun de ces trois employés tient école, et, tous les ans, un concours a lieu entre les élèves de chaque province. A la suite du concours, le Doc-hoc fait choix des plus intelligents, qui deviennent alors étudiants (*Hoc-shanh*) et se préparent à la réception des diplômes de bachelier (*Tu-taï*) et de licencié (*Cu-nhon*). Le premier grade doit être acquis à la fin de la première année d'études, le second à la fin de la troisième.

Les traitements de ces divers fonctionnaires étaient, par mois : pour le *Doc-hoc*, de 70 piastres (388 fr. 50), 65 piastres (360 fr. 75) et 60 piastres (333 fr.), selon la classe; pour les *Giao-tho*, de 30 piastres (166 fr. 50); pour les *Huan-dao*, de 20 piastres (111 fr.). Les *Hoc-shanh*, tant qu'ils n'avaient pas de diplôme, recevaient 5 piastres (27 fr. 75) par mois.

L'obtention des diplômes méritait à leurs titulaires certains privilèges, comme l'exemption de la milice ou des corvées, mais uniquement par suite d'une proposition du *Doc-hoc*. Les *Tu-taï* et les *Cu-nhon* pouvaient être attachés aux bureaux des diverses administrations : ils recevaient alors un traitement mensuel de 10 piastres (55 fr. 50).

Pour vulgariser l'étude de la langue annamite écrite en caractères européens, un interprète était adjoint à chaque *Giao-tho*. Cependant, cette dernière étude n'était pas obligatoire : elle n'a été rendue telle que plus tard.

Ce décret régit les écoles indigènes jusqu'au mois de juillet 1864. A cette date, l'amiral de La Grandière simplifia l'organisation des écoles primaires, tout en laissant subsister les dispositions relatives à l'obtention des grades prises par son prédécesseur.

En vertu de cette organisation nouvelle, des écoles primaires étaient ouvertes dans les centres les plus importants sous la direction d'un interprète chargé de faire la classe deux fois par jour. Indépendamment de son traitement fixe (30, 20 ou 10 piastres par mois, selon sa classe), le professeur reçoit un supplément de 1 franc par jour d'enseignement. Tous les deux mois, les Inspecteurs des Affaires indigènes visitent son école : il est alors accordé une prime de 1 franc au professeur pour chaque élève sachant lire et écrire, et de 0 fr. 50 pour chacun de ceux qui savent lire seulement. En même temps, les Inspecteurs doivent signaler à l'administration ceux des professeurs qui ont mérité d'être récompensés. Après un certain temps d'école, les élèves qui ont fait preuve d'une instruction suffisante sont autorisés à ouvrir, à leur tour, des classes dans les villages voisins.

Le même arrêté visait également certaines récompenses pécuniaires propres à stimuler le zèle des enfants. L'argent, on le sait, est le grand ressort des Annamites, plus puissant même que la vanité. Lors des inspections bimensuelles, les élèves qui ont appris à lire et à écrire reçoivent donc une prime de 1 franc chacun, et des récompenses proportionnées à la bonne volonté qu'ils ont montrée. M. de La Grandière trouva même un nouveau moyen d'exciter leur ardeur. A l'occasion de l'Exposition qui s'ouvrit à Saïgon en 1866, le Gouverneur décida que les meilleures compositions des élèves annamites des école primaires y seraient envoyées pour y recevoir des mentions honorables. Les dix premiers, par ordre de mérite, furent chacun l'objet d'une gratification de 15 francs, lés dix suivants d'une gratification de 10 francs, et les douze élèves classés ensuite d'une gratification de 5 francs. Ces chiffres modestes, qui feraient sourire en France, constituent, en Cochinchine, une brillante récompense, surtout pour des enfants : mais il faut se rappeler que la vie animale est, là-bas, à un prix infime, un Annamite vivant avec quelques *sapèques* par jour.

Grâce à ces efforts persévérants, les écoles primaires, au nombre de soixante, comptaient déjà, en 1866, près de mille quatre cents élèves indigènes. Le nombre de ceux-ci comme de celles-là a fort augmenté depuis. En 1880, plus de quinze mille enfants recevaient l'instruction dans quatre cents écoles de villages et de cantons.

Nous venons de dire que les élèves des écoles primaires, jugés eux-mêmes aptes à l'enseignement, étaient autorisés à ouvrir, à leur tour, des écoles dans les divers villages. M. de La Grandière les avait divisés en deux classes, après avoir, toutefois, subordonné l'obtention de leur brevet de capacité à un examen subi devant une commission spéciale désignée par le Directeur de l'Intérieur. Ceux de 1re classe, aux appointements de 50 francs par mois, devaient savoir écrire leur langue en caractères européens, leurs quatre premières règles, mesurer un champ, et traduire facilement le français en annamite vulgaire ; ceux de 2e classe, payés 30 francs par mois, savoir simplement écrire leur langue en caractères européens et leurs quatre premières règles. La rétribution accordée était minime, on en conviendra, même dans un pays où la vie est à bas prix pour l'indigène. D'autre part, la position d'instituteur offrait moins d'avantages que les autres emplois. Il y avait donc lieu à l'améliorer. Aussi, en 1871, le gouvernement a-t-il réparti ces instituteurs en trois classes, laissant aux deux dernières les traitements annuels de 360 francs et de 600 francs qui précèdent, mais élevant à 1,000 francs par an les traitements de la 1re classe ; en outre, ces fonctionnaires reçoivent l'allocation supplémentaire de 1 franc par jour d'enseignement. Ils ne peuvent, toutefois, passer à la 1re classe qu'après avoir exercé au moins pendant un an dans la classe précédente; mais, après deux années d'enseignement satisfaisant, ils peuvent être nommés en plus, sur la proposition de l'Administrateur du district, à l'emploi d'interprète de 2e classe, dont la solde est de 1,400 francs.

En même temps que l'enseignement primaire recevait un notable mouvement d'impulsion grâce au zèle des instituteurs annamites, d'un autre côté des professeurs français sollicitaient l'autorisation de se dévouer à l'instruction des indigènes de l'intérieur. Aussi, en 1869, l'amiral Ohier autorisait-il l'établissement d'écoles spéciales d'adultes, destinées à l'enseignement de la langue française, de l'arithmétique et de l'écriture, à Canlo, à Soctrang, à Go-cong, à Tan-an, à Rach-gia et à Cangiou. Les meilleurs élèves des écoles primaires peuvent être admis à en suivre les cours. Les instituteurs français touchent un traitement annuel de 3,000 francs, avec supplément de 1 franc par jour pour une heure et demie de classe, même de 2 francs après six mois d'exercice pour ceux dont la Commission d'examen a constaté les aptitudes et les bons services.

En ce qui concerne la ville de Saïgon, disons qu'on y rencontre tout à la fois l'instruction primaire et secondaire, et même une sorte d'enseignement supérieur.

En 1868, M. de La Grandière voulut centraliser l'enseignement laïque de sa capitale, et il créa, dans ce but, l'*Institution municipale* de Saïgon.

Cet établissement réunit donc simultanément l'École primaire européenne, l'École des adultes asiatiques et le Collège des interprètes. Un directeur européen, choisi par le gouvernement et placé sous les ordres hiérarchiques du maire, fut mis à sa tête : on lui adjoignit deux professeurs spéciaux, l'un chargé des cours de langue annamite pour l'École des interprètes, l'autre du cours de la même langue pour l'École des Asiatiques adultes. En outre, l'Institution était pourvue des répétiteurs nécessaires pour enseigner aux jeunes Européens la lecture, l'écriture, l'arithmétique élémentaire et la grammaire. Le directeur et les professeurs sont à la solde de la colonie, les répétiteurs à la solde de la municipalité.

Ainsi, un triple enseignement bien distinct, ayant ses professeurs spéciaux et ses élèves spéciaux.

L'École primaire européenne comprend deux classes : une classe élémentaire, gratuite, qui a pour but le simple enseignement précité ; une classe supérieure, rétribuée, où l'on enseigne, dit l'arrêté, « la calligraphie, la grammaire française, l'arithmétique, la géométrie, l'histoire ancienne et moderne, la géographie et les éléments des sciences naturelles ». Les enfants auxquels leurs familles désirent faire apprendre les langues étrangères, le latin et le grec, peuvent leur procurer ces leçons moyennant une augmentation de rétribution. Ajoutons que les fils de fonctionnaires ou d'employés peuvent être autorisés, s'il y a lieu, à suivre gratuitement les cours de la classe supérieure : mais l'École européenne ne reçoit que des élèves externes.

Tout résident adulte, sans distinction de nationalité, est admis à suivre les leçons de langue annamite sur le vu d'une carte délivrée par le maire. Le directeur de l'établissement est tenu, en outre, de professer pour les élèves interprètes un cours de langue française.

Quant à l'École des adultes asiatiques, elle se compose, en principe, de douze boursiers désignés par l'autorité supérieure et entretenus par la colonie : ils logent en ville, et reçoivent une indemnité de 20 francs par mois. Mais, en plus, tout résident adulte peut être autorisé à suivre ses cours, sans distinction de nationalité.

Ajoutons, enfin, qu'en 1870 l'amiral de Cornulier-Lucinière a décidé l'envoi aux cours de l'Institution municipale de vingt-cinq jeunes ouvriers des constructions navales. C'est encore là une heureuse mesure, toute de moralité.

Pour ce qui concerne l'enseignement supérieur, disons qu'il a été réglementé, à la date du 10 juillet 1871, lors de la création d'une *École normale coloniale*.

Cet établissement est destiné à former des instituteurs pour les écoles indigènes et à fournir des employés pour les services publics, notamment pour le cadastre. Une école primaire y est annexée, dont les cours sont faits par les élèves de l'École normale qui en sont reconnus capables.

Le personnel se compose : d'un directeur, appointé 6,000 francs ; de trois professeurs français, payés 2,400, 3,000 et 3,600 francs, plus les accessoires réglementaires ; et de trois répétiteurs indigènes, rétribués 1,000, 1,400 et 1,800 francs. Le nombre des élèves ne peut dépasser soixante : ils sont logés dans les bâtiments affectés au service de l'École, et reçoivent une allocation mensuelle de 20 francs. Nul ne peut être reçu avant 16 ans accomplis ni après 25 ans, et il faut subir un examen d'admission après avoir fourni un certificat soit de l'instituteur de l'école dont on sort, soit de l'Inspecteur de son district quand on fait partie d'une administration.

La *pagode Barbet* et les bâtiments qui en dépendent ont été affectés à l'École normale. Cet édifice, situé à l'entrée de la Plaine-des-Tombeaux, près de la route de Tong-Kéou, a reçu son nom d'un capitaine français qui périt aux environs dans une embuscade annamite. C'est là que naquit, en 1789, Minh-Mang, fils et successeur de l'empereur Gia-Long, lequel éleva, en commémoration, cette pagode dont la dénomination indigène signifie : « Aurore de présage ». Or, on sait combien le règne de ce souverain fut singulièrement troublé.

A côté de l'enseignement laïque se présente l'enseignement congréganiste. Il est puissamment établi en Cochinchine.

Occupons-nous d'abord de l'enseignement des filles.

Dès les débuts de la colonie, les religieuses de Saint-Paul-de-Chartres ont fondé à Saïgon un magnifique établissement, situé dans la rue de Thu-Duc, au débouché de la rue La Grandière et limitrophe du Jardin botanique. Il porte le nom d'*Établissement de la Sainte-Enfance*. C'est un vaste bâtiment de style mélangé, ornementé dans le goût indigène, et flanqué d'une chapelle gothique construite sur des plans européens par un architecte chinois : on aperçoit de loin son gracieux clocher. Une importante plantation de coton, de café et de vanille l'entoure.

Cette maison d'éducation comprend : 1° un orphelinat pour les petits garçons indigènes au-dessous de sept ans, lesquels étant révolus sont suivis de leur envoi immédiat au collège d'Adran; 2° un orphelinat pour les jeunes filles annamites, qui y demeurent jusqu'à leur mariage ou jusqu'à ce qu'elles aient pu acquérir une position ; 3° une maison spéciale pour les jeunes filles européennes, filles de fonctionnaires ou d'employés, filles de commerçants établis à Saïgon ou dans les colonies voisines.

Le nombre des orphelins indigènes est illimité, aussi bien que celui des pensionnaires. Ces dernières sont toutes internes : elles reçoivent la même éducation qu'en Europe.

Diverses maisons d'éducation laïque pour les jeunes filles

existent dans la ville : mais elles ne peuvent soutenir la concurrence.

Le gouvernement colonial a créé cent bourses pour le pensionnat asiatique de la Sainte-Enfance. Quant au pensionnat européen, cinq bourses sont réservées aux filles de fonctionnaires ou d'employés : ces cinq bourses peuvent, du reste, être subdivisées en demi-bourses. Chacune de ces bourses est de 900 francs. Les conditions suivantes sont rigoureusement exigées de tout agent du pouvoir qui sollicite une bourse ou une fraction de bourse : compter plus de cinq années de services civils ou militaires, et huit mois au moins de service dans la colonie; s'il a moins de trois enfants, jouir d'une solde inférieure à 5,000 francs; s'il a quatre enfants ou davantage, d'une solde inférieure à 8,000 francs.

L'enseignement des jeunes garçons indigènes est donné au *collège d'Adran*, tenu par les Frères de la doctrine chrétienne, et fondé en 1861. Cet établissement est non moins prospère que le précédent. On y enseigne exclusivement le français, et l'on y ajoute quelques notions sur les applications les plus usuelles de la science aux arts et à l'industrie. Ce collège est situé en face de la Sainte-Enfance, derrière le séminaire de la mission catholique. Cent bourses sont attribuées à cette maison, au taux de 4 piastres (22 fr. 20) par mois : elles doivent porter, « de préférence », sur les fils de notables et sur des enfants dont les parents auront montré du dévouement ou rendu des services au gouvernement français; le Directeur des Affaires indigènes les propose, et le gouverneur y nomme. L'admission n'est définitive qu'après un séjour de deux mois, à titre d'essai, pendant lesquels le directeur du collège aura pu témoigner au Directeur de l'Intérieur de la tenue excellente et de la bonne conduite de ces élèves.

De plus, par décision en date du 22 juin 1868, les élèves annamites qui auront commencé leurs études en France seront autorisés à les continuer au collège d'Adran, où ils auront droit à une subvention journalière de un franc : tous les trois mois, ils subiront des examens ; les plus capables seront nommés professeurs et chargés de diriger des écoles, sous la surveillance du supérieur du collège. Après un an écoulé, les incapables sont renvoyés à leurs familles.

Les Frères possèdent encore d'autres établissements, notamment à Mitho, Vinh-long et Bac-trang. On leur attribue une allocation mensuelle de un franc, à titre d'abonnement pour fournitures classiques aux élèves. C'est peu.

Leur école de Vinh-long sert spécialement d'internat pour les jeunes Annamites de l'intérieur : cet établissement est donc une sorte de succursale du collège d'Adran. Aussi le gouvernement y a-t-il créé dix bourses, à raison de 20 francs chacune par mois. Les boursiers ne doivent pas dépasser l'âge de quinze ans, et leur présentation est faite par les Administrateurs des Affaires indigènes.

Par décret du 27 août 1869, un concours trimestriel a été institué dans chaque inspection entre tous les élèves des écoles annamites et les élèves des Frères des écoles chrétiennes, à l'exception, toutefois, du collège d'Adran. Il est accordé deux prix : l'un de trois francs, l'autre de deux francs. Mais ces prix doivent être élevés au double quand les élèves qui les ont obtenus se montrent capables de traduire le français en annamite et l'annamite en français.

On voit que, de tous les services publics, celui de l'enseignement est le seul qui fonctionne régulièrement et logiquement dans notre colonie. L'amiral Bonard a doté la Cochinchine d'un véritable bienfait. Ses successeurs, il faut le reconnaître, se sont appliqués à l'accroître, et les résultats obtenus sont aujourd'hui excellents, autant du moins que le comporte la légèreté naturelle du caractère annamite.

Grâce aux divers établissements fondés, l'aspect moral du pays finira par se modifier heureusement dans un délai relativement bref. Il est à remarquer, du reste, qu'on n'a jamais signalé aucun abus dans le corps enseignant, tant laïque que congréganiste. Ce fait vaut qu'on le constate. A ce point de vue, la métropole pourrait s'inspirer parfois de l'exemple que lui donne sa jeune colonie.

La concurrence a élevé promptement le niveau des études, et les indigènes en profitent. Je ne parle ici, bien entendu, que de l'enseignement des garçons. Elle est sans réel danger dans notre possession, l'esprit annamite étant fort sceptique et se refusant, par suite, à certains entraînements et à certaines exaltations qui ne se produisent que trop souvent en Europe sous le prétexte de religion. D'autre part, la surveillance de l'administration est beaucoup plus complète à Saïgon à l'égard des établissements congréganistes qu'elle ne l'est en France. En cela seulement le système autoritaire de notre régime colonial aura fait preuve d'utilité. Mais je me hâte d'ajouter qu'on pourrait, que l'on doit arriver au même résultat avec un régime de liberté.

Ce qui précède nous a mène, naturellement, à dire quelques mots sur la situation faite au clergé français en Cochinchine.

Tous les *desservants*, c'est-à-dire les missionnaires chargés de cures, disséminés sur le territoire de la colonie, touchent un traitement annuel de 900 francs; c'est peu, si l'on considère le nombre d'indigents qu'ils secourent à eux seuls et la quantité de malades qu'ils ont à soulager. Le logement qu'on leur accorde est, le plus souvent, dérisoire, vu sa pauvreté. Les frais du culte sont à leur charge, ou à la charge de leurs chrétiens. Toutefois, en 1870, l'amiral de Cornulier-Lucinière les a autorisés à percevoir, dans les postes voisins de leur mission, la ration journalière de pain et de viande fraîche, mais « à litre de remboursement » : ce remboursement doit être effectué à la caisse du trésorier payeur. Cette mesure leur accorde quelque soulagement. Ils n'en sont pas moins, et de beaucoup, les fonctionnaires les moins bien traités de la colonie.

Le curé de Saïgon jouit d'une situation meilleure, à cause de sa proximité des résidents européens. Une somme de 5,000 francs est mise annuellement à sa disposition pour subvenir aux frais du culte. Cette somme est prélevée sur le budget local. Un conseil de deux notables, présidés par le curé et désignés par lui conjointement avec le Directeur de l'Intérieur à la nomination du Gouverneur, est chargé de la justification de cette allocation. La mesure, du reste, ne date que de 1869. Jusqu'à cette époque, la cathédrale de Saïgon ne possédait aucun revenu, et la charité des fidèles pourvoyait seule à la décence du culte. Nous disons « cathédrale » pour nous servir du terme consacré. A vrai dire, ce misérable et pauvre édifice ne mérite pas une semblable appellation. Combien son aspect désolé jure avec les splendeurs de l'aristocratique chapelle de la Sainte-Enfance !

Les religieuses sont plus favorablement traitées que le clergé.

Un décret du 10 août 1862 accorde une ration complète de vivres à chacune de celles qui sont affectées à l'orphelinat et aux écoles de la Sainte-Enfance. Quant à celles qui desservent les hôpitaux et les ambulances de la marine, un décret du 10 novembre 1866 leur alloue à chacune la ration et l'ordinaire des officiers.

Le gouvernement colonial ne se préoccupe, du reste, que des seules religieuses de l'ordre de Saint-Paul-de-Chartres, avec lesquelles il a passé des traités spéciaux. Des religieuses carmélites sont venues, depuis, se fixer à Saïgon. On leur a accordé, en 1869, la concession à titre de jouissance perpétuelle du terrain sur lequel elles ont construit leur couvent : mais là se sont bornées les faveurs administratives. Elles végètent comme elles peuvent. Elles ne sont que deux ou trois de race européenne : les autres sont des religieuses indigènes. On se demande, en y réfléchissant, quelles raisons sérieuses ont pu appeler ces femmes, qui vivent en France complètement cloîtrées, en Cochinchine où elles ne servent à rien, pour y subir à perpétuité cette même réclusion sous un climat des plus énervants? Autre est le cas des sœurs de Saint-Paul-de-Chartres, dont le dévouement dans nos hôpitaux est reconnu par tous. Ces religieuses ont, du reste, pour supérieure principale une femme d'un mérite rare, Mme Le Noël de Groussy, dite « mère Benjamin », dont le nom est populaire dans tout l'extrême Orient.

Disons, enfin, que le Conseil privé de la colonie a concédé au séminaire de Saïgon, à la date du 9 mai 1868, une subvention annuelle de 10,000 francs. Cette subvention lui est accordée pour pourvoir aux frais d'enseignement de la langue française aux élèves des classes supérieures de l'établissement. Une commission de cinq membres surveille l'emploi de cette allocation.

XV

Le commerce de la Cochinchine. — Budget. — Colonisation.

Le port de commerce de Saïgon a été ouvert le 22 février 1860. C'est un port franc.

En vertu du règlement général, daté du 23 mars 1868, l'importation et l'exportation de toutes les marchandises, — sauf l'opium, les armes, les eaux-de-vie de riz et autres spiritueux et fruits confits de provenance asiatique dans la composition desquels entrent ces eaux-de-vie — se font librement et ne sont sujettes à aucun droit.

Les droits de phare et d'ancrage étaient, primitivement, de 2 francs par tonneau pour navires arrivant et partant chargés, de 1 franc pour ceux qui arrivaient ou partaient sur lest. Aujourd'hui, les navires arrivant sur lest ou partant de même ne paient aucun droit, ni ceux chargés pour le compte de l'État. De plus, sont considérés comme étant sur lest, pour le payement des droits d'ancrage, tous les bâtiments dont la pacotille est inférieure, en encombrement, au vingtième de la jauge du navire et, en valeur, à 5 francs par tonneau de jauge. Les remorqueurs se payent suivant la jauge des navires, soit de 100 à 200 piastres, c'est-à-dire de 555 francs à 1,110 francs.

Le débarquement du lest et l'arrimage du riz sont traités de gré à gré. Le poids en usage est le *picul* de 133 1/3 livres anglaises, lequel équivaut à 60 kil. 400.

Le riz, la plus importante production locale, s'achète à livrer, et moitié de la valeur est généralement payée lors de la signature du contrat : le règlement de cette denrée se fait au picul de 134 livres anglaises, brut. Les tissus se traitent, généralement, à trois mois de crédit ; les autres marchandises d'importation à un mois, sans escompte. Les transactions commerciales se font en piastres mexicaines ; mais l'administration tient ses écritures en francs, et le taux officiel est 5 fr. 55 pour traduire en francs la piastre. Celle-ci vaut six *ligatures*, et la ligature de 500 *sapèques*, monnaie du pays, équivaut à 0 fr. 90.

Le pilotage se paye à raison de 10 piastres (55 fr. 50) par mètre de tirant d'eau lorsque le navire n'est point remorqué, et 7 piastres (38 fr. 85) seulement, lorsqu'il l'est soit de Can-giou, entrée de la rivière, à Saïgon, soit de Saïgon à Can-giou.

Les droits de phare et d'ancrage sont les mêmes pour les ports de Ha-tien et de Rach-gia que pour le port de Saïgon.

Saïgon possédait également un dock flottant : mais nous avons eu lieu de noter qu'il a sombré définitivement à la fin de 1881. Par décision du 25 juin 1868, le tarif des droits à payer par les bâtiments de commerce qui y étaient admis était ainsi conçu : pour les bâtiments à voiles, par tonneau, 0 fr. 80 pour le jour de l'entrée et 0 fr. 40 pour chaque journée de séjour, y compris celle de la sortie ; pour les bâtiments à vapeur, par tonneau 1 franc pour le jour de l'entrée et 0 fr. 50 pour chaque journée de séjour. Le tonnage des navires à voiles était calculé d'après la même jauge augmentée des deux tiers. Quelque petit que fût le navire, il payait toujours au moins pour 400 tonneaux ; quant à celui dont la jauge dépassait 1,000 tonneaux, les prix du tarif étaient réduits de moitié pour chaque tonneau en sus des 1,000 premiers jusqu'à 1,500 : pour celui jaugeant plus de 1,500 tonneaux, ces prix étaient réduits des trois quarts pour chaque tonneau en sus des 1,500 premiers. On s'occupe activement à reconstruire ce dock, mais sur d'autres plans et dans des conditions meilleures de solidité.

Enfin, par arrêté du 2 mars 1870, les bâtiments de commerce autorisés à entrer dans les bassins de l'Avalanche, dépendant de l'arsenal, sont soumis aux mêmes droits que ceux admis dans le dock : toutefois, la limite inférieure pour l'application des droits est abaissée de 400 à 80 tonneaux.

On importe, surtout, dans les ports de notre colonie : 1° des cotonnades ; 2° du fer ; 3° du cuivre ; 4° du zinc ; 5° du plomb ; 6° de l'acier ; 7° de l'étain ; 8° des essences, huiles et acides ; 9° de la peinture ; 10° de la quincaillerie ; 11° des verres à vitres ; 12° du charbon ; 13° des bougies ; 14° du ciment.

Les exportations portent, principalement, sur les produits suivants : 1° le riz ; 2° la soie ; 3° le coton ; 4° le poivre ; 5° le sucre ; 6° l'ortie de Chine ; 7° l'indigo ; 8° le tabac ; 9° la cardamone ; 10° la noix vomique ; 11° la cannelle ; 12° les arachides ; 13° l'huile de coco ; 14° la gomme-gutte ; 15° le stick-laque ; 16° les résines ; 17° le maïs ; 18° les poissons salés et le sel ; 19° les peaux de buffle et de bœuf ; 20° l'huile de bois ; 21° les bois de teinture et de construction. Il faut noter, en outre, le café, l'ivoire, les écailles, la nacre, le corail, les cornes de buffle, les eaux-de-vie de riz, le sésame, la vanille, le curcuma, le rocou, les écorces de palétuvier, etc., dont l'importance, quoique moindre, donne aussi de réels profits.

On voit que la situation offre une source d'enrichissement exceptionnel pour le commerce de la métropole tout autant que pour celui de la colonie. Or, quel parti a-t-on su en tirer jusqu'à présent ?

Pendant le premier semestre de 1877 (date des derniers renseignements officiels que j'ale pu rencontrer), 236 navires de long cours, jaugeant 215,000 tonneaux, ont fréquenté le port de Saïgon. Ils se décomposent en 176 vapeurs et 60 voiliers. Les navires français n'y figurent que pour le chiffre de 44, dont 26 portant le pavillon des Messageries nationales. Ajoutons-y 96 barques chinoises, jaugeant 7,500 tonneaux et d'un équipage moyen de 26 hommes, plus 1,640 barques annamites, portant 68,500 tonneaux et d'un équipage moyen de 6 ou 7 hommes.

A cette date, les importations et les exportations se balançaient à peu près comme tonnage, la valeur des premières étant, toutefois, légèrement plus forte que celle des secondes : on peut estimer leur valeur totale à 160 millions, chiffre supérieur, il faut l'avouer, à celui du commerce de la plupart de nos colonies. L'année précédente, l'exportation du riz figurait, à elle seule, pour 350,000 tonneaux environ à destination de Hong-Kong, des colonies hollandaises, des ports de la Chine, de Singapore, de Maurice, de Marseille et de Rio-Janeiro. Notons, toutefois, que le commerce spécial de notre possession avec la métropole n'excédait pas un chiffre de 10 millions. Les renseignements spéciaux que j'ai reçus depuis cette époque constatent que l'ensemble de nos transactions commerciales n'a point sensiblement varié.

Vu la fertilité du pays et les ressources immenses qu'il offre à tous les points de vue, ces résultats ne sont pas brillants pour nos nationaux : mais il faut reconnaître qu'il en serait autrement le jour où, considérée comme une véritable colonie, la basse Cochinchine attirerait dans son sein une partie des 30,000 Français qui s'expatrient chaque année. Mais ce jour n'arrivera que lorsque tout régime d'arbitraire aura complètement disparu de notre système colonial.

Mettons, maintenant, en regard le budget.

Ce pays, dont les rois d'Annam ne tiraient pas un million par an, possède aujourd'hui un budget d'environ 14 millions, se décomposant ainsi : 1° Les contributions directes, comprenant l'impôt foncier des villes, villages et salines, l'impôt personnel (Annamites) et celui de la capitation (autres Asiatiques), les impôts des barques et les patentes, s'élevant à 7,875,800 francs ; les domaines et les forêts, rapportant environ 124,000 francs ; les postes et les télégraphes, 140,000 francs ; 2° Les revenus indirects, provenant des droits d'enregistrement, d'ancrage, d'entrepôts, de locations de bacs, pêcheries, marchés, abattoirs, etc., donnant 1,052,500 francs ; la ferme de l'opium et de l'alcool, rapportant 4,103,880 francs; 3° Les amendes, frais de justice, passeports et livrets de barques, l'imprimerie et les parts contributives de la ville de Saïgon et du roi de Cambodge dans la subvention accordée à la Compagnie des Messageries fluviales de la Cochinchine, se montant à 537,000 francs ; enfin, diverses autres recettes représentant plus de 200,000 francs.

Sur ces 14 millions, le personnel et le matériel administratif et militaire absorbent 9,500,000 francs ; les travaux publics 3,400,000 francs, dont la plus grande partie revient aux indigènes, car tous les ouvriers employés sont Annamites ou Chinois ; enfin, sur le million restant sont accordées quelques indemnités et subventions au commerce, à l'agriculture et à l'industrie, c'est-à-dire aux rares résidents qui ont le bonheur de plaire à l'administration.

Notons encore — à côté — que les dépenses particulières de la métropole, résultant de l'occupation de la basse Cochinchine et de l'entretien de nos divers établissements dans l'Annam, sont environ de 12 millions par an.

Les chiffres que je viens d'indiquer sont également ceux du budget de 1877 ; mais ils n'ont point été sensiblement modifiés depuis lors.

Examinons quelle doit être la conduite des colons en présence de cette situation. Leurs efforts doivent-ils se localiser et se spécialiser?

J'affirme tout d'abord, comme principe général, que les Européens ne peuvent supporter les fatigues d'un travail manuel soutenu sous un aussi dur climat; j'ajoute que, lors même qu'ils parviendraint à acquérir cette faculté, elle n'en resterait pas moins fort peu profitable à notre population ouvrière et agricole, car celle-ci aurait toujours à lutter contre la concurrence des Annamites et des Chinois, dont les prix de main-d'œuvre sont de beaucoup inférieurs à ceux qui seraient absolument nécessaires à des ouvriers européens. Il s'ensuit de là que l'ouvrier qui voudra venir tenter la fortune dans notre colonie devra se mettre en mesure d'y exercer, exclusivement, les fonctions de surveillant d'exploitation ou de chef d'atelier, c'est-à-dire d'être capable de n'avoir à fournir qu'un travail de direction au lieu d'un travail manuel soutenu.

Mais au-dessus de l'ouvrier se trouve le colon, qui arrive ou, du moins, doit arriver en Cochinchine avec un certain capital qu'il se propose de faire fructifier. La situation de celui-là est toute différente. Trois voies s'offrent à son activité : l'agriculture, le commerce, l'industrie.

Constatons, en premier lieu, que les concessions de terrain sont basées sur des conditions assez larges, assez intelligentes, lesquelles suffisent au gouvernement local pour faire rentrer au Trésor des sommes importantes pour lui et peu lourdes pour l'acquéreur. Ces concessions sont de deux sortes : rurales ou urbaines.

Pour les terrains ruraux, le prix de vente, qui ne peut être inférieur à 10 francs, l'hectare, est fixé par une commission spéciale. Le payement a lieu en deux annuités égales, à la fin de la première et à la fin de la deuxième année après la vente ; un droit d'enregistrement de 5 francs par hectare est seul versé immédiatement. L'impôt, déterminé aussi par la commission et évalué en moyenne à 10 francs l'hectare, n'est exigible qu'après trois ans de possession pour les concessions de 50 hectares et au-dessous ; quant aux concessions plus considérables, elles sont libres d'impôt pendant trois ans, et la moitié seulement de cet impôt est exigible pendant trois autres années.

Les territoires urbains achetés par les Européens sont presque tous situés à Saïgon, Cho-len et Mitho : leur prix ne dépasse pas 0 fr. 60 le mètre carré. A Saïgon, les lots sont vendus, aux enchères publiques, sur les mises à prix suivantes : 1re classe, 10 fr. ; 2e classe, 3 fr. ; 3e classe, 2 fr. ; 4e classe, 0 fr. 75 ; 5e classe, 0 fr. 75 ; les impôts qui les frappent sont ainsi répartis : 1re classe, 0 fr. 3330 ; 2e classe, 0 fr. 1665 ; 3e classe, 0 fr. 0555 ; 4e classe, 0 fr. 1110 ; 5e classe, 0 fr. 0222. A Mitho, le territoire est partagé en trois classes, dont la mise à prix est laissée au plus offrant ; quant à la taxe annuelle, elle est ainsi réglée : 1re classe, 0 fr. 0222 ; 2e classe, 0 fr. 166 ; 3e classe, 0 fr. 111. Enfin, les terrains de Cho-len sont répartis en 5 classes, dont les enchères sont également libres ; les impôts à payer sont : 1re classe, 0 fr. 150 ; 2e classe, 0 fr. 075 ; 3e classe, 0 fr. 0,C37 ; 4e classe, 0 fr. 010 ; 5e classe, 0 fr. 005. Quelques Européens s'étant, en outre, fixés à Bien-hoa et à Baria, on a fixé le prix des terrains dans la première de ces deux villes à 5 centimes le mètre carré et l'impôt foncier à 0 fr. 002 pour cette même contenance ; dans la seconde, l'impôt n'est plus que de 1 centime le mètre carré, et les enchères sont libres.

Ces premières facilités d'établissement connues, le colon aura à se demander quelle sorte de débouché il donnera à son effort. Voici mon opinion sur cette grave question.

En agriculture, le colon européen rencontrera devant lui le travailleur annamite qui, s'il ne se fait pas remarquer par l'excellence de ses méthodes, quand on les compare à celles des agriculteurs chinois, cultive néanmoins à des prix de revient que l'agriculteur européen ne saurait réaliser. Il faut aussi remarquer — et c'est un point très important — que la population agricole annamite n'est en aucune façon attachée au sol, et que, par suite, l'agriculteur européen aura toujours de très grandes difficultés à retenir sur son exploitation des travailleurs indigènes ou asiatiques. Les choses en sont à ce point que les colons demandent que la loi qui régit le travail dans nos colonies des Antilles soit promulguée en Cochinchine. Il faut, toutefois, être assuré que cette loi pût équitablement s'appliquer à la population sédentaire annamite, ainsi qu'aux Asiatiques actuellement pourvus de permis de séjour : or, je ne pense pas qu'il puisse en être de la sorte. A l'égard des premiers, ce serait violer leur statut personnel ; quant aux seconds, ce serait donner à la loi un effet rétroactif. Mais je ne verrais aucun inconvénient à accorder aux colons européens le bénéfice de cette loi sur le travail en l'appliquant aux immigrants asiatiques qu'ils introduiraient dorénavant en Cochinchine, après avoir passé avec eux des contrats en bonne forme, pour les employer comme ouvriers sur leurs exploitations. Je suis même très convaincu que l'administration coloniale sera forcément conduite à l'adoption de quelque mesure analogue à celle que j'indique ici. Quoi qu'il en soit, les difficultés que je signale et les réclamations qu'elles suscitent démontrent précisément les obstacles qui s'opposent au développement de l'agriculture européenne.

Quant à ce qui concerne le commerce d'échange, il faudra que le colon européen supporte encore la concurrence des

Chinois, dont on connaît l'habileté proverbiale. Cette concurrence sera d'autant plus onéreuse à l'Européen qu'elle s'exercera dans un commerce de détail, on par des opérations de vente et d'achat s'appliquant à des produits de l'extrême Orient.

Mais si en agriculture comme dans le commerce d'échange les colons européens doivent s'attendre à rencontrer devant eux des concurrents redoutables, ils seront sans rivaux pour tout ce qui se rattache au traitement par l'industrie des produits du sol cochinchinois ; car les Chinois, aussi bien que les Annamites, sont absolument ignorants de nos méthodes industrielles. C'est donc vers l'industrie que je conseille aux colons de diriger leurs efforts, sans, toutefois, me refuser à reconnaître [qu'ils pourront trouver encore des bénéfices dans l'importation des produits européens, dans le commerce en gros des produits de l'extrême Orient, et surtout dans le commerce des métaux précieux. Les produits soumis au traitement industriel seraient directement achetés par le colon à l'agriculteur annamite, lequel en serait à peu près l'unique producteur. On voit ainsi que le développement de l'agriculture indigène et l'extension de l'industrie européenne suivraient une marche parallèle, en étant intimement liées l'une à l'autre.

Il est certain que la création d'un chemin de fer, due à l'initiative de M. le Gouverneur civil Le Myre de Villers, va favoriser singulièrement la colonisation, si toutefois les bureaux consentent, de leur côté, à suivre le courant du progrès. Deux tracés avaient été, tout d'abord, proposés : l'un passant par Tay-Ninh et gagnant Pnôm-Pênh, pour, de là, pousser plus tard à travers les provinces laotiennes jusqu'au Yûn-Nân et arriver ainsi à combattre, dans le cœur même de l'Indo-Chine, la concurrence jalouse de l'Angleterre ; l'autre pénétrant immédiatement dans les districts les plus fertiles,

par Cho-len, puis par Mitho, et s'arrêtant provisoirement
à Vinh-long. A la surprise générale, ce dernier tracé —
le moins bon — qui a été adopté, a vu arrêter son parcours à Mitho. Cette décision regrettable a été dictée par
des vues intéressées que je n'ai point à examiner ici. Il
faudra bien s'en contenter pour un certain temps ! Au mois
de novembre 1881, l'entrepreneur concessionnaire,
M. Jauret, s'est engagé à former, dans le délai de trois
mois, une Compagnie apte à fonctionner immédiatement.
La concession est fixée à 99 ans. Le Gouverneur, au nom
du Conseil colonial, a garanti un revenu minimum de
3,852 fr. 50, intérêts à 5 3/4 0/0 de 67,000 francs, coût d'un
kilomètre. La Compagnie a dû constituer un capital devant
représenter au moins la moitié du coût général des travaux ;
de plus, elle pourra emprunter, mais seulement avec l'autorisation du ministre de la marine et sur la proposition du
Gouverneur. Ce dernier s'est réservé également la faculté
de prolonger la ligne actuelle, lorsqu'il le jugera nécessaire, sans être lié pour les travaux futurs à la Compagnie
existante. Enfin, le matériel sera admis en franchise, et le
concessionnaire a été tenu de fournir un cautionnement de
100,000 francs en espèces. Les conditions sont belles pour
M. Jauret, et il doit réussir. Inutile d'ajouter que les colons
européens voudraient déjà voir les travaux terminés. Mais
il faudra bien qu'on reprenne, plus tard, le premier tracé,
afin de relier directement Saïgon à Pnôm-Pénh, qui est
l'entrepôt central tout désigné des produits intérieurs de
l'Indo-Chine.

De plus, à la date du 8 mai précédent, le ministère avait
approuvé l'exécution de deux canaux : celui de Cuathien,
reliant le bassin du Don-naï à celui du Mé-Không, et celui
de Vinh-tré, relian ce dernier fleuve au golfe de Siam.

Il est vrai que le Conseil colonial, en présence de l'amé-

Coolies.

lioration du régime agricole de la colonie, venait de se décider à voter une somme de 130 millions pour les travaux publics.

Cette amélioration s'est produite tout d'un coup. Pendant l'année 1878, on estimait à 17,000 hectares l'étendue des terres défrichées dans notre possession, et les concessions de terres domaniales faites dans le courant de la même année s'élevaient à 2,732 hectares. Le Jardin botanique de Saïgon et la ferme expérimentale des Mares ont, du reste, puissamment contribué à cet essor imprévu.

Le Jardin botanique, fondé en 1864, a une étendue de 12 hectares. En 1880, on y comptait 41,000 plantes dites économiques, caféiers, cotonniers, indigotiers, vanille, tubercules, etc.; 3,804 arbres de plantations variées, bois de teck, tamariniers et autres; 24,194 plantes d'ornement, acanthes, gardenias, hibiscus, jardins, roses, etc. Son savant directeur, M. le docteur Pierre, consacre un dévouement infatigable à sa prospérité. Le développement progressif de cet établissement permet, depuis longtemps déjà, de livrer à peu près gratuitement une grande quantité de graines et de plantes utiles, à ce point que, depuis 1878, il lui est devenu impossible de satisfaire à toutes les demandes. Cependant, en 1878, il a livré 20,000 plantes ornementales, 14,000 plantes d'essences diverses, 17,000 arbres fruitiers, 800 palmiers, 1,800 plantes textiles, 1,700 vanilles, etc. Ce jardin, qui reçoit tous les ans de nouvelles espèces qu'il tente d'acclimater, porte, toutefois, son principal effort sur les arbres fruitiers et les plantes alimentaires.

La ferme des Mares, établie en 1878 sur l'emplacement de l'ancien haras colonial, a pour but l'introduction de nouveaux modes de culture. Des expériences sont faites tous les ans sur la canne à sucre, l'indigo, le coton, le cacaoyer, le manioc, le poivre, l'ortie de Chine, le jute, etc.

A la fin de 1879, cet établissement avait déjà distribué aux agriculteurs de la colonie 1,300,000 plants de canne à sucre, 210,880 caféiers, 3,000 manguiers, 1,400 kilogr. de graines diverses, etc. En 1881, on y a réussi à acclimater le riz Indra-mayot, de Java : 300 kilogr. de plante ont suffi pour le repiquage de 7 hectares de rizières, et chaque épi, qui mesure en longueur de 15 à 30 centimètres, a fourni une quantité variant entre 258 et 317 grains, ce qui donne une moyenne merveilleuse.

On peut donc affirmer que les deux établissements précités vont devenir pour la Cochinchine une source de richesses inépuisables, si cette première ardeur ne se ralentit pas. D'autre part, on commence également à organiser la destruction des innombrables fauves qui ravagent, dans tous les districts, les plantations. En 1880, on a réussi à en capturer ou à en détruire 123, dont 84 tigres et 22 panthères; il faut y ajouter 17 buffles sauvages, non moins dangereux, et 361 caïmans. Par malheur, ce n'est là qu'un chiffre bien restreint pour un pays où les bêtes féroces abondent. J'ai tenu, néanmoins, à noter également ce nouveau progrès, fort appréciable dans sa spécialité.

CAMBODGE

I

De Saïgon à Pnôm-Pènh. — Les Cambodgiens et le roi Norôdom
Mœurs de cour et mœurs populaires. — Éléphants dressés.

Quand le voyageur, sur la foi de récits merveilleux, ou simplement poussé par son ardeur inquiète de tout voir et de tout approfondir par lui-même, veut se rendre de Saïgon à Pnôm-Pènh, capitale du Cambodge, pour, de là, gagner les ruines d'Ang-Cor et de Baïon, sur les bords du Grand-Lac, dans le sud du royaume de Siam; un seul moyen de parcourir cette distance est mis à sa disposition, le voyage par eau : car il ne faut pas compter accomplir un pareil trajet par voie de terre, soit à cheval, soit en char à bœufs. Le déplorable état des routes intérieures, coupées sans cesse de ruisseaux ou de marais qu'on ne peut franchir qu'à gué ou qu'en bateau, les ponts étant détruits ou n'ayant même jamais existé, joint aux ravages de la saison des pluies qui, la plupart du temps, font disparaître pour la saison sèche jusqu'aux traces de toute voie praticable, constitue un ensemble d'obstacles successifs que ne pourrait surmonter un touriste européen. Ne s'agît-il même que du confort, ce luxe indispensable pour la santé en de tels pays, l'hésitation ne serait pas permise. Chaque semaine, les paquebots de la « Compagnie Larrieu » accomplissent donc le parcours de Saïgon à Pnôm-Pênh, et l'on peut au moins se transporter jusque là, à des prix relativement modérés, sans avoir rien à redouter des caprices dangereux du climat.

L'itinéraire est simple. On se rend directement à Tanan, on traverse le Rach-Vung-Ngu (*Arroyo-de-la-Poste*), on arrive à Mitho, et l'on remonte ensuite jusqu'à Pnôm-Pênh la branche supérieure du Grand-Fleuve, ou Tén-Giang, en traversant ainsi l'immense Plaine-des-Joncs. On a laissé de la sorte, sur sa gauche, les deux villes de Vinh-long et de Sadec, et, sur sa droite, les postes importants de Caï-laï et de Caï-bé.

On atteint, avant d'aborder à Pnôm-Pênh, l'endroit dit des « Quatre-bras », en langue annamite : *Nam-Vang*. Le fleuve forme, à cet endroit, un étoilement naturel qui fait de la capitale cambodgienne le siège nécessaire d'un important mouvement commercial. Au-dessous de la ville, le Han-Giang, ou Fleuve-Postérieur, qui descend à l'ouest, et le Tien-Giang, ou Fleuve-Supérieur, qui descend à l'est : au-dessus, le Teuli-thôm, véritable cours du Mé-Không, qui remonte au nord-est vers les provinces chinoises, et le Teuli-Sap ou *Song-di-Bienho* qui remonte à l'ouest, après avoir arrosé Oudon, traversé le Grand-Lac et baigné les murs de Battambon.

A mesure que l'on approche de Pnôm-Pênh, le fleuve s'élargit, roulant des eaux calmes et majestueuses entre de rives escarpées. Des bancs immenses de poissons troublent seuls, en la ridant, sa surface paisible. De temps en temps, des nuages de moustiques dérobent l'aspect de ses bords ou voilent de leurs sombres bataillons les brillants reflets du soleil. A droite, à gauche, des champs de coton, de mûriers, de tabac, d'indigo : çà et là de silencieuses bourgades aux huttes de branchages, aux toitures de palmier, aux pilotis grêles et tremblants ; puis, des flottilles de sampans et de jonques au milieu desquelles passent, rapides et fiers, nos paquebots et nos voiliers français.

L'aspect de la capitale du roi Norôdom est singulièrement pittoresque, vue du fleuve. Au-dessus de la ligne bleuâtre des eaux, dominant la saillie jaunâtre des maisons indigènes et le vert sombre de bosquets touffus qui les surplombent, se dresse un monument de forme pyramidale et d'une antiquité reculée. On l'aperçoit de loin, comme une sentinelle vigilante. Cette pyramide repose sur un monticule artificiel de 27 mètres de hauteur : quant au monument lui-même, il mesure 32 mètres de la base au sommet. C'est une sorte de tombeau sacré, élevé, en souvenir de la divinité boudhique Çakyamouni, aux frais d'une femme cambodgienne de haut rang et de fervente piété. Les Portugais, d'après une tradition locale, le pillèrent au xvie siècle et en dégradèrent l'architecture. Telle qu'elle existe aujourd'hui, la pyramide de Pnôm-Pênh n'en est pas moins un curieux échantillon de l'art cambodgien. Sa base est carrée, et le cône légèrement évidé qu'elle supporte, est orné des moulures horizontales d'un fort relief. Les antiquaires et les voyageurs compétents supposent assez vraisemblablement que cet édifice se terminait autrefois par une boule et une flèche dorée.

Depuis que nous possédons une concession à Pnôm-Pênh et que nous y avons installé notre protectorat, le roi s'est fait construire une habitation à l'européenne. Il a même profité de la mise en exécution de cet utile caprice pour contraindre les hauts dignitaires de sa cour à suivre son exemple : la capitale s'est donc rapidement embellie de maisons de pierres ou de briques, lesquelles tranchent agréablement sur les tons uniformes des modestes cases indigènes. Quelques commerçants sont venus de Saïgon, qui ont imprimé à ce progrès un nouvel essor. Actuellement Pnôm-Pènh, civilisée, ne ressemble plus au *Nam-Vang* d'il y a quarante ans, au *Cho-do-muc* du xvii* siècle. Qui peut dire ce que deviendra, dans cinquante années, cette importante station, laquelle comptait 50,000 habitants en 1834, quand elle fut incendiée par les Siamois, et qui, n'en renfermant plus que 6,000 en 1865, s'est relevée jusqu'au chiffre de 45,000 âmes aujourd'hui ?

La largeur du Grand-Fleuve à cet endroit dépasse 1,800 mètres. Tous les ans, la crue des eaux se produit vers la fin d'avril, au moment de la fonte des neiges dans les montagnes du Thibet : leur niveau s'élève alors d'une dizaine de mètres, et vient baigner le pied des cases. C'est ce qui explique que beaucoup d'habitants préfèrent vivre dans leurs barques. Il y a donc dans la cité royale une seconde ville — celle-là flottante. Rien de curieux comme ces barques longues, carrées, dont le pavillon porte un cheval blanc sur un fond rouge. La crainte des incendies, si terribles pendant la saison sèche, sert également de mobile aux indigènes pour confier leurs personnes et leurs objets précieux à ces frêles embarcations.

La population de ce vivant entrepôt est des plus mélangées. Elle se compose de Cambodgiens, d'Annamites, de Chinois, de Malais, d'Indiens et de Siamois. Les Chinois forment l'élément le plus actif et le plus commerçant, sinon le plus nombreux, de cet ensemble ; les Malais, constitués en corporation puissante, y font surtout négoce de marchandises européennes ; quant aux Annamites, ils y fournissent toute la classe de bateliers qu'emploie le

trafic avec notre colonie et toute celle des pêcheurs que
nécessite le Grand-Lac, plus une multitude de petits bou-
tiquiers plus ou moins sans aveu: le reste des indigènes
vit de ce que consentent à lui laisser les trois catégories précédentes. Le marché de la place est, du reste, important et
fort bien approvisionné. Il est nécessaire, toutefois, si l'on
veut y faire acquisition, de se nantir de *néns*, lingots d'argent valant de 70 à 80 francs, et de ligatures de sapèques ;
car là piastre y subit une réelle dépréciation.

Il est aisé d'obtenir une audience du roi Norôdom.
Bien que ce prince ne comprenne d'autre forme de gouvernement que celle du gouvernement absolu, il est affable
pour les Français, dont il paraît fort goûter l'esprit brillant
et sceptique. Si l'on est fonctionnaire ou officier, la faveur
royale augmente, et l'on a la chance alors, chance très
désirable, d'être invité par le souverain à ses réceptions
et d'assister aux ébats de son corps de ballet.

Les danseuses du roi ont un appartement spécial dans
les bâtiments attenant à sa résidence. Comme toutes les
filles de ses sujets lui appartiennent, il recrute sans gêne
ses artistes parmi les plus jolies Cambodgiennes:quand il
a cessé de leur trouver des charmes, il les marie alors à
quelque dignitaire qu'il juge digne de tant d'estime, les
dote et ne s'en préoccupe plus. Mais comme ces dames
conservent toujours leur droit de visite envers les autres
détenues du gynécée royal, il résulte de cette situation que
leurs époux ont une faveur solidement assise.

Ces représentations scéniques sont d'un tout autre
caractère que les représentations annamites ou chinoises.
Elles se rapprochent évidemment des spectacles de l'Inde.
La danse, on le sait, est presque totalement étrangère à
la race mongole, tandis qu'ici la pantomime n'est qu'un
accessoire fort secondaire de l'entrechat. Ce qu'il y a de

plus attrayant, à mon sens, dans cette exhibition de chair féminine, c'est le costume, tout à la fois riche, original et élégant. Les danseuses, la tête recouverte d'une sorte de casque pointu et à étages, sont nues jusqu'à la ceinture, à l'exception des seins qui demeurent emprisonnés dans des moules d'argent rattachés aux épaules et aux reins par de fines bretelles en filigrane brillant. Le bas du corps seul est donc vêtu. L'accoutrement de ces dames, tout ruisselant d'or et de pierreries, mais aussi parfois de clinquant et de verre, imite celui des princes reproduit dans les bas-reliefs. Ajoutons que leurs mains sont munies de gantelets métalliques aux longs ongles d'argent. Tout cet ensemble, quoique étrange, charme l'œil pendant une heure : mais il produit ensuite un formidable ennui. La faute en est un peu à notre ignorance de la langue du pays, et beaucoup aux miaulements aigres de l'orchestre local. Je dois avouer que les musiciens de la cour n'ont pas la plus légère notion d'harmonie. La variété, non plus, n'est pas leur qualité préférée. Ils assomment volontiers l'auditoire de la même phrase musicale pendant une grande heure, ce qui n'empêche nullement le roi et ses courtisans de se pâmer d'aise.

La première fois que j'eus l'honneur d'assister à cette solennité de gala, Norôdom me gratifia d'un entr'acte de sa façon. Une manière de licteur, qui portait à deux mains des faisceaux de rotins, symboles de la puissance suprême, sortit de l'appartement sur un signe du roi. Il revint presque aussitôt, portant avec vénération une cassette carrée, qui n'était autre qu'une boîte à musique. Le roi me fit dire gracieusement par l'interprète de presser le bouton. L'odieuse machine modula la romance du « Carnaval de Venise ». Les mandarins admirèrent l'excès de faveur qui tombait sur moi !

Dans ces fêtes, où le souverain de Pnôm-Pênh donne

toute la mesure de son plus ingénieux apparat, une trentaine de pages, tous uniformément vêtus d'un langouti de soie rouge, se tiennent accroupis derrière le fauteuil royal Le long des murs s'alignent les « gardes de la personne », armés de piques ornées d'une touffe de crins blancs au sommet et de sabres à deux mains dans des fourreaux jaunes. Ils sont fiers de parader ainsi devant des Européens.

Les Cambodgiens sont, du reste, un beau peuple — relativement, du moins, à leurs voisins. Ce qui nous choque le plus chez eux, c'est que leurs femmes portent les cheveux ras à partir du moment où elles se marient. Le signe distinctif apparent de la jeune fille est donc sa belle et longue chevelure noire. Un pareil sacrifice est une véritable barbarie, car ces femmes seraient souvent jolies si leur tête n'était point dégarnie de son plus naturel ornement. Leurs robes, serrées à la taille, s'ouvrent sur la poitrine et laissent leurs bras nus : elles portent, par dessous, le langouti. Leur moralité est de beaucoup supérieure à celle des femmes annamites ; mais peut-être faut-il attribuer cette étonnante vertu à l'absence de fréquentation avec les blancs.

Quant aux enfants des deux sexes, ils vaguent complètement nus dans les rues, la tête rasée, à l'exception d'une petite mèche de cheveux qui flotte sur le haut de leur crâne. Ils portent souvent au cou quelques amulettes. Les petites filles s'ajustent aussi, parfois, en guise de feuille de vigne, un léger cœur d'argent suspendu au-dessous du nombril : c'est le dernier effort de la pudeur publique ou privée.

Le naturel du peuple est gai. Il aime singulièrement le spectacle et les jeux de toute sorte. Le roi donne parfois à ses sujets des représentations publiques, le soir, à sept heures ; il est sûr d'attirer ainsi aux abords du palais une foule compacte. La réjouissance se fait alors, à l'extérieur, sur une estrade de grande dimension et préparée à cet effet. Dans cette occasion, le public est dispensé de l'étiquette traditionnelle : il ne se prosterne pas, mais reste assis ou debout, selon le gré de chacun.

Il y a, du reste, assez de bien-être dans le pays, les impôts et les taxes que les Cambodgiens ont à supporter étant en petit nombre.

Je reviens maintenant au roi, et j'achève sa « pourtraicture ».

Deux anecdotes me paraissent dignes d'être rapportées ici.

Dans les premiers mois de mon séjour à Saïgon, je fus désigné par l'amiral gouverneur pour faire partie d'une mission officielle. Il s'agissait de porter, en grande pompe, à Norôdom la plaque de la Légion d'honneur et les insignes de général de division. Le souverain nous reçut à merveille. Tout d'abord, un logement commode fut assigné à chacun de nous dans le palais même : puis nous fûmes l'objet d'une réception, comprenant successivement un festin d'apparat, une représentation scénique et un ballet.

Tant que je vivrai, il me sera impossible d'oublier cette soirée. Le roi, seul assis sur un trône élevé devant une petite table, désignait, tour à tour, chaque plat à son maître d'hôtel, lequel venait ensuite l'offrir à chacun de nous de la part de Norôdom. Inutile de donner ici le menu de ce fastueux repas, dont une autre description trouvera plus loin sa place. Je me contenterai de faire remarquer que la vaisselle affectée au service du roi est en or pur. On m'a affirmé, à Pnôm-Pênh, que tous les objets formés de ce métal sont le monopole du monarque, et que les plus hauts mandarins eux-mêmes ne peuvent se servir que d'ustensiles en argent, à moins que le despote ne les favorise, en manière de cadeau, d'une assiette ou d'un vase en or. Le frère du roi n'est point excepté de cette règle, ni la reine mère. Ce qui est certain, c'est que je n'ai vu nulle part, dans ce pays, les grands dignitaires user d'aucune autre vaisselle précieuse que de vaisselle d'argent. Encore n'est-il pas toujours prudent d'exagérer un pareil luxe.

J'observai bientôt que Norôdom était en proie à un singulier malaise. Ses traits contractés, ses mouvements fébriles, son regard fiévreux ne me laissaient aucun doute à cet égard. D'où provenait un si brusque changement? Les mandarins et le second roi paraissaient consternés. Norôdom, pour nous faire honneur, avait revêtu son nouvel uniforme et passé le cordon rouge. Une heure auparavant, il semblait émerveillé. Nous n'y comprenions rien !

Tout à coup, le roi se baisse brusquement sous sa table. En un clin d'œil, il s'est majestueusement redressé, et, après avoir promené lentement son froid regard sur l'assistance, il dépose de chaque côté de son asssiette les deux bottines qu'il mettait pour la première fois et qui lui brisaient les pieds. A partir de ce moment, sa gaieté reparut.

Nous n'osions rire. Pourtant, l'aspect de cette paire de bottines s'étalant auprès du plat royal nous en donnait des fortes envies. Mais on ne se risque guère à badiner hors de propos avec les despotes de l'Orient.

Je ne crois pas, du reste, que l'infortuné prince ait jamais pu s'habituer à ce genre de chaussure. Je me souviens encore que, un peu plus tard, notre royal protégé étant venu à Saïgon pour y parader en uniforme et en graines d'épinards, le Gouverneur ordonna une revue des troupes. Quel ne fut pas l'étonnement général à l'aspect de Sa Majesté Cambodgienne caracolant fièrement en grande tenue de divisionnaire français, mais ayant les pieds nus dans ses étriers ! Décldément, nos bottines sont le seul confort de notre civilisation dont le monarque asiatique n'apprécie point les avantages. Inutile d'ajouter qu'il n'en possède pas moins, sur la colossale statue équestre que nous lui avons érigée à Pnôm-Pênh, des bottes superbes. Mais on sait que l'Art se fait souvent un idéal qui ne ressemble guère à la réalité.

Autre trait du même prince, mais dans le genre sombre.

J'ai dit que le roi a le droit de recruter son harem — ou, si l'on préfère, son corps de ballet — parmi celles de ses jeunes sujettes qui lui conviennent. En général, il honore de cette faveur les filles de mandarins, d'ordinaire plus jolies et mieux faites. Mais il ne faut pas croire que cette situation privilégiée soit enviable. Norôdom est fort jaloux et, qui pis est, fort cruel. Le contact européen n'a point adouci, sur cette question, l'ombrageuse irritabilité du barbare.

Dans les derniers mois de 1873, au plus fort de la saison des pluies, trois des femmes du roi vinrent se réfugier subitement à Saïgon. La plus âgée n'avait pas dix-huit ans, la plus jeune en avait à peine quinze. Il paraît que le roi, qui les soupçonnait d'infidélité, était entré, à leur égard, dans une fureur telle que quelques résidents français, redoutant une catastrophe sanglante, leur avaient conseillé de s'évader et avaient même favorisé leur fuite. A peine installées, un messager de Norôdom arrive à son tour, qui les réclame au nom de son maître. Grand embarras du Gouverneur et des chefs de service. Livrer ces femmes, c'est les exposer à une mort certaine. D'autre part, un refus attirera le mécontentement du roi, lequel ouvre toujours généreusement sa bourse aux moindres réclamations de notre administration. Il y a bien aussi les magistrats, qui déclarent assez haut que le sol français est un sol libre dont la simple prise de possession affranchit l'esclave, fût-ce un esclave royal.

Le Gouverneur assemble donc son conseil et, pour ménager toutes les susceptibilités en jeu, déclare qu'on fera jurer solennellement au roi de faire grâce aux trois jeunes femmes, puis que, le serment fait et reçu, l'on remettra celles-ci aux mains de son envoyé.

L'amiral se faisait-il illusion? Ce que je sais, c'est que Norôdom jura tout ce que voulut notre représentant à Pnôm-Pênh, c'est qu'on lui livra, par suite, les fugitives, c'est, enfin, que, huit jours après, leurs trois têtes avaient été séparées par le bourreau de la cour de leurs trois corps! Le monarque avait réussi facilement à assouvir sa vengeance. Mais, du moins, lui adressa-t-on une réprimande de son manque de foi? C'est là ce que nous avons toujours ignoré à Saïgon. Ce n'était pas, du reste, la première exécution de ce genre que notre fondé de pouvoirs n'ait pu empêcher.

Faut-il déduire de quelques anecdotes analogues, inutiles à rappeler ici, que Norôdom soit un de ces souverains sanguinaires comme il ne s'en rencontre que trop en Orient? Non. Le roi actuel du Cambodge est, au contraire, relativement doux dans son caractère et dans ses allures. C'est même un « civilisé ». Il a l'esprit très français, se montrant grand ami des lazzis et du rire, indifférent du décorum et n'hésitant jamais, au besoin, à railler ses propres croyances et à bafouer ses bonzesses et ses bonzes. En un mot, il n'a aucun fanatisme, ce qui constitue, pour un monarque asiatique, un trait d'originalité exceptionnelle. J'ai bien, maintes fois, entendu raconter qu'il en est autrement lorsqu'il tombe malade, et que ses prêtres reprennent, alors, toute leur influence sur lui jusqu'à ce qu'il ait recouvré la santé : je pense, toutefois, qu'il ne faut point prêter une oreille trop attentive aux commérages saïgonnais, les plus détestables que je connaisse. Je me suis souvent rencontré avec Norôdom, je l'ai même entretenu à diverses reprises, et toujours ce prince m'a paru aussi accessible aux sentiments de l'humanité que sa race et son éducation le lui permettent.

Il est certain qu'on peut prendre aisément de l'influence sur lui, surtout quand on est de nationalité française. La fréquentation de nos compatriotes, principalement celle de notre représentant officiel, a déjà beaucoup assoupli sa nature. Norôdom s'assimile promptement nos idées et nos mœurs. On ne saurait, toutefois, exiger qu'il se transforme tout à fait en Européen. Ce qui importe, c'est que les gouverneurs de notre colonie s'appliquent à maintenir l'exercice de son pouvoir royal dans de certaines limites et veillent à ce que notre protégé ne déshonore pas inutilement, par de sanglantes vengeances personnelles, l'appui tutélaire que lui offre désormais notre drapeau. La besogne est facile, le roi cédant toujours le plus galamment du monde aux représentations de notre gouvernement, pour lequel il éprouve une reconnaissance sincère, lorsque ces représentations lui sont sérieusemeet adressées.

Je recommande spécialement aux Européens qui voyageront dans le Cambodge l'étude intéressante des éléphants. Le roi, notamment, en entretient une nombreuse troupe. Ces animaux sont dressés tout à la fois pour la guerre et pour la chasse. De temps en temps, on les exerce publiquement à briser des palissades en face des piques entre-croisées et sous le feu des fusils pour les habituer à opérer sans se laisser effrayer.

Aux voyageurs qui se rendent à Pnôm-Pênh munis de lettres de recommandation de la part du Gouverneur ou des hauts fonctionnaires de Saïgon le roi accorde toujours quelques éléphants pour les transporter, eux et leur suite, jusqu'à la destination où ils ont entrepris de se rendre.

Cette faveur est extrêmement appréciable, bien que l'on ne s'accoutume pas toujours au balancement imprimé par ces intelligentes bêtes pendant leur marche : mais on se fait peu à peu à ce léger inconvénient. J'ai obtenu, à deux reprises différentes, de voyager de la sorte à l'occasion de deux excursions faites par moi au Grand-Lac. Voulant explorer attentivement les bords du fleuve sans recourir aux barques, je ne sais trop comment j'aurais pu accomplir mon dessein si je n'eusse pas été l'objet de la royale intervention. On ne peut, en effet, louer à des particuliers un ou deux éléphants qu'à des prix considérables : encore faut-il redouter, en pareil cas, la mauvaise foi des indigènes qui, l'argent une fois reçu par eux, n'auront aucun scrupule de priver l'étranger de ses montures au milieu de sa pérégrination et sous le premier prétexte venu.

Les éléphants royaux sont, également, dressés à supplicier les criminels. Sur un signe du bourreau, ils les broient sous leurs larges pieds ou, après les avoir lancés en l'air, les reçoivent sur leurs défenses. C'est un horrible spectacle dont j'ai été témoin, sans m'y attendre, lors de mon second voyage à Pnôm-Pênh. Je n'engage pas les âmes sensibles à satisfaire leur curiosité sur ce point : leurs nerfs se trouveraient mal de ce barbare raffinement d'une justice par trop orientale.

II

Le protectorat du Cambodge. — Situation géographique. — Productions et commerce. — La réforme constitutionnelle du 15 janvier 1877. — L'esclavage.

On ne saurait guère attribuer au Cambodge une population indigène excédant un million d'âmes : mais on peut ajouter à ce chiffre un chiffre équivalent d'habitants d'origines différentes, presque tous Malais, Chinois ou Annamites, plus 40 ou 50,000 esclaves environ et 20,000 sauvages (*Penongs*), — Moïs, Stiengs ou Kuys, — habitant les montagnes, où ils jouissent, en fait, d'une indépendance à peu près complète.

Nous avons précédemment tracé la position géographique de la Cochinchine française : il suffit de jeter les yeux sur la carte de l'Indo-Chine pour se bien rendre compte de la situation du Cambodge, situation qui nécessitait d'elle-même notre protectorat.

A l'époque de sa grandeur, le Cambodge occupait tout le littoral depuis le Binh-thuan, province annamite voisine de Baria et alors appelée *Tsiampa*, jusqu'au Siam, c'est-à-dire du 101° au 107° de longitude ; et, dans l'intérieur, il s'étendait au nord jusqu'au Laos, c'est-à-dire du 8° au 15 de latitude nord. Le Siam était alors sous sa domination, et le roi résidait à Bien-Hoa.

Nous n'avons point à nous préoccuper ici de l'histoire de la décadence de ce royaume ; elle est, aujourd'hui, connue. Disons simplement que le Siam occupe actuelle ment la majeure partie de ses provinces, et que ce qui reste du Cambodge est compris entre la Cochinchine française, le golfe de Siam, le royaume de ce nom, le Laos qu'il a perdu et les provinces de Hué : tout au plus cet ensemble forme-t-il le quart de ce qu'il fut autrefois.

Resserré au nord et à l'est entre le Siam et l'Annam, ses ennemis-nés, le Cambodge n'a d'autre issue que la mer ou les possessions françaises. Mais le golfe de Siam est presque constamment inaccessible, par suite du peu de profondeur de ses eaux et par l'effet des moussons et des courants : les jonques indigènes ne pourraient donc s'y hasarder qu'avec grand danger, et sans un réel profit, pour servir d'intermédiaires entre la côte et les navires, lesquels, forcément, demeureraient arrêtés à des distances considérables. Le petit port de Compôt, l'unique port cambodgien sur le golfe, distant de Pnôm-Pènh de cinq jours de marche, est à peine visité par quelques vaisseaux européens et ne trouve de débouchés que dans la fréquentation des jonques chinoises qui viennent, par un assez long détour, s'y approvisionner de riz. Et encore ce petit port ne doit ses visiteurs actuels qu'à l'unique certitude qu'ils ont d'y trouver cet approvisionnement, lequel lui fera défaut le jour où il aura avantage à s'écouler ailleurs. Il n'est donc destiné qu'à décroître ; et c'est en vain qu'on a prétendu qu'il pouvait arriver, par des influences anglaises, à détourner à son profit une partie notable du commerce cambodgien, notamment le poivre et le coton. Ce commerce, tout l'appelle naturellement vers notre colonie ; c'est vers elle que le portent, avec le courant des eaux, ces admirables déversoirs du grand lac de Teuli-Sap et du Mé-Không, à l'entrecroisement desquels Pnôm-Pènh, — où le souverain actuel Somdach-Préa-Norôdom, par une intelligente intuition des intérêts du pays, a transporté, en 1866, sa résidence royale, — devient le centre et l'entrepôt forcé des diverses productions du haut Cambodge. Depuis cette époque, sûrs de trouver dans cette ville, où flotte notre drapeau, la sauvegarde de leurs intérêts et de leurs droits, plusieurs négociants français s'y sont fixés, et leur nombre ne peut que s'accroître.

La France possède à Pnôm-Pênh une concession qui s'étend à la fois sur la rivière d'Oudon et sur le Mé-Không, avec faculté d'y construire une citadelle. On y a élevé un petit fort, et des batteries. Nous y avons, de plus, à poste fixe un navire de guerre : le commandant de ce stationnaire réside à terre, avec le titre de *Représentant du Protectoral français près S. M. Cambodgienne*. Il est l'intermédiaire entre le gouvernement de la Cochinchine et le gouvernement du roi. Les sujets français qui commercent dans le pays sont sous sa juridiction ; il en est le défenseur direct, le protecteur attitré.

La question commerciale prime, au Cambodge, toutes les autres.

Je ne fais aucun doute que, en présence des pêches merveilleuses du Grand-Lac et de l'état précaire, de l'insuffisance et de la nature des arrivages de sel que notre colonie envoie de ses salines de Bien-hoa, de Baria et de Ba-Xuyen, nos commerçants ne viennent intelligemment à profiter de notre concession de Pnôm-Pênh pour y établir un vaste entrepôt de sel dont l'écoulement assuré couvrirait en quelques mois, avec d'extraordinaires bénéfices, les frais généraux de toute une année. Rien, en effet, n'est prodigieux comme ces pêches, franches de droits, pour lesquelles, dans un rayon considérable, tout le Cambodge abandonne ses travaux habituels avec la certitude de trouver dans le produit de ce labeur facile une rémunération telle que l'on voit des emprunts, en vue de cette exploitation, se traiter à cent pour cent et donner encore un important bénéfice. Car, si la moisson est aisée, l'écoulement des produits ne l'est pas moins : fumures, salaisons, nuoc-man, eau de caviar s'accumulent sur ces vastes barques cambodgiennes, espèces de magasins flottants, qui descendent en trains serrés soit par le Han-Giang jusqu'à Chau-doc, soit, et le plus souvent, par le Tien-Giang au marché florissant de Sadec, à Vinh-Long, à Mitho, pour remonter par le magnifique Arroyo-de-la-Poste jusqu'à Tan-an, Cho-len et Saïgon.

Les produits de la pêche ne sont pas, d'ailleurs, les seuls éléments de trafic que le Cambodge échange avec notre colonie. Le riz, la soie, le coton, le sucre, le tabac, le poivre, la gomme-gutte, l'indigo, la cire, l'ivoire forment une base considérable d'apports que notre protectorat ne peut qu'augmenter. Toutes ces denrées, cependant, ne sont pas de qualité supérieure. C'est ainsi que les Cambodgiens ne savent pas obtenir de sucre cristallisé ; ils exportent le sucre incristallisable du palmier. L'indigo est de bonne qualité ; mais il est mal préparé. Le coton se vend par l'entremise des Chinois, mais égrené. Le poivre ne se cultive encore que sur une assez minime échelle. Quant au tabac, il est plus estimé que celui de Cochinchine. La laque du Cambdoge a été expérimentée à Saïgon : elle a donné de magnifiques résultats. Il y a des sapins dans le haut pays, et aussi des quantités considérables de bois dur, bois de teinture, d'ébénisterie et de construction, qui offrent de grandes facilités et de beaux bénéfices : notre gouvernement a sur ces bois un droit de coupe ; mais il en use sobrement, et avec raison. Joignons à ces produits les troupeaux de bœufs et de chevaux que nous amènent à chaque instant les jonques. Il y a bien encore la cardamone et le bois d'aigle : mais cette double culture appartient de droit au roi, qui la fait exploiter à son profit. On a, de plus, trouvé au Cambodge une carrière de sulfate de chaux.

Disons, enfin, qu'à Pnôm-Pènh descendent les productions de la vallée supérieure du Grand-Fleuve : c'est là que le Laos envoie quelques-unes des richesses encore inconnues de cet immense bassin du Mé-Không tout récemment exploré.

Aujourd'hui, — point important, — les échanges entre le Cambodge et notre colonie, autrefois à la merci d'audacieux pirates, se font dans des conditions à peu près parfaites de sécurité; les barques de commerce se retranchent derrière l'escorte française et les canonnières qui, à époques fixes, ouvrent et ferment la marche des trains qu'elles protègent jusqu'à leur destination. De plus, chaque semaine, des transports marchands à vapeur, les paquebots Larrieu, font le voyage de Saïgon à Pnôm-Pènh, et réciproquement. L'exploration du Mé-Không, en révélant de nouvelles richesses de toute nature, appelle de plus en plus l'attention du commerce et de la science vers des contrées où nous devons tendre à exercer une influence politique et commerciale d'autant plus grande que ce bassin paraît appelé à devenir ultérieurement l'un des intermédiaires de la Chine avec l'Europe. Toutefois, le commerce du Mé-Không devra se développer, au-delà de la capitale cambodgienne, par des voies autres que les voies fluviales, car le cours du fleuve, bien que large et profond, est, de place en place, sillonné par des roches qui ne permettraient point, même à de légers bateaux, de le remonter. On devra donc organiser des caravanes et disposer des relais dans les centres principaux, tels que Bassac, Oubon, Nong-Cay, Luang-Prabang et Sieng-Kong, villes importantes que la nature elle-même a désignées pour servir d'échelons à nos rapports, de ce côté, avec le Yûn-Nân. Il faudrait, au reste, consulter sur cette question les consciencieux ouvrages de M. de Lagrée, de M. Louis de Carné, de

M. Francis Garnier, et aussi les notes publiées par M. Goubeaux, l'un des premiers explorateurs des Moïs et des Stiengs, ainsi que celles de MM. Mourin d'Arfeuille et Rheinart, deux inspecteurs des Affaires indigènes qui ont intrépidement étudié le Laos.

Ces voies commerciales s'ouvriront à mesure que la civilisation européenne s'implantera dans la région. Les indigènes y semblent assez bien préparés.

Tous ces voyageurs, parfaitement compétents, sont unanimes à nous signaler, dans les tribus relevant du Cambodge, comme aussi dans le Cambodge même, une race toute différente de la race annamite, plus robuste, mieux constituée, plus loyale, moins portée au vol, mais peut-être un peu plus indolente. Cette indolence cédera, évidemment, devant l'appât de rémunérations attrayantes et, surtout, devant le besoin de bien-être que le contact européen leur imposera bientôt comme une nécessité. Déjà, avons-nous dit, le roi Norôdom a remplacé son palais de bois par une belle construction en pierres et a forcé ses principaux dignitaires à marcher sur ses traces. Avec les besoins augmenteront la nécessité de ressources nouvelles et, par suite, l'activité et le travail : nous trouverons, alors, dans cette population vigoureuse non seulement une source constante d'exploitation pour le sol cambodgien, mais encore un appoint commode et peu coûteux pour la colonisation des terrains vierges et féconds que notre Cochinchine offre encore en grand nombre et où l'homme n'a guère qu'à semer pour récolter.

Il faut toutefois, — et en plus, — que le roi introduise certaines réformes dans le régime intérieur de son royaume. Il a, du reste, commencé, ainsi que nous le dirons plus loin, par l'ordonnance royale du 15 janvier 1877. Mais ce n'est là qu'un début, et ce début ne suffit pas. C'est affaire

au contact européen et, avant tout, aux conseils de notre
représentant. Le prince doit fatalement comprendre qu'il a
de nombreuses innovations à introduire et d'importantes
concessions à accorder dans un pays où le sol entier appartient encore au souverain, où le monopole des produits les
plus recherchés lui revient de droit. Quelle grande et noble
initiative pourraient prendre, en présence d'une telle organisation, l'agriculture et le commerce, si notre gouvernement les secondait !

C'est pour favoriser cette réforme nécessaire que nous
avons promptement modifié, au Cambodge, le mode de
succession au trône. Aujourd'hui, Norôdom peut choisir
et désigner lui-même son successeur parmi ses enfants.
Autrefois, ce successeur était forcément le frère ou le neveu
du souverain décédé, à l'exclusion de ses fils. Le roi actuel
est un prince intelligent, qui s'est aisément assimilé notre
esprit et nos usages. Mais, bien qu'il soit légalement le
souverain maître (*méchas chyvit*) de la vie et des biens de
ses sujets, ses mœurs dissolues, même pour un Cambodgien, l'ont rendu impopulaire. Il devra donc commencer
par réfréner ses propres vices s'il veut faire réussir des
réformes durables chez son peuple : sinon, il risque fort
d'en compromettre le succès. « Si nous ne l'avions soutenu
» en 1866, écrivait Louis de Carné, il aurait certainement
» perdu son trône. Les Cambodgiens ont bien quelques
» raisons de demander un changement de régime; ils ne
» gagneraient rien à un changement de personne. On ne
» peut espérer que la raison politique fasse entendre sa
» voix dans le conseil de ces princes asiatiques tant que la
» voix des passions parlera si haut dans leur cœur. C'est
» en vain que les sujets aspireront au repos tant que le
» maître n'aura pas encore la satiété des plaisirs. Les frères
» du roi, lorsqu'ils sont prétendants, affichent des pro-

» grammes qu'ils oublieraient vite une fois souverains.
» Nous avons donc sagement agi en leur fermant l'accès
» du trône, et en proclamant notre intention de rendre la
» stabilité au pouvoir. Cette révolte de 1866 nous aura,
» d'ailleurs, créé des droits nouveaux sur le Cambodge, en
» même temps qu'elle aura imposé à Norôdom le devoir
» d'écouter nos conseils. Ceux-ci ne sauraient lui manquer,
» et ce magnifique pays, dont la richesse prendrait un
» rapide essor sous une administration plus humaine, est
» un admirable complément de nos possessions annamites ».

Au reste, l'ère des rébellions paraît terminée aujour-
d'hui pour le Cambodge, grâce aux énergiques interventions successives des troupes françaises. Ces révoltes
dataient du début même du règne de Norôdom. Le frère
cadet du roi, Ong-Si-Wata, s'était déjà insurgé en 1860 et
en 1862, avec l'aide de son oncle Senong-Sô. Comme, à
cette époque, le Cambodge était tributaire du Siam, il
fallut que le roi de ce pays intervînt pour vaincre les
rebelles, en l'absence de Norôdom, qui s'était enfui à Battambon, sur la rive nord-ouest du Grand-Lac.

En 1863 et en 1864, nouvelles révoltes, cette fois sus-
citées par le Siam à l'occasion de la déclaration de notre
protectorat à Oudon. Au mois de novembre 1863, Norôdom avait commis l'imprudence de signer avec la cour de
Bang-Kok un traité secret, que nous ne connûmes à Saïgon
qu'au mois d'août 1864, et en vertu duquel le Cambodge
cédait les deux provinces de Battambon et d'Ang-Cor au
Siam, qui les détenait effectivement depuis 1705. Toutefois, le roi de Siam dut se résigner à renoncer à sa suzeraineté et à reconnaître officiellement notre protectorat de
Pnôm-Pênh, ce qui eut lieu en 1868, et après la révolte
de Pou-Combô en 1866, suscitée de nouveau par ce haineux
voisin, mais qui ne put réussir. En 1877, Si-Wata tenta

une dernière rébellion, laquelle se termina, cette fois encore, par sa défaite. On ignore ce que ce prétendant est devenu depuis cette époque.

L'ordonnance de 1877 se ressent de ces agitations intestines. Norôdom a modifié radicalement l'organisation de la « famille royale ». On sait qu'il existe au Cambodge, — comme dans le Siam et dans l'Annam, — un « second roi (*Somdach-Preà-Moha-Obbarach*) », auquel sont dévolus des prérogatives, des apanages et des revènus considérables, qui permettent au titulaire de ces hautes fonctions de se créer une influence parfois fâcheuse. Norôdom a décidé qu'à la mort du titulaire actuel cette enviable position deviendra purement honorifique. Il en sera de même pour le « roi qui aura abdiqué (*Somdach-Preà-Moha-Abyó-réach*) » et pour la reine-mère (*Somdach-Preà-Voreach-Chini*), personnages dont la situation dans l'Etat pouvait, également, constituer un danger. Les princes recevront désormais du gouvernement du roi une solde proportionnée à leur grade et « aux ressources du Trésor ». Les mandarins à leur service seront payés, eux aussi, par le fisc royal, mais n'exerceront aucune espèce de pouvoir au dehors du palais des hauts dignitaires dont ils relèvent.

Ces modifications imprévues sont le présage d'un proche acheminement vers des idées progressives plus complètes encore. On peut dire, toutefois, qu'en l'état actuel le roi Norôdom marche en tête du mouvement civilisateur dans l'Indo-Chine. A coup sûr, cette impulsion, qui sera féconde, provient de nous : mais il n'en est pas moins vrai que, quelles que soient les causes qui ont déterminé ses décisions, — et nous verrons un peu plus loin qu'il en a promulgué de remarquables, — ce sera la France qui en bénéficiera. Ainsi se trouvera réalisé le vœu si patriotique de Louis de Carné. En attendant cette éventualité désirable, mais forcé pour un temps rapproché, le protectorat du Cambodge doit être, dans l'état présent des choses, considéré comme une cause de prospérité et d'avenir pour notre colonie cochinchinoise. Ce protectorat est, d'ailleurs, peu onéreux, puisque la présence à Pnôm-Pènh d'un seul résident, sous la sauvegarde de la canonnière qu'il commande, suffit à nous assurer en échange le commerce intégral du royaume, tout en nous garantissant le droit de justice pour nos nationaux.

Ce commerce est, du reste, en voie de progresser à bref délai.

Il faut constater, malheureusement, que, dans notre colonie d'Indo-Chine, la marine marchande française souffre beaucoup, et qu'un trop grand nombre de nos navires quittent le port de Saïgon sur lest, faute de chargement. Or, que fait l'administration pour remédier à cet état de choses? Elle frappe, aujourd'hui, l'exportation des riz d'un droit élevé : et, cependant, le riz est le plus important, sinon le seul de nos articles de commerce extérieur! lui seul fait connaître notre colonie sur les marchés des Indes, sur ceux de Java et de la Chine! Cette déplorable mesure est récente. Nous ne saurions dire à quelles inspirations ses auteurs ont obéi. Au temps où nous habitions la Cochinchine, il en était tout autrement, et le commerce local était loin de s'en plaindre.

Un avenir brillant pourrait, pourtant, s'ouvrir là-bas pour notre marine. Le Cambodge est traversé dans toute sa longueur par le Mé-Không, dont les inondations annuelles fécondent les rives, cultivées en rizières dans la partie de son cours qui arrose les provinces françaises et en cotonniers dans sa partie supérieure. Ses rives, qui sont basses en Cochinchine, s'élèvent progressivement à mesure qu'on le remonte à travers le Cambodge. Une quantité innombrable d'îles et d'îlots émerge du sein de ses ondes. Aux Quatre-Bras, la différence du niveau des eaux pendant la saison sèche et la saison des pluies est d'environ 14 mètres.

Les plus grands navires de guerre peuvent, même aux basses eaux, remonter très loin dans l'intérieur ce fleuve, dont la largeur varie au-dessus de Pnôm-Pènh entre 500 et 800 mètres. On se figure aisément la masse immense de détritus que charrie son flot à l'époque des inondations périodiques, si l'on sait que, du Tibet jusqu'aux frontières cambodgiennes, le Mé-Không traverse une immense étendue de forêts vierges. Aussi ces alluvions font-elles de la vallée du Mé-Không une contrée aussi riche et aussi fertile que la vallée du Nil. La France possède là, pour le coton, une nouvelle Égypte. Le coton est cultivé au Cambodge de temps immémorial. On ignore à quel chiffre précis atteint sa production annuelle : mais, à en juger par celui de la dîme royale, qui est le dixième de la récolte totale, cette production doit dépasser 25,000,000 de kilogrammes. Or, on sait que celle de toute l'Égypte n'excède pas 112,000,000 de kilogrammes de coton égrené. Mais, tandis que le coton égyptien est « longue-soie », celui du Cambodge était, jusqu'à ce jour, de l'espèce dite « courte-soie », similaire de celui des Indes. Si nous parlons « au passé », c'est que tout récemment, au mois de novembre 1878, les cent quatre-vingt-dix-sept villages cotonniers de la région se sont avisés d'ensemencer 40,000 kilogrammes de graines de coton Gallini et Simouri, expédiés par l'importante maison Ralli d'Alexandrie. Ces 40,000 kilogrammes de graines doivent produire environ 1,600,000 kilogrammes de coton brut, lesquels, à l'égrenage, rendront plus de 600,000 kilogrammes. Voilà donc un fret assuré pour nos voiliers. Voilà un pays, presque français, qui va s'imposer par son coton sur notre marché du Havre, et non seulement par sa nouvelle culture, mais aussi par ses anciens produits. Ses courtes-soies sont, en effet, très appréciées, ainsi que l'on a pu en juger à la récente Exposition de Paris. On pourrait croire que la distance qui sépare le marché français des lieux de production sera un obstacle. Il n'en est rien. Les indigènes, pour lesquels la nature fait tout et qui récoltent presque sans travail, vendent leur coton à un prix tellement bas que l'on peut dire, sans crainte d'être démenti, que le Cambodge, seul peut-être, pourra braver toutes les crises cotonnières d'Europe et trouver un grand bénéfice à des taux qui ruineraient l'Égypte et l'Amérique. Les ports normands ont, du reste, déjà tenté plus d'un essai de ce genre. Je me souviens, notamment, d'avoir rencontré à Pointe-de-Galles, en 1873, un voilier du port de Caen, lequel retournait, à destination de cette ville, avec un chargement complet de graines de colza embarquées dans le Bengale : et le capitaine s'applaudissait d'avance du bénéfice qu'il était assuré de réaliser !

Naguère encore le commerce du coton était monopolisé, au Cambodge, par les traficants chinois, qui l'achetaient brut sur place et le transportaient en Chine, où il était égrené à la main, pour, de là, être réexporté aux Indes ou en Europe. Des négociants français, témoins des énormes fortunes réalisées de la sorte par les « Célestes », se sont substitués, dernièrement, à ceux-ci, de telle sorte qu'à l'avenir tout le coton cambodgien, égrené sur place, sera expédié sur nos marchés de Normandie. Voilà qui ouvre une ère nouvelle à ceux de nos voiliers qui fréquentent le port de Saïgon. Il est à supposer qu'on ne les verra plus dorénavant partir sur lest, faute de chargement.

Le roi Norôdom favorise de tout son pouvoir l'extension et l'amélioration de la culture cotonnière. Il est vrai qu'il y trouvera son intérêt dans l'augmentation de sa dîme et, par suite, des revenus de son Trésor.

Il faut espérer que nos ministres, à Paris, et nos gouverneurs, à Saïgon, sauront se montrer aussi éclairés que ce souverain à face jaune, et qu'ils mettront également leur honneur à favoriser cette branche nouvelle de commerce, appelée à fournir un vaste développement à notre marine marchande.

En peu d'années la production cotonnière sera décuplée dans la vallée du haut Mé-Không, et notre colonie tiendra alors la tête sur notre marché du Havre.

Terminons par quelques derniers détails sur le régime intérieur du Cambodge.

L'ordonnance de 1877 vise, — principalement, — l'administration, la justice et l'impôt.

Le roi est assisté, dorénavant, d'un conseil de cinq ministres, chargés « de la haute surveillance de l'exécution » des lois, ainsi que de l'étude des réformes et modifica- » tions dont elles pourraient devenir susceptibles ». Ce conseil examine, également, les contrats passés entre le gouvernement cambodgien et les personnes qui viennent se livrer à une exploitation quelconque, dans le royaume : les Européens doivent se soumettre à cette règle aussi bien que les indigènes et les autres Asiatiques.

Les cinquante-cinq provinces du Cambodge sont réparties en cinq grandes divisions territoriales et administratives, dont la surveillance est confiée à chacun des cinq ministres.

Les habitants de chaque village choisissent leur maire (*mi-sroc*), lequel nomme lui-même son adjoint (*chômtop*). Les gouverneurs sont tenus d'accepter ces choix, à moins de motifs graves : le cas est porté alors devant le ministre chargé spécialement de l'administration de la province où se produit le litige.

Les délégués royaux (*ocnha-luong*) et les inspecteurs (*preà-réach-bâmro*), qui visitent les provinces à des époques déterminées, ne peuvent plus y séjourner que pendant le temps nécessaire à l'exécution des ordres qu'ils ont reçus : ils n'ont pas le droit de rendre la justice pendant la durée de leur mission.

Le nombre des mandarins est réduit : un traitement fixe leur est attribué. Le mandarinat n'est conféré, désormais, qu'à des Cambodgiens. Les titres accordés à des étrangers ne donnent uniquement à ceux-ci qu'un droit de contrôle sur les individus de leur nationalité établis dans le royaume.

Les mandarins spécialement chargés des travaux d'utilité publique sont désignés par le roi. Toute opération commerciale est absolument interdite aux grands dignitaires et aux gouverneurs des provinces pendant la durée de leurs fonctions.

Un tribunal supérieur, composé de sept juges, est investi de pleins pouvoirs judiciaires. Il siège dans la capitale et connaît, notamment, de tous les appels qui sont formés dans les provinces. Il a seul qualité pour proposer au roi la revision des lois et des anciens usages. En outre, des magistrats de moindre rang lui sont adjoints, selon les cas, pour statuer sur certains délits spéciaux.

Les attributions judiciaires des mandarins qui ne font pas partie de la magistrature sont, en conséquence, définies et très limitées. Pour les cas « particuliers », le roi se réserve de désigner lui-même les juges qui devront se constituer en tribunal.

Les magistrats convaincus d'avoir reçu des cadeaux ou de

l'argent de la part des justiciables sont traduits devant la « haute cour de justice ».

Les frais de justice et les amendes sont enregistrés et versés au trésor royal. L'État se charge, désormais, de l'habillement et de la nourriture des prisonniers.

En matière d'impôt, le gouvernement royal se réserve le monopole de l'opium et des alcools de riz : il supprime les jeux dans les villages, dans les barques, sur le Lac, les rivières, les arroyos; mais il les maintient dans la capitale et dans les grands centres de l'intérieur : il supprime, également, les droits prélevés sous les marchés couverts.

La corvée (*menus-réachéacar*) est maintenue : mais on peut s'en racheter moyennant 20 ligatures (18 fr.) pour l'année. Les corvéables qui ne se rachètent pas sont tenus, selon les anciens usages, de travailler quatre-vingt-dix jours pour l'État, soit à Pnôm-Pênh, soit dans les provinces.

Aucun impôt nouveau ne peut être établi sans l'avis du conseil des ministres.

Ce conseil a réformé ainsi qu'il suit les coutumes concernant les cultures.

On prélève, à titre d'impôt foncier, 1/10 sur les productions du paddy. Si l'on exporte ce paddy hors de la province, il supporte un nouveau tribut de 1/20 de la quantité exportée. Les gouverneurs et les douaniers sont chargés de porter ce riz dans les magasins de l'État, à Pnôm-Pênh. Les contribuables et les commerçants ont la faculté de payer l'un et l'autre de ces impôts en argent ou en nature. Tous les autres prélèvements qui avaient lieu sur le riz sont supprimés.

Les terrains propres aux cultures (*chomcar*) sont loués de 200 à 400 ligatures (1 fr. 80 à 3 fr. 60) l'arpent (*sen*), suivant leur degré de fertilité et leur profondeur, sans préjudice de 1/10 de la valeur des produits prélevé douanes.

Somdach-Préa-Norôdom Ier, roi du Cambodge.

Sont dans ce cas les plantations suivantes: coton, tabac, indigo, mûrier et légumes de toute espèce. Le gouvernement n'adjuge plus en bloc les *chomcar* à des intermédiaires, mais il les loue directement aux cultivateurs par un bail de trois ans au minimum dont le paiement s'opère par annuités: le bail écoulé, ces terrains peuvent être loués à d'autres cultivateurs, si ceux-ci font des offres plus avantageuses à l'État.

Le bétel est imposé de 30 sapèques (4 centimes) par pied, plus 1/10 sur celui qui est livré au commerce.

Le poivre est imposé de 2 piculs 1/2 (150 kil., 900 gr.) par 1.000 pieds; l'impôt de sortie est de 1/10 de la valeur de cette denrée. L'évaluation en est calculée sur la mercuriale du marché de Compôt. Les cultivateurs et les commerçants sont libres de payer en nature ou en argent.

Le sucre de palmier est soumis à un impôt de 1 *caam* (pot de sucre de la valeur de 1 fr.) par chaque personne se livrant à cette exploitation, et par an. Si le sucre est exporté, il est soumis à un nouveau droit de 1/10 de sa valeur.

L'impôt sur l'exploitation des forêts est de 1/10 de la valeur des arbres abattus prélevé à la douane, plus 1/20 de cette même valeur prélevé sur les lieux d'exploitation.

Enfin, le droit d'abatage des porcs est fixé au 1/10 de leur valeur.

L'évaluation du prix des denrées imposables est calculée sur la valeur de ces produits à Pnôm-Pènh, sauf celle du poivre. La mercuriale est affichée chaque semaine dans les postes de douane.

Je ne veux point, toutefois, abandonner la question du Cambodge sans protester contre une institution honteuse qui s'y étale florissante à l'abri de notre drapeau. Je parle de l'esclavage.

Au Cambodge, il existe plusieurs catégories d'esclaves : les esclaves pour dettes, les esclaves du roi et les esclaves des pagodes.

1° L'esclavage pour dettes n'est pas, à proprement parler, un esclavage : ce n'est qu'un mode légal de libération pour le pauvre, qu'une aliénation temporaire de sa liberté. Celui qui ne peut payer ses dettes se livre en gage à son créancier, ou bien lui remet en paiement un de ses enfants. Le travail ainsi fourni en compensation de la somme due s'évalue au prix courant de la main-d'œuvre et au taux reçu de l'intérêt. Ce qui allège singulièrement la situation de l'esclave volontaire, c'est que, s'il est mécontent de son maître, il est libre d'emprunter pour le solder et de passer, de la sorte, sous une nouvelle domination jusqu'à complet acquittement de ce qu'il doit.

L'ordonnance royale du 15 janvier 1877 dispose expressément que les maîtres ne peuvent s'opposer à ce que leurs débiteurs se rachètent. Elle déclare, en outre, que la dette de ces esclaves sera diminuée de moitié dans le délai de dix ans, à partir du jour de sa promulgation : le contrat qui lie les deux parties devra, alors, être refait.

La famille du débiteur reste à la disposition du créancier jusqu'à ce que la dette soit intégralement payée : ce dernier nourrit et habille les divers membres de cette famille; mais il ne peut ni les céder, ni les vendre, ni les séparer, et il doit les délivrer tous en même temps lorsqu'ils se sont acquittés;

2° L'esclave du roi (*Néac-Ngéar*) est bien réellement esclave, dans le sens strict du mot. Peu importe qu'il ait été pris dans la guerre, ou que son esclavage soit le fait d'un jugement : il est esclave « à vie ». L'ordonnance de 1877 se borne à inviter les mandarins du tribunal supérieur à proposer au gouvernement des règles pour le rachat de ceux de ces esclaves qui, par leur conduite et les services rendus, mériteraient cette faveur. Ce n'est là, on le voit, qu'une réforme purement platonique.

Les seuls adoucissements apportés à leur sort sont les suivants :

Les *Néac-Ngéar* sont maintenus dans la jouissance exclusive des terrains et pêcheries qui leur sont réservés par les anciens usages. Ils seront libres, à l'avenir, de choisir leur résidence. Ils ne feront que trois mois de service annuel pour le compte de l'État, et pourront disposer à leur gré des neuf autres mois. Pendant la durée de leur service, le gouvernement les habille et les nourrit : ils recevront une livre de riz par jour, un *tieh* de sapèques (20 centimes) et une ration de sel.

Les *Néac-Ngéar* sont autorisés à se substituer les uns aux autres pour tout ou partie des corvées dues, et même à racheter ces corvées au taux légal si les exigences du service ne s'y opposent pas.

Toutefois, les esclaves de cette catégorie qui ne seraient pas l'objet de la mesure de faveur précitée demeurent soumis à l'ancienne coutume.

3° Quant à l'individu qui, poursuivi pour un délit ou pour un crime, s'est réfugié dans une pagode, il sera protégé par le droit d'asile s'il consent à devenir l'esclave du temple pour le reste de ses jours. S'il est intelligent, on en fera un bonze, et sa vie sera douce.

4° L'esclavage le plus odieux, celui dont on se débarrasse par le suicide ou par la fuite, s'exerçait principalement sur les captifs ou sur les révoltés de certaines peuplades dites « sauvages », telles que les Moïs et les Kuys. Ce sont ces malheureux, d'une race de chasseurs ou de pasteurs, vigoureux et intelligents, qui, traqués par les Cambodgiens comme des bêtes fauves, étaient vendus aux enchères sur le marché de Pnôm-Pènh, sous l'œil indifférent du résident français. On les y recherchait fort, et on les payait beaucoup plus cher que les esclaves annamites ou cambodgiens. Le regretté Louis de Carné, qui a assisté à la vente de ces marchandises humaines, nous a fait connaître les tarifs en vigueur. D'après lui, ces prétendus sauvages valaient 800 fr., un Cambodgien 500 fr. au plus, un Annamite 200 fr. au maximum. Les Annamites de notre frontière ne se gênaient que bien peu pour participer, eux aussi, à ce trafic infâme. Je ne sais si nos inspecteurs et nos administrateurs des Affaires indigènes en avaient soupçon ; mais cela se pratiquait non loin d'eux. Il est vrai que c'était aussi un moyen pour ces luxurieuses faces jaunes d'assouvir leurs sens et de réveiller leurs esprits indolents : une fille belle et vierge atteignait le prix d'un éléphant de luxe. Mais je me hâte d'ajouter qu'un mandarin de race pure préférera toujours se débarrasser de sa maîtresse que de perdre son éléphant favori. Au reste, de tels faits n'étonneront personne si l'on veut bien se souvenir que j'ai constaté plus haut, pour notre colonie même et de la part des Européens qui y résident, la mise en œuvre d'agissements identiques.

L'ordonnance de 1877 a nettement prohibé cette « traite ». Elle porte que quiconque osera, malgré la défense royale, acheter ou vendre des esclaves dans de semblables conditions sera arrêté, conduit à Pnôm-Pènh et livré au Tribunal supérieur. Quant aux « sauvages » qui subissent déjà l'esclavage, la loi nouvelle leur accorde la faculté de se racheter : leurs maîtres devront, sous peine de la perte de leurs droits, comparaître avec eux devant le gouverneur de la province pour y contracter un engagement régulier analogue à celui qui lie les esclaves pour dettes.

En résumé, l'ordonnance du 15 janvier 1877 n'abolit

nullement l'esclavage : elle ne fait que le réglementer, que lui donner la valeur d'une institution légale. Le gouvernement français se contente de cette « réforme », et M. Charles Lemire vante même, à ce propos, « notre intervention libérale et généreuse dans les affaires de cet intéressant royaume » ! Si c'est à ce point que doivent se borner « les sages conseils de l'administration française », je doute fort que l'honneur qu'elle en retirera soit bien considérable.

———————

III

De Pnôm-Pènh aux ruines d'Ang-Cor.— Les prêtres-charmeurs du Ba-Khéng. — Battambon. — Retour à Pnôm-Pènh : Fêtes du _Préa-Khân_; les Bakous; affranchissement d'esclaves; un grand festin royal.

De Pnôm-Pènh à Oudon, la rive gauche du Teuli-Sap est une suite non interrompue de maisons et de villages. Notons, en passant, une foule de petits fours pratiqués en terre les uns après les autres et servant, ceux-ci à confectionner des poteries, ceux-là à la fabrication de l'huile de poisson.

A 18 milles de la résidence royale on aborde à Pnhéalu, village de 3,000 habitants environ, et siège principal de la mission catholique du Cambodge. Les Portugais le fondèrent en 1553, et ce fut là que se réfugia, au XVII⁰ siècle, le vicaire-général de Malacca, Paul d'Acosta, après la prise de cette place par les Hollandais. En dernier lieu, Pnhéalu avait été la résidence de Mⁱʳ Miche, évêque de Dansara, jusqu'au moment de sa translation au siège épiscopal de Saïgon, où il est décédé le 1ᵉʳ décembre 1873.

J'y ai tué un buffle dans des circonstances assez émouvantes. Les indigènes étaient venus, le soir, raconter à mon escorte qu'une troupe nombreuse d'éléphants ravageait, depuis quelque temps, les plantations du district. Ils assuraient que leur campement n'était situé qu'à une très courte distance. Ce qui est certain, c'est que nous entendîmes, peu après, d'épouvantables rugissements, qui nous causèrent, je l'avoue, une certaine émotion. J'avais peine à croire, cependant, que ce fût là le cri des éléphants, cri que je connaissais déjà pour l'avoir entendu retentir dans les parages de Loc-Ninh et de Naï-ba-Dinh, à l'extrême nord de la province de Saïgon. Ne pouvant réussir à maintenir en paix mes Annamites, je leur proposai d'aller au-devant de l'ennemi ; proposition à laquelle ils répondirent en saisissant sur le champ leurs fusils et leurs piques.

J'avais avec moi trois jeunes Français, faisant un voyage d'agrément autour du monde. Je ne m'étais même résolu à entreprendre actuellement, — au mois d'août —, une exploration vers le Grand-Lac que pour leur être agréable. Des amis communs leur avaient remis pour moi des lettres de recommandation pressantes : je n'avais donc point hésité à sacrifier à leurs trop compréhensibles impatiences les hygiéniques exigences que comportait la saison.

L'un d'eux consentit, sur mes représentations formelles, à demeurer près du village avec nos Cambodgiens. Quant à nous autres, chasseurs peu expérimentés, nous gagnâmes la brousse, puis la forêt, d'un pied leste. Les traces des fauves devinrent bientôt visibles. Soudain, nous tombâmes, au bord d'un marécage grossi par les pluies, sur une petite troupe de buffles langoureusement vautrés dans la vase. Un vieux mâle, à la structure monstrueuse, faisait le guet, la tête tournée de notre côté.

Deux cents mètres à peine nous séparaient de la bande.

J'eusse préféré, assurément, avoir affaire à des éléphants.
Notre situation était dangereuse: le buffle a horreur de
l'Européen. Même à l'état domestique, il l'attaque sans
avoir été provoqué par lui. Que faire, pourtant, dans la
circonstance? Nous étions trop près du troupeau, qui
venait de nous éventer, pour fuir. Nous eûssions été
rejoints bien avant d'avoir atteint nos retranchements, éloignés, pour le moins, de quatre ou cinq kilomètres. Je
regrettais d'avoir inconsidérément cédé à un aussi intem-
pestif mouvement de témérité.

A notre aspect, le vieux buffle poussa un mugissement
formidable. Aussitôt, ses compagnons, abandonnant leur
bauge fétide, s'élancèrent vers nous au petit trot. Point
d'arbres à proximité, sauf quelques *tungs* résineux dont
l'énorme diamètre ne nous permettait point une escalade.
Quant à tirer les agresseurs, il n'y fallait point songer : la
mort de l'un d'eux eût accru la furie des autres. Nos
Annamites, d'ailleurs, si braves qu'ils fussent, nous en
détournaient instamment : la prudence était, évidemment,
de leur côté.

Un incident, que je ne prévoyais en aucune façon, changea la face des choses. Un indigène, profitant du vent
qui soufflait avec force du côté du troupeau, venait de
mettre le feu à la brousse. L'herbe, aux trois quarts sèche,
s'enflamma sur le champ avec de formidables pétillements;
en même temps, d'épais tourbillons de fumée noire se
projetèrent au devant des buffles qui, stupéfaits et effrayés,
s'arrêtèrent brusquement, puis, opérant avec ensemble un
mouvement de conversion, reprirent la route du marécage
et disparurent au delà, dans le plus profond de la forêt.

Nous étions délivrés. Chacun, il faut bien le reconnaître,
se sentait agréablement soulagé. Mieux vaut, qu'on en
soit convaincu, la rencontre d'un tigre que celle d'un

buffle. Nous retournâmes, à notre tour, sur nos pas, nous félicitant de cette heureuse issue sur laquelle nous n'étions pas certes en droit de compter.

Comme nous franchissions la lisière du bois qui nous séparait du village, un cri d'effroi retentit, puis un coup de feu. En même temps, les taillis s'agitèrent avec violence, et un couple de jeunes buffles, venus je ne sais d'où, se précipitèrent sur un malheureux boy qui, les ayant aperçus avant nous, venait de les tirer et de les manquer. D'un seul et même mouvement nos carabines s'abattirent Mais l'Annamite était déjà renversé, ses pieds ayant rencontré quelque racine rasant le sol. Les fauves exaspérés le touchaient presque de leurs cornes immenses. Je lâchai la détente de mon arme, et l'un des buffles, touché à la tempe, roula par terre, tandis que l'autre, épouvanté, s'enfuyait en poussant des mugissements affreux.

Jamais je n'avais encore tiré ces dangereux animaux. Mon coup d'essai fut heureux; mais je ne crois pas que je l'eusse recommencé avec un égal succès. J'étais bien, en effet, à quatre-vingts mètres de ma victime, laquelle se présentait de trois quarts, pose défectueuse à semblable distance. L'Annamite, si extraordinairement sauvé, se releva d'un bond sans prononcer une seule parole et, toujours muet, se précipita sur le cadavre chaud, lui fendit la peau de la tête, enleva adroitement les cornes, les chargea sur ses épaules et nous rejoignit triomphant.

Nous engloutîmes, au retour, un solide repas, que nous avions bien gagné.

A partir de Pnhéalu, la rive droite du fleuve se borde de cases malaises et cambodgiennes jusqu'aux abords de Compong-Luong. On rencontre bientôt, toujours à gauche, la chaussée qui conduit à Oudon, l'ex-capitale. Cette ville, abandonnée depuis quinze ans à peine, s'élève, à deux lieues et demie de l'affluent du Mé-Không, dans une plaine marécageuse et boisée que les inondations recouvrent annuellement : la belle chaussée, que les rois prédécesseurs de Norôdom y ont élevée en contrefort, permet donc utilement d'arriver sur place, en toute saison, sans le secours d'une barque. L'enceinte est une palissade en chevaux de frise : ses habitants avaient appris à redouter l'invasion annamite. Au milieu de la cité, la citadelle aux nombreuses cours, aux vastes salles, aux portes élevées et servant de tours du guet ; et, dans cette forteresse, l'ancien palais des rois. Tout cela est, aujourd'hui, morne et muet.

Un peu au sud d'Oudon, sur la gauche, un chemin assez bien entretenu conduit aux montagnes de *Préa-réach-chéa-trôp*. Le panorama est splendide. Tandis que, d'un côté, l'on suit les contours d'un vaste étang, dont les rebords sont consolidés en talus pour servir de digue aux crues des eaux, de l'autre côté, dans l'éclaircie des bois, on distingue le toit des cases suspendues aux flancs des monts, les pyramides à aiguille et, sur le sommet, la grande pagode carrée, les divers temples, les bonzeries. N'oublions pas que nous foulons un sol sacré, un sol que Boudha daigna honorer d'une de ses gigantesques enjambées. L'heureuse contrée pour la molle paresse du bonze ! Combien la vie y est facile pour l'hypocrite bonzesse ! Quelle Icarie pour tous ces inutiles à tête rase ! Le *Luc-sang-Khréach* (moine) du Cambodge, plus heureux que son confrère annamite, n'a pas pour mission de mener ses ouailles à la perfection autrement que par les exhortations pieuses. Aussi son existence est-elle tissée de soie ; aussi ne faut-il pas s'étonner du grand nombre de Cambodgiens qui se font bonzes : la caste n'y fait rien ; l'achat d'une robe jaune, la santé du corps, la science peu contrôlée de l'écriture, le consentement du chef de famillle, voilà ce qui suffit. Le seul article un peu fâcheux de leur règlement, c'est qu'il faille vivre en communauté et se priver du commerce des femmes ; le prophète Somana-Cudôm n'entend pas raillerie sur ce sujet! Mais il existe là-bas des accommodements avec le ciel, et les couvents de bonzesses ne sont pas construits pour rien ! D'ailleurs, un bon revenu vaut bien la peine d'une mortification quelconque.

Je reviens aux « Montagnes du domaine de la Couronne ». De rocailleux sentiers conduisent aux cimes des Réach-chéa-trôp.

L'un d'eux mène directement aux bonzeries et, de là, à la grande pagode carrée, que M. Ch. Lemire décrit ainsi : « Quatre murailles en briques rouges et une toiture pres-
» que plate, telle en est la construction massive et
» disgracieuse. Un escalier en pierres de l'espèce dite
» pierre de Bien-hoa, qui, dit-on, a coûté une quinzaine
» de mille francs, a été construit dans la montagne devant
» la façade principale de la pagode. Des trois portes du
» temple, celle de droite est la seule dont l'encadrement
» soit à peu près conservé. Il est en pierre semblable à
» celle d'Ang-Cor : c'est un grès mou qui se travaille faci-
» lement et acquiert à l'air une grande dureté, comme la
» pierre de Bien-hoa ; mais celle-ci n'est nullement com-
» parable à celle d'Ang-Cor, dont le grain est très fin et
» très compact. Au-dessus de la porte, un bas-relief, imi-
» tant un enroulement de feuilles d'acanthe, et très
» finement fouillé. L'intérieur de la pagode est nu et sans
» aucun ornement. On respire, en entrant, une odeur forte
» et désagréable de moisi et de fiente de chauve-souris.
» On est frappé de la grosseur et de la hauteur des
» colonnes en briques crépies à la chaux qui, sans être

» toutes parfaitement perpendiculaires, supportent l'édi-
» fice. Entre les colonnes, et sur un immense autel, trône
» une statue de Boudha ayant quarante-cinq pieds de hau-
» teur, et toute dorée. »

Des pyramides à base quadrangulaire émergent dans toutes les directions du sein des bois. Le soubassement de l'une d'elles, d'un travail fini, présente une quadruple rangée de têtes d'éléphants en saillie : des bracelets sont moulés autour des jambes de ces animaux, qui semblent supporter tout le poids de l'édifice. Sur ce piédestal s'élèvent des dômes superposés, de forme conique ou terminés en aiguille, monuments funéraires appelés *Préa-Chéadeys*, analogues à ceux qu'on rencontre dans l'Inde ou dans la Chine.

Les autres cimes ne contiennent plus que des débris. J'y ai remarqué, pourtant, le temple d'un dieu nègre à côté du *dagobah* d'une divinité cuivrée. Enfin, tout à côté, l'on se croirait transporté soudain en Égypte quand on découvre, dans une petite pagode, un bœuf couché, aux cornes dorées, probablement le dieu Namdy des Indiens. Une ample provision d'herbe est sans cesse renouvelée devant cet Apis en caillou.

Compong-Luong, qui vient ensuite, est un important marché situé à huit milles environ d'Oudon, sur la même rive du fleuve. Comme tous les villages annamites et cambodgiens, celui-ci se compose d'une longue rangée de maisons parallèles au Teuli-Sap et bâties sur la berge qui, formant chaussée, domine les terrains environnants. Les cases sont élevées sur pilotis, à deux ou trois mètres au-dessus du flot. On a le temps ici de se faire à cet usage, qui est d'instinct. Les rues, fort mouvementées, sont bordées de boutiques, composées principalement de bim-beloteries chinoises et d'ateliers de forgerons ou d'orfèvres.

Quant au marché, il commence avec le jour et ne finit qu'au milieu de la nuit.

Il y a à Compong-Luong plusieurs pagodes et plusieurs bonzeries. La plus remarquable est de récente construction. L'art cambodgien moderne y a déployé toutes ses magnificences, bien pâle reflet, toutefois, de celles que déploient actuellement à Bang-Kok les pieux et riches fidèles du Siam. Mais chacun donne ce qu'il peut, moins ici, plus là, suivant ses ressources. Cette pagode figure un long rectangle, surmonté d'une toiture à trois étages dont chacun se termine en pointes dorées, lesquelles se relèvent en courbes. Des deux côtés de l'édifice, un monument en pyramide, aux pierres également dorées, ayant forme de mitre. A droite, un mât de pavillon supportant un oiseau fantastique, au bec duquel se balance un fanal. A l'intérieur, de superbes colonnes, en bois incorruptible, supportent la voûte et se décomposent en trois nefs d'inégales dimensions : tout autour des murs, des fresques aux couleurs vives et fraîches; au fond, un seul autel, où trône un grand Boudha doré qu'escorte une rangée de belles statuettes enrichies de pierres fausses, mais toujours dorées, grotesque et difforme Olympe qui grouille au milieu des flambeaux, des horloges, des vases de fleurs, des fauteuils des bonzes, des cassolettes d'encens et des machines à prières.

Au-delà du Compong-Luong, l'aspect du paysage change : il semble que la vie humaine se retire, épouvantée par cette continuité de bois et de marécages. Nous ne rencontrerons plus, avant d'atteindre le Grand-Lac, que quatre villages : Ke-Cop et Ca-ho, sur la rive gauche; sur la rive droite Chi-cor, où sont installées d'importantes fabriques de chaux, et vis-à-vis, mais plus haut, Shan-an, commerçant entrepôt de poteries qui commande le delta du Lac.

Nous nous arrêtâmes trois jours dans cette dernière localité, pour renouveler nos provisions fraîches avant que de nous embarquer à destination du Siam. Un de nos indigènes, qui s'était risqué à quinze ou dix-huit cents mètres dans la plaine, eut la bonne fortune de tuer, en traversant un bois, l'un de ces petits ours noirs connus à Saïgon sous le nom d'« ours des cocotiers ». Son pelage a le brillant du poil de la taupe, et il porte au-dessous du cou une sorte de croissant ou hausse-col d'une couleur orange très vive. C'est un bon manger, notamment les pattes, que nous accommodâmes à la mode du pays, en les cuisant avec des pierres plates rougies à blanc au fond d'un trou creusé dans le sol.

Les jonques que nous louâmes, au nombre de six, étaient pontées. L'équipage était siamois. Nos rameurs, aux allures paresseuses et molles, portaient le costume national, un simple langouti, pièce d'étoffe qui leur ceint les reins, qu'on relève par derrière et dont on attache les deux bouts à la ceinture. Leurs têtes, complètement rasées, à l'exception du sommet où ils laissent croître une touffe de cheveux noirs et rudes, s'abritaient sous un étroit salacco. Ils employèrent trente heures à nous faire traverser le Grand-Lac.

Cet immense réservoir d'eau douce, compris entre 12°25' et 13°53' de latitude nord, affecte la forme d'un gigantesque violon. A proprement parler, c'est une véritable mer intérieure soumise, comme l'Océan, au caprice des vagues et au jeu incertain des vents. Elle peut se diviser en trois parties bien distinctes, de configuration et de dimensions différentes : l'embouchure des lacs, ou *Véal-Poc*, qui a 10 kilomètres de long sur 10 de large; le Petit-Lac, qui a 30 kilomètres tant de longueur que de largeur; le Grand-Lac, qui mesure une longueur de 70 kilomètres sur une largeur de 30. Tout cet ensemble forme une longueur totale de 110 kilomètres, ou de 27 lieues et demie, sur une largeur maximum de 7 lieues et demie. La plus grande hauteur des eaux est de 10 mètres en septembre et en octobre. Notons, toutefois, qu'au moment des inondations le Lac s'épanche sur les campagnes et que son étendue se trouve, alors, triplée. J'ai parcouru, plus tard, le Teuli-Sap à cette époque : son aspect devient aussi peu rassurant qu'il est grandiose.

L'entrée du Delta est protégée par une haute chaîne de montagnes qui, née à Pnôm-Compong-Soai, dans la province de Teuli-Thôm, court se perdre à l'Est et à l'Ouest, dans celle de Pursat, mais assez loin de la ville de ce nom. Les villages sont plus que rares dans ces parages; il n'y a guères de population que celle des innombrables barques qui viennent y pêcher de janvier à mai. C'est dans la pêche, en effet, que consiste la richesse véritable et toujours renaissante de ces rives, dont les prodigieuses quantités de gros poissons se prennent aisément à la baisse des eaux et se préparent sur place. Le poisson salé entre pour les trois quarts dans l'alimentation des indigènes de la Cochinchine, du Cambodge et du Siam, et le prix de cette denrée est minime; le picul de 60 kilogrammes vaut, en moyenne, 36 fr. à Saïgon; et il s'en exporte, tous les ans, de cette ville pour une valeur de plusieurs millions ! Aussi, cette pêche est-elle tenue pour une si bonne affaire qu'on voit des Annamites emprunter à 100 0/0 l'argent nécessaire à l'achat du sel, tandis que le taux autorisé par la loi cambodgienne ne peut dépasser 40 0/0 par an et que l'habitude ne le fait jamais excéder, ainsi que nous l'avons dit, dans notre colonie 60 0/0. Les pêcheurs sont donc bien assurés de la réussite, et, réellement, cette réussite ne leur fait jamais défaut.

Par malheur, la frontière siamoise coupe ce lac à peu près par le milieu. Toutefois, en s'emparant violemment des provinces d'Ang-Cor et de Battambon, le roi de Siam n'a pu que gêner le commerce du Cambodge, et non le ruiner ainsi qu'il l'espérait. La communication entre Bang-Kok et le bassin du Teuli-Sap ne peut se faire que par terre, c'est-à-dire lentement et difficilement, tandis que toutes les véritables issues sont demeurées aux mains des Cambodgiens. Il n'en est pas moins vrai que cette intempestive désappropriation se fait sentir parfois assez vivement dans le Cambodge, et même en Cochinchine. « La » division actuelle du Grand-Lac en deux dominations, » remarquait à ce sujet l'infortuné Francis Garnier, inter- » dit à cette magnifique contrée sa route commerciale » naturelle et la laisse isolée sans voies d'échange avanta- » geuses. Les produits, au lieu de descendre par le lac et » le fleuve jusqu'à Saïgon, prennent la route de terre, plus » difficile et plus longue, qui mène à Bang-Kok. Le manque » absolu d'initiative d'une race en pleine décadence, l'inté- » rêt qu'ont les mandarins à accroître sans cesse les rela- » tions commerciales avec la ville du gouvernement de » laquelle ils dépendent, les rapports soupçonneux qui ne » peuvent manquer d'exister entre les gouverneurs cam- » bodgiens du Protectorat et les gouverneurs pour Siam » des autres provinces, sont les principaux obstacles au » rétablissement du commerce sur le Grand-Lac. Il n'est » pas rare, par exemple, de voir des Cambodgiens de l'une » ou l'autre frontière retenus indûment chez leurs voisins : » la communauté de race et de langue, les liaisons de » parenté qui existent des deux côtés d'une frontière fac- » tice fournissent mille prétextes à des vexations de ce » genre, dont le but inavoué est d'augmenter les inscrits » de la province et, par suite, l'impôt. Cette situation est

» telle qu'il n'y a guère aujourd'hui que les Annamites qui
» exploitent la pêche si fructueuse de cette petite mer
» intérieure. »

Voilà la situation que nous avons laissé faire à notre
protectorat et, par voie de conséquence, à notre colonie !
Avons-nous, du moins, essayé de réagir contre les injustes
empiétements du roi de Siam, — je ne dis pas aujourd'hui,
maintenant que nous sommes réduits à dévorer silencieu-
sement les outrages quotidiens de la cour de Hué, mais
alors que notre pavillon inspirait encore dans le monde
entier la déférence et la crainte? Non. Car voici ce que, au
début de l'année 1867, écrivait de nouveau à ce sujet
M. Garnier : « On voit de quelle importance serait, pour
» les populations du bassin nord-ouest du Grand-Lac,
» l'unification de pavillon et d'influence sur ses rives. Il est
» bien fâcheux que nous n'ayons pas su arracher des mains
» du Siam la possession de ces eaux, qui sont le plus beau
» fleuron de la couronne du Cambodge et qui lui ont été
» injustement ravies. Cette restitution légitime, à laquelle
» notre diplomatie, mieux éclairée sur nos véritables inté-
» rêts, aurait dû faire consentir le gouvernement de Bang-
» Kok, eût représenté, pour notre colonie de Cochinchine,
» l'accès à l'une des régions les plus riches de l'Indo-Chine. »
C'est bien ici le lieu de faire remarquer une fois de plus à
quel point nous ignorons toujours ce qu'il nous importerait
de savoir, et de quelle façon nous fermons sans cesse
l'oreille aux bons conseils que des gens désintéressés ont
le tort grave de nous donner.

Je continue, maintenant, mon récit.

A peu près à l'extrémité nord-est du Grand-Lac, sur les
bords d'un petit arroyo dont une montagne isolée, — le
mont *Khrôm*, — semble indiquer l'entrée de loin, s'élèvent

les ruines splendides de ce qui fut Ang-Cor. Nous sommes toujours ici en plein sol cambodgien, sur ce sol que les indigènes appellent encore avec fierté *Maha-Nocor-Khmer* « le grand royaume de Cambodge », mais que l'on pourrait dénommer avec plus de raison *Nocor-Maha-Pibac*, « le royaume de la grande détresse ». On les rencontre à environ 16 kilomètres des bouches de l'arroyo. Au reste, toutes les plaines environnantes sont peuplées de débris. On en retrouve sur tous les points de l'ancien territoire cambodgien compris entre le 10° et le 17° de latitude nord et le 100° et le 105° de longitude est. Par leur nombre, leur importance, la perfection de leur exécution, ils dénotent l'existence d'une civilisation puissante, de longue durée et d'un art extrêmement remarquable.

En partie détruits par les guerres, abandonnés depuis plusieurs siècles, presque tous les monuments khmers sont aujourd'hui dans le plus complet délabrement. Leurs ruines sont désertes, ignorées des Européens, redoutées par les indigènes à qui elles inspirent une superstitieuse terreur. Partout une végétation puissante les envahit, et c'est la hache à la main qu'il faut tenter de pénétrer jusqu'à elles.

Quelles sont les origines de cet ancien peuple khmer dont, seuls, les merveilleux ouvrages attestent l'existence? Quelle date assigner à ces grandioses chefs-d'œuvre de la patience humaine et d'un génie inspiré par la foi? La science ne sera fixée sur ces deux points obscurs que le jour où l'on aura pu déchiffrer les nombreuses inscriptions disséminées sur leurs murs. Ces inscriptions, dont les plus récentes sont tracées en caractères semblables à ceux de l'écriture cambodgienne moderne, ne sont cependant pas comprises par les lettrés les plus savants du Cambodge et du Siam. Jusqu'à présent, il a donc été impossible de s'en procurer aucune traduction. Nos épigraphistes français n'ont pas réussi davantage.

Je n'ai pas à me livrer ici à une suite de descriptions que ne comporte pas le cadre de mon livre. J'ai dû, tout simplement, appeler sur ce sujet l'attention de mes lecteurs. S'ils sont jaloux de détails plus précis, qu'ils étudient les travaux intéressants que MM. Henry Mouhot, Francis Garnier, Louis de Carné et Delaporte ont publiés précédemment; qu'ils se transportent ensuite à Compiègne, qu'ils interrogent le musée khmer, ses pièces de sculpture et d'architecture, ses moulages, ses levées de plans, ses dessins, ses photographies, sa collection d'inscriptions; ils sauront, alors, à quoi s'en tenir *de visu* et *de auditu*. La couleur locale leur fera défaut, il est vrai; mais on ne saurait la leur donner comme on leur donne le reste. Ce que je veux tout au plus me permettre, c'est d'esquisser d'un trait rapide la physionomie générale de ce vaste ensemble.

La première impression qu'on ressent en visitant ces ruines, c'est un amer sentiment de tristesse. On se demande douloureusement combien de temps encore dureront ces débris sous la double influence dévastatrice de la végétation et du climat. La sollicitude des amis de l'art historique n'y peut rien; et même, en admettant que les provinces d'Ang-Cor et de Battambon fassent retour, dans l'avenir, au protectorat français, la bonne volonté d'un gouvernement européen demeurerait impuissante. L'art cambodgien a depuis si longtemps disparu que les réparations les plus simples de ces monuments sont devenues impossibles. Le magnifique temple d'Ang-Cor, notamment, qui n'occupe pas moins d'une lieue carrée d'étendue, est habité par des bonzes dont la principale occupation se borne à élaguer religieusement les touffes de palmiers qui disjoignent les colonnes, les couloirs et les tours. Ils ne peuvent faire mieux.

L'influence religieuse éclate partout dans l'art khmer. Chaussées, ponts massifs, vastes citernes, remparts, fortifications, citadelles, temples, tombeaux ou palais, quelle que soit d'ailleurs l'exacte destination de ces monuments, on y retrouve, à chaque pas, la reproduction d'épisodes sacrés, de légendes pieuses, de traditions mystiques, comme cela se rencontrait jadis dans les monuments grecs. Ils sont le produit d'une foi vive, comparable à ce prodigieux élan qui a fait dresser au moyen âge ses cathédrales gothiques. L'ordre d'un roi peut faire sortir de terre les pyramides d'Égypte; il est impuissant à susciter des légions de travailleurs et d'artistes pour élever les longues murailles de la pagode d'Ang-Cor-Thôm.

Bien qu'on ignore leur date, même approximative, il est permis de croire que ces monuments sont contemporains de l'introduction du bouddhisme dans l'Indo-Chine. Cependant, il serait imprudent de rien affirmer sur ce point. Si la figure de Bouddha revient souvent dans leurs motifs de décoration architecturale, on y retrouve également les représentations brahmaniques et d'autres allégories, sans cesse reproduites, paraissant avoir une importance capitale, qui doivent répondre à une profonde conviction religieuse probablement perdue et, peut-être, antérieure à l'introduction des croyances hindoues dans cette contrée. Ce problème, nous le répétons, ne pourra être résolu qu'après que l'on aura su déchiffrer les hiéroglyphes des ruines.

Une dernière remarque, aussi pénible que celle que j'ai constatée plus haut. En face de ces immenses débris du passé, on est frappé d'admiration, sans doute, mais l'émotion fait défaut. C'est que nous ne pouvons plus par notre imagination reconstituer ici la vie derrière ces blocs mornes et sombres. Quel souvenir subsiste de la brillante théocratie orientale au milieu des ébranlements de ces murailles? Quelle trace de pensée se fait jour à travers ces pierres disjointes? La science a beau nous ouvrir le livre des antiques origines humaines et nous montrer des frères dans ces primitifs Aryas dont les castes peuplèrent, au début des sociétés, les fécondes vallées de l'Inde et les plaines vigoureuses de l'Indo-Chine, notre cœur se refuse à tressaillir à cet appel : ces temps sont trop loin, et rien ne sort des sépulcres blanchis qu'une vaine poussière. L'âme reste muette dans ce triomphe de l'esprit.

Je demeurai huit jours au milieu des ruines, et ne m'éloignai qu'après les avoir parcourues en tous sens. Je ne pouvais, toutefois, songer à quitter Ang-Cor avant d'avoir visité sur le mont Ba-Kheng l'empreinte vénérée de Bouddha. Mes compagnons ne m'eussent point pardonné un pareil oubli.

La pagode sainte, bien que déchue de son antique splendeur, ne s'ouvre pas volontiers devant les Européens. Les rares prêtres qui la desservent actuellement ont singulièrement accru leur fanatisme en voyant diminuer leur nombre. Mais nous avions des laisser-passer formels du roi Norôdom pour le gouverneur de la province, et, malgré l'état d'hostilité sourde qui règne sans cesse entre le Cambodge et le Siam, les lettres royales produisirent leur effet : nous pénétrâmes partout.

Notre escorte indigène n'avait pas moins hâte que nous de fouler ce sol révéré. Son scepticisme de race s'était envolé soudain au voisinage de la montagne miraculée.

Le Ba-Kheng est une colline située à deux milles et demi au nord d'Ang-Cor-What et à 6 ou 7 kilomètres nord-est d'Ang-Cor-Thôm. Son altitude est de 100 mètres environ.

Sa base est fortement boisée. La plaine qui l'environne est, également, couverte d'une végétation puissante.

Au pied du mont, à l'ombre d'onduleux palmiers, se dressent deux magnifiques lions-monolithes, hauts de 2ᵐ,20. Des escaliers, en partie ruinés, conduisent au sommet, d'où l'on jouit d'un coup d'œil splendide. D'un côté on embrasse dans leur ensemble les ruines merveilleuses des deux Ang-Cor : à l'horizon, les flots du Grand-Lac scintillent ; leurs teintes éblouissantes tranchent brusquement sur le vert sombre des forêts et sur le fond bleuâtre des rochers dénudés du Khrôm. De l'autre côté se déroule à perte de vue une longue chaîne de montagnes dont les inépuisables carrières ont fourni aux vieux temples leurs superbes blocs de grès, et, toujours plus à l'ouest, un nouveau lac, plus petit, dont l'azur apparaît comme un mince ruban sur le tapis joyeux des bois épais qui le recouvrent en partie. Mais cette région splendide est déserte. Le rugissement des fauves et le chant des oiseaux troublent seuls sa solitude. La nature semble ne pouvoir se consoler de l'abandon profond de ces beaux lieux.

Toute la cime du mont offre une vaste surface plane. Les restes de l'ancien temple, dont l'origine est, assurément, de beaucoup antérieure à celle même des autres édifices de la province, ne sont plus reconnaissables. C'est à peine si le regard curieux de l'explorateur peut retrouver l'emplacement de ce prélude d'une civilisation perdue. Quatre rangs de trous carrés, assez profonds, s'échelonnent en face les uns des autres à des distances exactement réglées ; dans quelques-uns sont encore debout des colonnes, carrées également, qui devaient former une galerie conduisant à l'escalier de l'édifice principal. Les toitures ont disparu. Deux autres galeries transversales, dont l'indication subsiste suffisamment, reliaient quatre tours avancées, sortes de défenses du saint monument. Ces tours sont, seules, demeurées à peu près en état. Elles sont construites partie en grès, partie en briques et servent de demeures aux bonzes, qu'on nomme ici « talapoins ».

Le temple lui-même est petit. Il se dresse, au milieu des quatre tours, sur un faible monticule dont les parvis ont été taillés de main d'homme. Sa dégradation fait peine. Les mosaïques et les arabesques intérieures de ses murs n'existent plus; les panneaux et les corniches en bois doré sont tombés en poussière; les admirables incrustations de nacre d⟨ ⟩s portes massives en bois d'ébène n'ont laissé que leurs traces: quant aux nattes d'argent qui recouvraient le sol, leur souvenir est resté à l'état de légende, mais c'est tout.

Au fond, sous un catafalque entouré de lambeaux de serge dorée, gît l'empreinte fameuse du pied de Bouddha. Les dévots de la région l'ont couverte de leurs offrandes, toutes en bimbeloterie. Le sanctuaire a été également dépouillé de ses ex-voto d'or et d'argent, que la pauvreté des fidèles ne peut plus remplacer. Il est probable que les prêtres les ont, il y a longtemps déjà, vendus pour vivre. L'éloignement et l'incertitude des pélerinages ne doivent pas, en effet, leur procurer une existence facile. Leur fanatisme actuel n'est peut-être, après tout, qu'une conséquence de leur maigreur! Un pareil résultat s'observe également chez nous, en Europe.

Mes indigènes baisaient le sol avec ferveur. Pour témoigner de leur foi profonde dans la mission divine du Prophète, ils couvrirent, à leur tour, son simulacre d'innombrables découpures en papier, symboles de leurs prières. Nous les regardions, mes amis et moi, avec un flegme que rien ne démentit. Au reste, la prudence nous faisait une loi de la plus rigoureuse impassibilité.

Plusieurs même se prétendirent, dès le lendemain, subitement guéris de douleurs rhumatismales contractées pendant notre excursion sur les lacs. Je n'avais jamais entendu parler de ces douleurs : mais je feignis de croire ce qu'on voulut. Les bonzes nous firent demander, par notre interprète, de daigner consentir à apposer nos quatre signatures européennes au bas d'une pancarte destinée à relater le fait. Nous nous exécutâmes gravement. C'est ainsi que nous aurons servi de témoins à ce miracle insigne. Les prêtres ne manqueront point de faire résonner aux oreilles des visiteurs de l'avenir ce solennel assentiment d'hommes d'une autre race, et les pauvres diables croiront fermement à tout ce dont ils n'auront pu se rendre compte, ce que, nous autres moqueurs, nous aurons bien voulu constater pour payer l'hospitalité accordée ! C'est ainsi que se fabriquent les miracles, même au Siam.

Nous demeurâmes quatre jours sur le Ba-Kheng. Les talapoins, charmés de notre facilité, nous firent excellent accueil. Il est vrai que mon cuisinier chinois, que j'avais amené de Saïgon, était pour beaucoup dans leur empressement gracieux. Ces braves gens faisaient bombance avec nous et comblaient leurs vides. Pendant tout ce temps, je ne leur ai point vu marmotter une seule prière.

J'ai rapporté, comme souvenir du lieu, une magnifique peau de tigre. Quelques-uns de nos Cambodgiens, étant allés chasser en forêt, avaient été attaqués à l'improviste par une femelle. Ils n'avaient d'autres armes que leurs longues lances, ce qui ne les empêcha point de tenir vigoureusement. Le fauve s'était élancé contre eux, du fond d'un petit taillis, l'œil en feu, la gueule sanglante. Il s'enferra sur leurs lames croisées. L'un des chasseurs lui plongea lentement alors son arme dans le gosier : elle lui ravagea les entrailles. Le tigre expira en poussant des rugissements affreux, après avoir labouré profondément le sol de ses puissantes griffes. Par bonheur, je n'eus à déplorer aucun accident, comme il en arrive trop souvent en pareille circonstance. Quelques mois auparavant, aux environs du cap Saint-Jacques, j'avais vu, presque sous mes yeux, deux Annamites broyés dans une attaque semblable, sans que personne pût risquer en leur faveur une défense efficace. A mon retour, je donnai la peau du tigre siamois à un naturaliste de passage à Saïgon, lequel prétendit y trouver je ne sais trop quels caractères particuliers. Je soupçonne fort qu'il voulait, tout simplement, se procurer une descente de lit sans bourse délier.

La veille de notre départ, le chef des bonzes m'invita pour le soir à une cérémonie curieuse dont il ne voulut me révéler à l'avance ni les incidents ni le but. Il insista pour que nous fûssions exacts. Nous devions nous réunir à huit heures dans son propre logis.

C'était une faveur; nous nous en montrâmes dignes. A l'heure sonnante, nous pénétrions, mes amis et moi, dans la grande salle de la tour du Sud.

Notre hôte était seul. Il nous pria d'attendre en sa compagnie un de ses compatriotes du Samré, qui ne pouvait tarder à apparaître. Il nous dit, en même temps, que cette réunion était le but de l'invitation qu'il nous avait adressée, sans s'expliquer, toutefois, davantage sur ce sujet.

Nous étions intrigués : mais notre attente dura peu. Quelques instants après, un autre bonze entrait, à son tour, dans l'appartement. Son costume ressemblait à celui de tour les *phras* : peut-être ce moine était-il encore, chose difficile pourtant, plus sec que ses confrères de Ba-Kheṅg. Ses yeux brillaient d'un étrange feu. Il tenait sous son bras gauche un long et fragile panier d'écorce.

Les salutations furent brèves. L'étranger semblait peu communicatif. Il dévora prestement quelques mets que son hôte lui offrit, vida une tasse de *tra-hué*, sorte de thé du pays, puis alluma une cigarette. Son panier reposait sur ses genoux. Nous le regardions sans rompre le silence.

Notre hôte nous fit signe de nous lever. De ses propres mains, chose extraordinaire pour son rang, il rangea la table et les sièges près du mur ; puis, nous entraînant au fond de la salle, il nous pria de nous asseoir à terre, sur des nattes souples et fraîches, et nous recommanda de ne point les quitter sans un ordre précis. Lui-même nous donna l'exemple.

Pendant ce temps, l'étranger s'était déshabillé. Nu comme Adam avant la pomme, il s'approcha de nous, tenant d'une main son panier d'écorce, de l'autre une petite flûte de roseau. Nous comprîmes alors que nous avions affaire à un « charmeur ».

J'avoue que je restai surpris. Il n'y a point de charmeurs de serpents dans l'Annam et dans le Cambodge. D'autre part, je n'ai jamais entendu dire qu'il en existât dans le Siam ou dans le Laos.

Sans desserrer les dents, le bonze nous tendit son panier et, d'un geste, nous invita à en vérifier le contenu. C'était un récipient mince et des plus légers. Il ne contenait absolument rien qu'un foulard de soie jaune et qu'une vieille peau de serpent desséchée. Le tout pouvait bien valoir deux ligatures...

Notre hôte nous expliqua à voix basse que cet homme avait beaucoup voyagé. Il avait, fort jeune, franchi les mers, visité l'île sainte de *Lanka* (Ceylan) et étudié les lois mystérieuses de *Samônakodôm* (Bouddha) dans les *whâts* (temples) silencieux de Kandy ; lui seul, ajoutait-il, eût été capable d'expliquer les inscriptions innombrables que Bua-

Sivisithiwong et ses successeurs avaient gravées sur les murailles d'Ang-Cor. Tout cela dit en langue malaise, que je parlais aisément.

L'étranger avait tracé, avec de la craie, un large cercle sur le plancher. Il y déposa son panier, après un dernier examen de notre part, puis, d'une voix gutturale, nous intima l'ordre de ne plus bouger de nos places, quoi qu'il advînt. Notre talapoin nous traduisit cette injonction, que nous ne songions nullement, du reste, à enfreindre.

J'ai noté que le charmeur était complètement nu. J'ajouterai que les murs lisses de l'appartement ne renfermaient aucun placard, aucune cavité. Nuls meubles autres que la table et les sièges rangés contre les parois. Donc, impossible d'introduire dans la salle aucun sujet vivant, quel qu'il fût. Nous avions, toutefois, minutieusement fouillé la robe jaune de l'opérateur : sa poche latérale ne contenait qu'un bâtonnet odorant et quelques sapèques de cuivre. Nous ressentions, je l'avoue, une sorte d'inquiétude pénible, je ne sais quelle oppression inconsciente en face de cet inconnu au visage hâve, à l'ossature grêle, aux mouvements saccadés, dont l'œil sombre lançait sur nous un jet de flamme brillante toutes les fois que nos regards rencontraient les siens. Était-ce orgueil? était-ce dédain?

Tout à coup sa flûte module un air vif et fortement cadencé. Cet air, — dont je me souvenais encore à mon retour en Cochinchine et que le chef de la musique du gouverneur nota soigneusement d'après mes indications très précises, — me parut singulièrement harmonieux. C'était, pour nous, une agréable revanche de la cacophonie si chère aux Chinois, aux Annamites et aux Cambodgiens. J'ai entendu dire, depuis, que la musique laotienne est généralement mélodieuse. Quoi qu'il en soit, après deux ou trois minutes seulement de ce concert très supportable, voici que le panier s'agite au milieu du cercle, doucement tout d'abord, ensuite avec une rapidité croissante par une espèce de mouvement rythmé analogue à celui du roulis ; puis, la pièce de soie qui le recouvre se soulève et, de ses replis, se dégage lestement un reptile long d'un pied et demi, de la famille de ces dangereux serpents qu'on nomme dans l'Inde et à Saïgon *cobras-capello*. Son petit œil noir s'allume à notre aspect : il parcourt avec fureur l'étroit espace qui l'enserre par un frêle trait de craie que, cependant, il ne peut franchir !

Nous étions stupéfaits. C'était bien cette vieille peau sèche, maniée par nous il n'y avait que peu d'instants, qui revenait maintenant à la vie sous l'influence d'une mystérieuse incantation. Nous semblions changés en statues. Notre hôte nous jetait des regards vaniteusement triomphants.

Il n'y avait point à douter. Le sifflement de l'animal n'était pas feint, non plus que ses mouvements furibonds. Cette scène portait bien l'empreinte d'une réalité saisissante, et, si nous restions muets, nous étions parfaitement éveillés. Quant au flûtiste, il jouait sans s'arrêter, ne paraissant même pas avoir conscience d'un aussi incroyable spectacle.

Vingt minutes environ s'étaient écoulées lorsque le musicien changea de rythme brusquement. C'était, à présent, un air grave, lent, presque funèbre. Aussitôt, le serpent semble inquiet ; bientôt même on eût dit qu'il ressentait une cruelle douleur interne, tant son allure devint subitement pénible, presque brisée. Lentement il se dirigea vers son panier d'écorce, retournant encore parfois vers nous sa tête triangulaire et aplatie : mais son œil était éteint. Enfin le venimeux reptile, soulevant les replis soyeux de son couvercle, disparut à nos regards. Les

oscillations du panier diminuèrent peu à peu, puis cessèrent totalement. Le musicien s'arrêta net.

« Vous pouvez franchir le cercle », nous dit le talapoin.

D'un bond, nous nous dressâmes sur nos nattes et
nous nous élançâmes vers le panier de l'étranger. Sous
le foulard gisait, lovée à plat, la dépouille desséchée du
serpent !

Je raconte ce que j'ai vu, mais je n'essaie pas de rien
expliquer. Voilà les faits, tels qu'ils se sont passés devant
moi : le lecteur concluera à sa guise.

Je sais que certains voyageurs prétendent que les charmeurs jettent dans l'air, pour opérer fructueusement leurs
jongleries, une essence ou une poudre subtiles, lesquelles
troubleraient l'organe visuel des spectateurs au point de
leur faire voir ce qui, réellement, n'existe pas : ces « racon-
tars » ne méritent pas qu'on les discute.

Ce que j'affirme de nouveau, c'est que j'ai moi-même
retourné et palpé en tous sens cette peau, qui était vieille
au moins de dix ans, avant cette « exhibition » étrange ;
c'est que « cette même peau desséchée » s'est « animée »
dans le cercle pendant l'incantation que je viens de
décrire ; c'est que personne n'a pu rien substituer à
l' « objet » apporté par le charmeur, nul ne s'étant appro-
ché du cercle depuis le dernier examen que nous avions
fait personnellement du panier qu'il renfermait.

Le lendemain matin, le bonze du Samré avait quitté
Ra-Kheng, sans vouloir emporter avec lui une certaine
quantité de piastres que nous avions glissées dans sa robe.
Notre talapoin, familiarisé avec nous, les accepta sans scru-
pule, « au profit exclusif, nous assura-t-il, de sa pagode ».
J'estime qu'il aura été assez pratique pour s'offrir, après

notre départ, quelques copieux repas supplémentaires en l'honneur de Bouddha.

Ma conviction est que ce prêtre-charmeur est attaché au temple, ainsi que plusieurs autres du même genre. On les sert, évidemment, au public dans les grandes occasions ou aux étrangers de distinction : c'est une façon adroite d'agir sur l'esprit superstitieux des pèlerins et de provoquer, au besoin, des aumônes plus amples.

Nous quittâmes nous-mêmes de bonne heure la montagne, emportant les vœux de nos hôtes en échange de notre offrande. Nous voulions reprendre la route d'Angcor avant la chaleur.

Nous traversâmes de nouveau le Grand-Lac. Le lendemain, vers quatre heures de l'après-midi, nous mouillions à l'embouchure du *Kun-Boréye*, cours d'eau étroit et tortueux sur les rives duquel s'élève Battambon, dont nous nous proposions d'explorer les ruines. Nous y trouvâmes un relai d'éléphants et des chars à bœufs, que le roi Norôdom avait gracieusement mis à notre disposition pour nous, notre escorte et nos bagages. Nous étions pleins de joie, et nous ne nous proposions rien moins que de franchir à travers les forêts la distance, relativement minime, qui nous séparait de Bang-Kok : nul Européen ne s'est encore risqué sur cette route depuis notre compatriote Henri Mouhot, le premier qui l'ait parcourue.

Hélas! un événement fatal devait rompre ces projets.

L'un de mes compagnons, pris subitement de la dysenterie, se trouva dans l'impossibilité d'être transporté jusqu'à la ville. Nous lui dressâmes une tente et demeurâmes auprès de lui. Le lendemain soir, il était mort.

Comme nous voulions ramener son corps à Saïgon, nous fîmes immédiatement fabriquer un cercueil. Nous nous disposions à reprendre la route directe de Pnôm-Pènh avec les restes de notre infortuné compatriote, quand un nouvel incident surgit.

Les Siamois ne le cèdent en rien aux Chinois et aux Annamites pour le respect envers les morts. Or, le bruit du décès d'un voyageur européen s'était répandu dans Battambon; une foule d'indigènes accourut à notre campement dans l'espoir d'y contempler des funérailles extraordinaires. Leur attitude fut, d'abord, sympathique; mais, quand ils virent que nous allions charger le cercueil dans une barque, une réaction se produisit. Les Battambonais s'imaginaient, apprîmes-nous plus tard, que nous prétendions faire servir le cadavre à des préparations magiques: pour prévenir une telle profanation, ils exigeaient qu'il fût enseveli dans la ville même, où, d'ailleurs, une mission catholique française est depuis longtemps établie.

Redoutant un conflit et ne voulant risquer qu'à la dernière extrémité une lutte armée sur le territoire du Siam, je n'hésitai point à me rendre sur-le-champ à Battambon avec une escorte de dix de nos Annamites. Un de nos Cambodgiens m'accompagnait à titre d'interprète. Je déclarai au gouverneur que je voulais ramener mon ami dans son pays afin de le remettre aux mains de sa famille, et que j'étais décidé, en cas de refus, à exécuter mon dessein par la force. En même temps, j'exhibai les lettres du roi. Elles gagnèrent seules ma cause. Le mandarin, par respect pour les hôtes de Norôdom, daigna se transporter avec moi à notre camp. L'aspect de nos éléphants acheva de le convaincre. Ses paroles apaisèrent la foule, qui se décida à nous laisser embarquer.

On peut juger combien notre retour fut triste.

Je n'ai fait que traverser rapidement Battambon : aussi ne puis-je en donner une description sérieuse. Cette place est entourée de murailles de terre. Ses habitants jouissent d'un réel bien-être, qui apparaît dès le premier abord. Les environs sont parfaitement cultivés : j'ai remarqué, notamment, de magnifiques plantations de bananiers et de manguiers, ainsi que de riches rizières. Il paraît que la ville est exempte des impôts et des taxes qui ruinent les autres provinces siamoises. Cette situation exceptionnelle explique sa prospérité.

Battambon est renommé pour ses langoutis de soie, aux couleurs vives et variées. La matière première en est récoltée et tissée sur place; la teinture est tirée des arbres du pays.

Mon voyage devait mal finir de tous points. Notre hôte de Ba-Kheng m'avait fait cadeau d'une fort belle statue de Bouddha, façonnée d'une sorte de jade verdâtre et haute de trois pieds et demi, ainsi que d'un piédestal en bois de *trac* curieusement fouillé. Pour reconnaître sa gracieuseté, je m'étais défait à son profit de l'un de mes revolvers, ce dont il faillit étouffer de joie. Mais la barque qui portait ce fardeau précieux sombra, je ne sais comment, dans le Teuli-Sap, et mes indigènes prétendirent ne savoir plonger. La remise faite à un chrétien du simulacre saint leur avait paru constituer un sacrilège, et la mort subite de l'un de mes compagnons une vengeance du ciel : ils étaient donc charmés, au fond, de l'accident, que peut-être ils causèrent eux-mêmes. Quoi qu'il en fût, le mal était sans remède, et je rentrai à Pnôm-Pènh les mains vides.

Je débarquai seul dans la capitale, mes deux compagnons survivants s'occupant immédiatement d'arrêter leur passage pour Saïgon à bord d'un des paquebots Larrieu et d'y transporter le cercueil de notre infortuné compatriote. Je me proposais d'en faire autant, ne les voulant point abandonner pendant les quelques heures qui les

Pagode souterraine de Touráne (royaume d'Annam).

séparaient encore de notre colonie. Mais le roi, auquel il
me fallut demander audience pour lui rendre compte de notre
voyage et le remercier une dernière fois de la bienveil-
lance qu'il nous avait témoignée, n'y voulut pas consentir.
« Que vos amis s'empressent de terminer leur excursion,
me répondit-il, rien de plus naturel : mais vous m'êtes
actuellement nécessaire ici pour rehausser par la présence
d'un fonctionnaire français les fêtes du *Préa-Khân*, qui
auront lieu demain ». Il me fallut céder aux sollicitations
intéressées de Norôdom. Je dis adieu tristement à mes
camarades, et retournai prendre possession du logement
qu'on m'avait, cette fois encore, préparé dans les dépen-
dances du palais. J'étais, de nouveau, un personnage officiel.

Les annales cambodgiennes rapportent que, dans les
temps les plus reculés, le chef des anges *Préa-En* fit don
à l'un de leurs rois, qui avait imploré pour lui et ses successeurs le privilège d'observer fidèlement les préceptes
de la justice et de la religion, d'une épée flamboyante
destinée à servir de palladium à ses États. Cette lame
miraculeuse est appelée *Préa-Khân*. C'est une arme en
fer, large et courte, sur laquelle sont figurées les principales divinités brahmaniques. Préa-En, en effet, n'est autre
qu'Indra. La poignée est en or, et le fourreau, richement
doré et laqué, est enveloppé de velours rouge. Le tout
contenu dans un étui, qui le dérobe aux regards.

La conservation du glaive sacré est confiée à la corporation privilégiée des *bakous*. Leur charge est héréditaire.

Les bakous sont les derniers rejetons, très authentiques,
de l'ancienne caste des brahmanes (*Pûoch Prêem*) qui,
jusqu'au v° siècle de notre ère, fut toute puissante dans le
pays. Ils n'ont plus droit, depuis cette époque, qu'à l'en-

vieuse vénération des fidèles. Comme on s'habitue à tout, cette restriction paraît leur suffire. Ils ne s'allient guère qu'entre eux, bien que les alliances au dehors ne leur soient pas interdites par la loi : mais les Cambodgiens considèrent une union avec eux comme funeste. Aussi sont-ils en petit nombre, tout au plus 800 ou 1000 hommes faits. L'opinion publique les considère comme appelés à remplacer sur le trône la famille royale existante dans le cas où celle-ci viendrait à s'éteindre : mais cette vieille tradition, qui, bien que séculaire, ne repose sur aucun monument connu, ne me semble pas avoir aucune chance de réalisation, le roi Norôdom n'ayant pas moins de 83 enfants, assure-t-on, au fond de son mystérieux gynécée, et son frère, le second roi, en ayant lui-même plusieurs. Ajoutons que son autre frère, le rebelle Si-Wata, né après l'élévation au trône de son père Ong-Duong, — ce qui constitue pour les Cambodgiens une prérogative importante, — aurait également, en cette occurrence, à faire valoir les droits héréditaires de sa descendance. Si, toutefois, ce fait improbable se produisait, par suite d'un de ces inexplicables accidents qui déciment trop souvent en entier les dynasties orientales, le choix du peuple devrait se porter sur celle de ces familles vénérées qui se serait conservée la plus pure de toute alliance étrangère à son propre sang.

La qualité de bakou se transmet par les mâles. Il ne diffère, quant à l'extérieur, des autres Cambodgiens que par la chevelure, qu'il porte longue et tordue en chignon suivant la mode annamite. Si, par hasard, l'un d'eux se fait bonze, celui-là se rase alors la tête, d'après les prescriptions formelles de l'ordre.

C'est le roi qui choisit leurs chefs spéciaux, au nombre de sept, dont trois prennent les dénominations significatives de *Préa-En* (Indra), *Préa-Prôhm* (Brahma) et

Préa-Préem (Rama), suffisamment indicatrices de leur origine. La caste n'est plus, aujourd'hui, exempte d'impôts.

Le rôle joué par ces puissants privilégiés dans les cérémonies royales est extrêmement important. Au couronnement du roi, notamment, ce sont eux qui, en faisant intervenir le glaive sacré, apportent au souverain nouveau le concours nécessaire d'un présage heureux. Même intervention de leur part lors de la cérémonie de la coupe des cheveux d'un enfant du sang royal, ou lorsque cet enfant revêt l'habit de bonze. Quand le monarque se rend à la pagode, ce sont eux encore qui récitent en son honneur les *akûm*, formules hiératiques inintelligibles pour les Cambodgiens, mais probablement composées et psalmodiées en langue sanscrite. Enfin, ce sont eux seuls que l'on convoque à tour de rôle, au nombre de douze, de tous les points du royaume pour faire, pendant un mois, le service auprès du Préa-Khân dans un corps de bâtiment particulier du palais.

Chaque mardi et chaque samedi, vers sept heures du matin et après récitation des prières liturgiques voulues, la précieuse relique est tirée de son fourreau et exposée sur un tapis à la vénération des croyants. Les Européens peuvent, eux aussi, la contempler avec une autorisation du roi. Je fus admis à cet honneur : Norôdom poussa même la courtoisie jusqu'à me faire accompagner dans cette visite par le *Suphéa-tréach*, mandarin de justice du premier degré.

Grand branle-bas solennel à huit heures et demie. Voici à quelle occasion.

De temps en temps, lorsque Norôdom éprouve le besoin de se mettre complètement à la hauteur de la civilisation européenne, il gracie un ou deux de ses esclaves avec l'apparat le plus recherché : il n'oublie donc jamais de choisir, pour cette œuvre philanthropique, un des jours consacrés à l'exposition de glaive d'Indra, vu l'affluence du populaire. Or, comme un magistrat français se trouvait précisément de passage à Pnôm-Pênh dans un de ces moments d'humanitarisme soigneusement étudié, l'astucieux monarque avait jugé profitable de retenir un aussi important témoin. J'augmentais, par ma présence, le prestige de son acte.

Les nouveaux affranchis étaient deux malheureux Penongs. Libres désormais de retourner dans leurs montagnes, ils s'abandonnaient à une pantomime des plus démonstrativement joyeuses. Norôdom leur fit remettre une petite somme d'argent à titre de dernière libéralité. J'avais peine, pendant cette cérémonie hypocrite, à dissimuler mon dégoût.

Le soir, somptueux festin au palais, en commémoration de cet exceptionnel trait de bonté. J'étais invité avec plusieurs négociants français de la ville. Bien que je n'eusse pas le cœur à la joie, je ne pus encore me dispenser d'y aller faire mes preuves d'un estomac sans scrupules et d'un visage inébranlablement souriant.

Une sorte de chambellan, somptueusement paré d'une veste mordorée, d'une ceinture jaune et d'un bonnet à galon d'or, indiquait leurs places à chacun des nombreux convives ; car, dans ces repas solennels, chacun figure d'après les règles, minutieusement discutées, de la hiérarchie la plus stricte. Les étrangers siègent, naturellement, au poste d'honneur, en face de la table spécialement affectée au roi.

Notre table, à nous, figurait un long fer à cheval. A nos côtés, de droite et de gauche, les mandarins s'épanouissaient à la file, selon leurs grades. Norôdom m'adressait souvent la parole, ainsi qu'à mes compatriotes ; et lorsque l'interprète lui transmettait quelques-unes de nos réponses qu'il trouvait plaisantes, sa bouche se fendait de son plus large rire. Quant au reste des assistants, ils nous admiraient sur commande.

Le revers de la médaille, c'est qu'il est absolument impossible, — pour ce qui concerne, du moins, les invités indigènes —, de refuser aucun des mets offerts de la part du roi. L'étiquette est inexorable sur ce chapitre. Or, comme Norôdom est fort intempérant de sa nature, il prend plaisir à traiter l'estomac de ses convives de la même façon que le sien propre, ce qui procure souvent à ces malheureux de déplorables sensations. C'est, principalement, sur les boissons que le malicieux amphytrion insiste : d'où cette inévitable conséquence que, les vins français étant les plus estimés par cette Majesté trop civilisée, le festin dégénère bientôt en une orgie dans laquelle la plupart des mandarins laissent, tout aussi bien que leur hôte, le peu de bon sens qu'ils possèdent. Par bonheur, le roi voulut bien ne pas m'offrir cet écœurant spectacle ce jour-là.

Au surplus, ce n'est point un métier facile que d'appartenir, à un degré quelconque, à « la bouche du roi ». Si ses convives, tous de haute condition, sont ses victimes, que dire de ses misérables cuisiniers? Dans quelles perpétuelles frayeurs ne doivent-ils pas vivre ? Une législation spéciale réglemente la cuisine royale. Elle est singulièrement dure. Si le cuisinier du roi prépare pour sa table des mets « qui ne peuvent se manger l'un après l'autre, parce qu'ils se nuisent mutuellement », il est puni de cent coups de bâton. Si ces mets ne sont ni propres ni « convenables », il reçoit quatre-vingts coups. S'il arrive, enfin, que quelque remède destiné au roi soit, « par erreur », porté dans les cuisines, les mandarins, les officiers de bouche et les cuisiniers sont chacun punis de cent coups et « tenus, en outre, d'avaler la remède ! ! » Pour user du mot du jour, ce dernier mode de répression n'est-il pas un formidable *comble?*

Aucun incident analogue ne se produisit, — heureusement ! — en ma présence. Il ne m'eût peut-être pas trop déplu de contempler les graves mandarins avalant « le remède » ; mais le rotin m'eût semblé superflu. Je me hâte de constater que le festin mérita, — de l'aveu des vrais connaisseurs, — une approbation unanime. Aussi, plats et bouteilles se vidaient-ils comme par enchantement.

Pour mon compte, je fus stoïque, consentant à goûter à peu près de tout. Ne faut-il pas s'instruire en voyage? Sinon, qu'on reste chez soi. Au surplus, le coup d'œil était assez engageant. On s'apercevait, à l'adroite distribution du détail, que Norôdom et ses familiers viennent souvent à Saïgon. Chaque mets était servi sur un grand plat d'argent ou de faïence émaillée, recouvert d'une espèce de chapeau pointu doublé d'étoffes rouges et surmonté de houppes multicolores : ce couvercle sert de préservatif contre la poussière et les insectes. A côté de chaque convive s'allongeait un bassin de cuivre rempli d'eau, dans lequel flottait un petit bol en métal précieux ; ce commode ustensile, servant à laver les doigts, tenait lieu de serviette. Si j'ajoute que de nombreuses bougies illuminaient *à giorno* la vaste salle dans laquelle nous étions assis sur de confortables sièges de fabrique européenne, il me semble que l'on conviendra assez facilement que Norôdom ne se montrait point par trop « barbare ». Dernier renseignement à noter : le vin de Champagne coudoyait fraternellement, sur la table royale, le vin de palmier et les alcools de riz.

Nous débutâmes par un *carry*. Tous ceux qui ont

voyagé dans l'extrême Orient connaissent ce plat, le plus fréquent des tables européennes et asiatiques. Relevé par des condiments excitants, adouci avec l'eau d'une noix de coco, coloré avec la racine du *curcuma* ou safran indien, accommodé à la volaille ou aux crevettes, il constitue un très bon manger, principalement si l'on prend soin de l'accompagner d'un gâteau de riz cuit selon la méthode annamite, c'est-à-dire dans la vapeur d'eau, et d'une éclatante blancheur.

Quant au reste du repas, j'en eusse fait bon marché. Les poules étaient coriaces : d'ailleurs, ces volailles, cuits dans l'eau, disparaissaient sous une répugnante gelée de sang. Les canards grillés sentaient le charbon. Les œufs étaient couvés, selon le précepte local. Le poisson salé, ou *nuoc-mam*, exhalait une odeur de pourriture intolérable : mais c'est encore un autre usage du pays. De désespoir, je me rejetais furieusement sur le riz, que j'absorbais à l'aide d'une petite cuillière en porcelaine. Le roi me souriait d'un air joyeusement approbatif. Quant aux négociants mes compatriotes, ils ingurgitaient avec un flegme admirable, songeant, entre chaque bouchée nouvelle, aux intérêts de leur maison, ce qui leur facilitait la digestion.

Je me bornerai, pour le surplus, à une énumération rapide : chrysalides de vers à soie, bourgeons de bambou, pieds d'éléphant desséchés, côtelettes de chien, brochettes de rats palmistes, iguanes bouillis, gigots de tigre, roussettes rôties, vers palmistes de Vinh-Long, holothuries de Ha-Tien, bichons et sangsues de mer, œufs de tortue, filets de caïman, cuissots de singe, têtes d'aréquier en salade, graines de lotus grillées au soleil, nids gélatineux de salanganes. On voit de quelle magnifique somptuosité Norôdom savait, au besoin, donner les preuves.

Le dessert se composait, enfin, exclusivement de fruits :

oranges et citrons, melons d'eau, pommes-cannelles, bananes jaunes et vertes, papayes, caramboles à la couleur d'or et au goût acide, jamboises, goyaves, ananas de Saïgon. Je ne dois pas oublier non plus les mangues, dont l'odeur de thérébentine cause une sorte de répugnance qui n'est que passagère, ni le corosol, dont la pulpe blanche a la senteur et le goût de la groseille à cassis, ni le jacquier, dont le poids atteint jusqu'à vingt-cinq livres, ni le tamarin, ni surtout le mangoustan, le plus délicieux des fruits du tropique. Par malheur, l'usage immodéré de ces excellents produits du règne végétal est, pour les Européens, aussi bien que l'abus des liqueurs fortes, une cause redoutable de dyssenteries. Les indigènes, seuls, peuvent s'en gorger impunément.

J'avoue que je vis arriver, avec un soulagement réel, la fin de ce gargantuesque repas. C'est égal ! je pouvais me vanter de posséder un estomac solide.

Comme la première fois, la réception royale se termina par des exhibitions scéniques qui ne cessèrent qu'au lever du soleil, Norôdom ne me fit grâce d'aucun détail. Cet impresario couronné est un véritable monomane.

Je demeurai deux jours encore à Pnôm-Pênh. Le roi me chargea de remettre, de sa part, au gouverneur de notre colonie une lettre autographe par laquelle il avisait ce haut fonctionnaire de sa prochaine arrivée à Saïgon. Le monarque, invité officiellement à assister à l'Exposition qui devait bientôt ouvrir dans cette ville, acceptait pour lui et ses principaux dignitaires. A vrai dire, il ne manque jamais une occassion de s'exhiber aux Français, dont les réceptions solennelles le flattent singulièrement.

Enfin, j'étais libre ! J'embarquai sur-le-champ.

Mon retour s'effectua sans incident notable. Ce fut avec un réel bonheur que je me retrouvai dans ma petite maison et que je repris mes habitudes. De quelque santé robuste que l'on jouisse, de pareils voyages affaiblissent toujours l'Européen. Mais quel est l'homme qui se laisse, en pareil cas, guider par sa raison lorsque la fièvre de l'inconnu l'agite?

ROYAUME D'ANNAM

I

D'une superficie d'environ 300,000 kilomètres carrés, c'est-à-dire représentant plus de la moitié de la France, le royaume d'Annam se divise en deux grandes parties : au nord, les quinze provinces du Tong-Kin, dont je m'occuperai tout particulièrement plus loin; au sud, les dix provinces de la Moyenne-Cochinchine, sorte d'étroit ruban qui se déroule en forme d'S à la partie orientale de la péninsule indo-chinoise, les seules qui, pour le moment, font ici l'objet de notre examen. Sa population est estimée, approximativement, à 13 millions d'habitants, dont environ 10 millions pour le Tong-Kin.

Les fleuves de cette région sont, en général, d'un faible parcours; mais, très nombreux et reliés entre eux par d'innombrables canaux artificiels ou naturels, ils constituent de remarquables voies de communication. Parmi les principaux, nous citerons seulement le Song-Ngoua, qui prend sa source dans la tribu des Banars, le Thruong-Thien ou rivière de Hué, le Giang, le Ca, le Cai et le Maa, auxquels les provinces de Nghé-An et de Thanh-Hoa doivent en partie leur prospérité commerciale et agricole: enfin le Song-Coi et le Thaï-Binh, ces deux magnifiques routes fluviales du Tong-Kin oriental sur lesquelles nous aurons à nous étendre spécialement.

L'Annam indépendant est séparé du bassin du Mé-Không par une longue chaîne de montagnes, aux altitudes variant de 800 mètres à 2,000 mètres et dont l'orientation, par rapport aux vents réguliers qui arrivent de la mer chargés d'humidité, influe très naturellement sur les conditions météorologiques du pays; ainsi, lorsque la mousson du S.-O. amène en Basse-Cochinchine, du mois de mai au mois d'octobre, la saison des pluies, l'Annam est en pleine saison sèche; et quand la mousson du N.-E. passe sur l'Annam, elle arrive de l'autre côté de la chaîne dépouillée de son humidité, et la saison sèche s'établit sur le bassin du Mé-Không. La disposition particulière des côtes de golfe du Tong-Kin apporte, cependant, quelques modifications à ce système. Le climat de l'Annam diffère aussi de celui de notre colonie : la température s'y élève jusqu'à 40° en été; mais elle redescend, selon la latitude, à 12° et même à 8° pendant l'autre saison, laquelle devient ainsi une espèce d'hiver favorable à la santé. Les très légères nuances qui distinguent le caractère physique et moral des populations du nord et du sud de l'Annam sont, en grande partie, le résultat de ces différences climatologiques.

Lorsqu'on a quitté Saïgon, les premières côtes du sud offrent tout d'abord aux regards de l'explorateur leurs collines onduleuses, leurs montagnes boisées, leurs ports nom-

breux, excellents, mais presque déserts. C'est, en premier lieu, le Binh-Thuan, réputé pour ses bois précieux, trac, bois d'ébène, bois d'aloès, agalloche, bois
d'aigle, etc.; puis le Khanh-Hoa, riche en soiries; le
Fou-Yên, qui produit surtout du riz, du maïs, des pois, du
sucre, etc., et dont les mines sont aussi vantées que la
fertilité de son sol. Partout, d'ailleurs, la Moyenne-Cochinchine recèle des minerais de fer, de zinc, de plomb, de
cuivre, d'argent et d'or. Les produits de Binh-Dinh, qui
se présente ensuite, sont à peu près les mêmes que les précédents. La route se continue le long des terres, tantôt
élevées, tantôt basses, des provinces de Kouang-Ngaï et de
Kouang-Nam, qui fournissent de non moins bons tributs à
S. M. Tu-Duc, principalement en riz, cannelle, sucre, etc.
On arrive ainsi aux côtes de la province de Hué (Kouang-
Duc) qui, le décor changeant brusquement, ne présentent
plus que des dunes de sable très basses sur lesquelles on
peut à peine distinguer, de loin en loin, quelques pauvres hameaux; puis à celles de la province de Kouang-Tri,
d'un aspect analogue, mais dont le rivage, toujours très
bas, est seulement plus boisé. Non loin, dans l'intérieur
et courant parallèlement à la côte, plusieurs plans de
petites collines s'étagent jusqu'à la grande chaîne, qui
paraît ici fort éloignée de la mer et, par conséquent, peu
élevée au-dessus de l'horizon. Toutefois, tandis que la province de Hué, fort resserrée entre la mer et de hautes
montagnes, semble presque dépourvue de plateaux, le
Kouang-Tri, au contraire, est également partagé en vastes
plaines admirablement arrosées et en plateaux fort
étendus et presque partout cultivés. Tous les cours d'eau
qui viennent des montagnes semblent s'arrêter à la limite
de la plaine pour se jeter dans une façon de réservoir ou
de canal parallèle à la mer, qui n'est autre que le prolon-

gement de la fameuse lagune de Cao-haï. Cette province et celle de Hué se trouvent donc ainsi traversées, depuis la baie de Choumay jusqu'au cap Lay sur une longueur d'environ 120 kilomètres à vol d'oiseau, par une lagune navigable partout pour les barques de rivière et, sur un assez long parcours, pour les jonques de mer. Ajoutons que le Kouang-Tri produit principalement du riz, du maïs, des pois, qu'on y cultive la canne à sucre, le mûrier et le caféier, et que l'exportation des bois y est aussi très étendue. La côte du Kouang-Binh, qui vient ensuite, est à peu près constituée comme celle de la précédente province, bien que sa partie centrale diffère notablement. Là, en effet, plusieurs chaînes de collines assez élevées présentent des pics et des crêtes fort remarquables, se rapprochant de la mer en laissant entre elles d'étroites et profondes vallées. Ce plateau montagneux semble aller rejoindre la grande chaîne de l'Annam, qui s'enfonce dans l'intérieur et qu'on ne pourra plus désormais apercevoir du rivage. Il y a là une barrière naturelle encore inexplorée, et au delà de laquelle la souveraineté de Tu-Duc n'est plus que nominale. Quelques dernières collines se rejettent encore, cependant, vers la mer sur la limite extrême du Kouang-Binh, à laquelle une longue suite de murailles crénelées en ruines et d'une date incertaine servait autrefois de séparation avec le Tong-kin. Disons enfin, pour terminer, que les rivages du Nghê-An, la dernière province et la plus considérable, n'offrent rien de remarquable. Il paraît, néanmoins, que ses plaines se relèvent à une certaine distance de la côte et que son sol devient alors très accidenté, quoique plutôt montueux que montagneux. Plusieurs rivières arrosent ce district, qui est fort riche. On affirme qu'il s'y rencontre des mines, et c'est probable. Ce qui est certain, c'est qu'on en tire du riz, du maïs, de la soie, du

coton, du sucre, des peaux, des cornes, des plumes, de
la résine, de l'huile, du sel, du poivre, de la cannelle, de
l'ivoire, etc., et que le Nghé-An est, en outre, réputé pour
avoir les bois les plus beaux, les plus utiles et les plus précieux de l'Annam. En d'autres mains, les ports naturels
que forment les embouchures de ses cours d'eau donne-
raient à son commerce local une vaste extension; mais le
gouvernement est hors d'état d'en tirer profit. Au reste,
toute cette partie de l'extrême pays est véritablement l'inconnu, et nul ne s'en préoccupe. De plus, les mandarins ne
s'y risquent pas sans une certaine appréhension, car cette
seconde partie de la côte annamite, toujours basse et uniforme à partir de la province de Hué, est sillonnée d'écueils
qui en rendent l'accès périlleux : aussi les indigènes l'ont-
ils surnommée la « Côte de fer » !

Un autre inconvénient de ces parages est la piraterie,
Cette libérale institution s'y donne large carrière, car la
marine française n'a point su, jusqu'à présent, la supprimer.
En réalité, toute jonque de mer est, dans cette région,
très raisonnablement suspecte de se livrer à ce profitable
métier : au demeurant, son équipage a presque toujours
des papiers ou des expéditions en règle. On l'affirme du
moins, nul ne paraissant désireux d'aller s'en assurer. Le
gouvernement annamite ne s'en émeut nullement, la
piraterie lui paraissant tout aussi naturelle que le vol.
Chaque mandarin profite des deux comme il peut, c'est-à-
dire au détriment de tous et de l'Etat. Les pirates chinois
sont plus redoutés que les pirates annamites et jouissent
d'une impunité complète. A ce sujet, M. Dutreuil de Rhins
raconte qu'un navire étranger, ayant saisi une jonque de
pirates chinois, les livra à Hué, où on leur rendit aussitôt
la liberté, soit pour ne pas se faire d'embarras avec la
Chine, soit pour se ménager dans ces bandits d'utiles alliés

contre un ennemi cent fois plus redouté: les Français (*Lang-sa*). Ajoutons que les Annamites ont assez d'esprit pour ne pas se contenter de remettre d'aussi précieux gaillards en liberté, mais bien encore qu'ils les prennent à leur service. Le même explorateur a constaté que sur les jonques chinoises au service du roi à Touan-An, qui est le port de Hué, « plus de la moitié des équipages est compo- « sée de ces braves gens, lesquels dès lors ne pillent plus « qu'en bonne compagnie ». Nos bâtiments de guerre ne pourront réussir à purger les côtes de l'Annam de ces audacieux sacripants que si le gouvernement français se décide résolument à abandonner la politique d'inexplicable faiblesse qu'il impose à ses agents dans cette partie de l'extrême Orient. Qu'on soit bien convaincu en France, cependant, que notre prestige et nos intérêts commerciaux périclitent là-bas de plus en plus sous le coup de la situa- tion honteuse qu'un pareil laisser-aller entraîne.

Ce n'est point, d'ailleurs, la marine de Tu-Duc qui pourrait jamais, à elle seule, remédier efficacement à ce triste état de choses. En effet, la flotte annamite, qui a été autrefois considérable, ne se compose plus aujourd'hui que de 7 corvettes à voiles avec un équipage de 120 à 200 hommes suivant leur grandeur, portant chacune envi- ron 28 pièces; plus 300 jonques, petites et grandes, armées de 2 à 6 pièces, avec 40 hommes d'équipage. En ajoutant 2 vapeurs achetés à Hong-Kong et les 5 navires cédés par la France en 1876, on arrive à un total d'environ 314 bateaux qui, armés, représenterait 16,000 hommes et 1,400 pièces, — mais quels hommes et quelles pièces!... De septembre en mars, du reste, cette flotte ne navigue pas : les corvettes et vapeurs restent dans les ports, les jonques sont halées à terre sur des cales. Même dans la bonne saison les bâti- ments ne sont pas tous armés, et chacun sort rarement plus d'un voyage. On conçoit que les pirates puissent s'en donner à leur aise.

Les états-majors se composent d'un ou deux mandarins lettrés commandants (*kouan-tao*), avec toute une suite de secrétaires, commissaires (*tri-bo*), etc., et de plusieurs mandarins militaires attachés aux divers services de marine (*kouan-tiou*), d'artillerie (*kouan-keu*) et d'infanterie (*kouan-bingh*). Viennent ensuite les sous-officiers, *Doïs* et *Caïs*. Généralement, le *Doï* est le seul homme à bord qui ait à peu près une idée quelconque du métier, et c'est lui qui, au point de vue nautique, dirige le bâtiment avec les deux hommes chargés du gouvernail (*ké-da*). A l'exception de ces trois individus, les équipages sont plutôt composés de canonniers (*hô-vié*) et de soldats (*kingh-tat*) dont toute l'instruction se borne à ramer pendant quelques jours dans de grandes pirogues et à gréer leur bateau, — Dieu sait comment! — une fois chaque année, après l'hivernage. Pendant le séjour au port, chacun ayant dépouillé le navire de ce qu'il a pu voler pour le vendre ou pour son usage personnel, et les choses qui font absolument besoin étant remplacées par des vieilleries qu'on trouve dans les magasins, le gréement se simplifie de plus en plus et prend un aspect fantastique.

La solde de ce personnel, comme celle de tous les autres fonctionnaires du royaume, se paie en espèces et en nature; toutefois, il y a la solde de mer et la solde de terre, la première plus forte que la seconde; mais l'augmentation ne porte que sur la solde en espèces. Au reste, ces traitements ne ruinent pas l'État. Les premiers mandarins reçoivent, par mois, 30 ligatures (27 fr.), plus deux vêtements par an, un de soie et l'autre en coton, et 3 piculs (180 kilogr.) de riz. Les premiers mécaniciens devraient recevoir 3 ligatures (2 fr. 70) et les matelots 2 ligatures

(1 fr. 80), plus une demi-picul (30 kilogr. 200 gr.) de riz par mois et, chaque année, un costume en coton composé de deux chemises, d'un pantalon et d'une ceinture : mais, constate M. Dutreuil de Rhins, « ils reçoivent en réalité » beaucoup plus de coups de rotin que de sapèques ».

De même que la marine, l'armée de terre est en pleine décadence. Il est impossible de prendre au sérieux les soi-disants exercices militaires que les mandarins font pratiquer à leurs misérables recrues pendant deux mois, en décembre et janvier, et à la suite desquels les soldats annamites ne parviennent qu'à figurer de grotesques saltimbanques. Encore leur effectif n'est-il jamais au complet. Vers 1820, sous le règne de Minh-Mang, l'armée, d'après M. Chaigneau, pouvait dépasser facilement 200,000 hommes, presque tous de bonnes troupes et façonnés par les anciens officiers français que l'habile évêque d'Adran avait appelés à la cour de Gia-Long. Aujourd'hui, c'est autre chose. Il n'y a pas à Hué plus de 6,000 hommes de garnison, ni plus de 2,000 dans les différents postes de la province. « En admettant, dit » encore M. Dutreuil de Rhins, que toutes les autres pro-» vinces du royaume aient chacune une garnison plus faible » de moitié, nous arriverons à un total de 88,000 hommes, » auxquels il faudrait ajouter 16,000 marins si tous les » navires et jonques de l'Etat étaient armés. Réduisons » hardiment ce chiffre de moitié, et nous ne serons pas » loin de la vérité en disant qu'il n'y a jamais, en temps » ordinaire, plus de 50,000 hommes sous les armes dans » *tout* le royaume d'Annam, y en eût-il 300,000 sur le » papier. L'armement, le matériel des forces de terre est » digne du personnel ». Cette déclaration d'un de nos officiers de marine, qui a vécu pendant deux ans dans l'Annam en qualité de commandant d'un des bâtiments de guerre livrés par la France à Tu-Duc, est fort nette et de nature à nous édifier sur la puissance réelle de ce fantôme royal de qui le gouvernement français, depuis 1874, supporte tous les affronts et tous les outrages avec une patience de moins en moins compréhensible. L'Annam, quand on prend la peine de le regarder de près sous ses divers aspects, n'apparaît, de quelque côté qu'on l'envisage, que comme un Etat en complète décomposition.

Non seulement cela n'est point étonnant, mais le contraire serait le plus étrange prodige. Le pays est, en entier, dévoré par la lèpre du mandarinat, institution d'origine chinoise dont l'esprit démocratique a été bientôt profondément altéré. En Annam, le mandarinat, par la façon dont se passent les examens, est, de fait, presque héréditaire. On n'est pas fils de mandarin (*kouan*) pour rien ! Aussi, dans le concours, l'influence et l'intrigue pèsent plus sur l'esprit des juges que les capacités et le mérite. Il n'y a à cette règle que de bien rares exceptions, motivées par d'importantes considérations politiques. Quand les candidats ont appris jusqu'à vingt ans et plus à lire et à écrire les caractères chinois, quand on les a décorés au hasard des titres pompeux de bachelier (*chinh-hoc*), de licencié (*keu-gneun*) ou de docteur (*tan-chii*), les voilà jugés propres à remplir indistinctement tous les emplois du gouvernement. Il est vrai qu'ils sont tous également capables, puis qu'ils sont tous égaux devant l'ignorance. M. de Rhins a vu de grands mandarins lettrés (*ong-kouan-leun*) ne pas connaître l'histoire moderne de leur pays, ne pas même pouvoir déchiffrer leur propre almanach ! Qu'on juge de leurs subordonnés ! En conséquence, les services publics sont menés à la diable et les contribuables taillés à merci. Cette pratique, avec de tels hommes, est logique. Dans chaque province, tous ces services sont centralisés par un gouverneur (*tong-doc*) assisté des grands mandarins : inspecteur de l'université, chef de la justice et de l'administration civile (*kouan-an*), percepteur général (*kouan-bô*), commandant en chef des troupes, etc. Les préfectures (*phu*) et sous-préfectures (*huyên*) ont la même organisation que celle de la province, se subdivisant en cantons (*tong*), puis en villes (*tangh*), villages (*xâ*) et hameaux (*thôn*), sauf que les divers services ont à leur tête des personnages d'un grade inférieur qui doivent en référer, pour toutes les affaires importantes, à leurs supérieurs hiérarchiques de l'administration centrale. Ainsi, les *kouan-phu* reçoivent les ordres du *tong-doc*, les *kouan-huyên* dépendent des *kouan-phu*, etc.: de même le tribunal du *huyên* relève du tribunal du *phu*, et celui-ci des premiers tribunaux de la province, dont les jugements peuvent être encore renvoyés devant la cour supérieure de Hué. A n'examiner que la surface des choses, on se croirait presque en présence d'une administration française : mais on revient vite de cette erreur à l'usage. Cette organisation, aussi bien que la lecture du Code annamite et autres ouvrages analogues plus ou moins calqués sur les livres chinois, donnerait la plus fausse idée du pays, nul autre plus que celui-ci ne mettant autant de distance entre la théorie et la pratique. « De tout ce que j'avais appris dans » ces livres avant de quitter la France, déclare nette » ment M. Dutreuil de Rhins, je n'ai retrouvé que la bas- » tonnade ». La loi, escamotée par les fonctionnaires, n'est que le régime du bon plaisir. La propriété est formal divisée ; une grande partie de la population est sans feu ni lieu ; les taxes personnelles, les corvées, l'impôt foncier, en un mot toutes les charges, tous les impôts, dont la répartition est parfaitement réglée sur le papier, ne sont qu'une source d'effroyables exactions et de concussions sans limites. L'Annam est un pays organisé, non

civilisé. « Son apparente civilisation, ajoute l'explorateur
» précité, est la négation la plus absolue de la civilisation,
» car elle se résume uniquement dans l'exploitation féroce
» de la grande majorité du pays par une minorité corrom-
» pue et dépourvue de la moindre qualité qui puisse la
» rendre intéressante ».

Les ministres (*thuong*) sont une autre sorte de peste,
qui mettent la dernière main à ce pillage universel si
savamment organisé. Il y en a sept : celui des travaux
publics, chargé également de la marine; celui des finances,
celui des affaires étrangères, ceux de la guerre, des rites,
de l'intérieur, de la justice. Au-dessus d'eux plane encore
le Conseil privé, avec les membres duquel ils partagent, de
gré ou de force, leurs innombrables pourboires. Toute une
pléiade de fripons affamés, recrutés dans les neuf classes
(à deux degrés par classe) du mandarinat, flanqués d'une
autre pléiade de sous-ordres, inspecteurs (*tham-bien*),
secrétaires (*bien-ly*), interprètes (*thom-ngôn,*) encore plus
empressés à se gorger. Le traitement fixe de ces ministres
est de 1,800 fr. par an, plus divers costumes de soie et
plusieurs mesures de riz par jour pour eux et leurs maisons ; le tout représentant une solde annuelle de 6,000 fr.
environ, ce qui constitue une fort honnête aisance
dans l'Annam, où la vie est à si bon marché. Mais leurs
bénéfices illégaux décuplent, et au delà, cette somme.
Quand on les prend la main dans le sac, le roi leur fait
trancher la tête et confisque leurs biens, sans rien resti-
tuer. Le roi (*voua* en langue vulgaire) est ainsi le voleur
en chef de ses Etats.

A vrai dire, c'est la seule compensation effective que
Tu-Duc retire de sa haute position. Ce souverain, qui vit
au milieu de son harem, des princes du sang (*kieua*) et

de quelques grands dignitaires, qui ne sort que pour chasser, faire des sacrifices au pied du mont Dia-Binh ou
accomplir des pèlerinages aux royales sépultures de Van-
néne, ce souverain sur le passage duquel les petits disparaissent et les grands s'agenouillent les yeux baissés, qui
ne voit, n'entend jamais rien que par son Conseil privé et
ses ministres, qui porte orgueilleusement le titre officiel
d' « empereur de l'Annam (*hoang-dé*) » tout comme s'il
n'avait pas perdu la moitié du royaume de ses ancêtres, ce
souverain peut s'occuper des affaires de l'Etat, mais il ne
gouverne réellement pas. Tout maître absolu qu'il soit de
la vie de ses sujets, privilège sanglant dont il abuse et qui
le rend un objet de terreur, il demeure l'esclave de l'étiquette, l'homme le moins bien informé de son royaume,
l'instrument inconscient de la politique astucieuse de ses
mandarins. Ce fétiche, qui ne parle et n'agit que d'après
eux, leur sert de commode paravent. Grâce à lui, dont ils
sont censés faire respecter uniquement les ordres, ils
évitent le poids d'une gênante responsabilité. Aussi le
cachent-ils avec soin. Aussi est-il impossible de voir le
roi, de s'efforcer de l'instruire ou de modifier ses idées.
D'ailleurs Tu-Duc, le voulût-il, ne pourrait rien contre
cette grande classe dirigeante, pas même en appeler à son
peuple, dont les vices naturels et l'inintelligence, accrus
par de longs siècles d'oppression, ont usé les derniers
ressorts. Le seul moyen qui reste, actuellement, de rendre
la vie à l'Annam, c'est d'expulser Tu-Duc et ses mandarins, c'est d'annexer, de s'incorporer ses provinces, qui
entravent notre action du bassin du Mé-Khong à celui du
Sang-Koï. Depuis que nous nous sommes implantés dans
la Basse-Cochinchine, l'Annamite de cette région a repris
une bien autre physionomie: il ne ressemble plus à son
voisin, à ce qu'il était lui-même autrefois. A tous les

points de vue, nous devrons en arriver là. Pourquoi tant tarder? Ce ne sont pas, assurément, les motifs sérieux qui manquent.

II

C'est à Hué, l'antique cité ciampoise fortifiée au commencement du siècle actuel par le colonel Olivier, que réside le roi Tu-Duc. La mystérieuse capitale de l'Annam se dresse sur la rive gauche du Thruong-Thien, à vingt kilomètres de la mer, où Touan-An, petit village de 1,400 habitants, lui sert de port.

Les abords de la rivière sont défendus par une barre, difficile amoncellement de sables chariés par le fleuve, sans cesse repoussé, déplacé, démoli et reconstruit par les courants de marée à 1,300 mètres de l'embouchure. C'est une sorte de chapelet de bancs inégaux sur lesquels le flot se brise furieusement pendant toute l'année. Cette barre n'offre jamais une profondeur d'eau dépassant 3^m,50; elle devient impraticable dès qu'il y a un peu de vent et de mer, et se confond alors dans la ligne continue des brisants. Des faisceaux de bambous, disposés à la limite des divers bancs, indiquent les passes. Quatre forts en mauvais état, et comprenant à peine une garnison totale de 200 hommes, défendent cette embouchure, large de 350 mètres. Une simple poignée d'aventuriers bien décidés enlèveraient prestement cette position, qui, pourtant, donnerait à réfléchir si jamais elle était confiée à d'autres mains, d'autant plus que, un peu plus haut, deux barrages successifs composés chacun de deux rectangles présentant respectivement une double ligne de solides pilotis, s'avancent en formant un angle de 60° et ne laissent entre eux qu'un passage d'une vingtaine de mètres; six fortins, flanqués de *miradors* (postes de veille), complètent, sur les deux rives ce système de défense que les Annamites, abandonnés à leurs seules inspirations, n'eussent jamais inventé. Ajoutons que c'est dans le port de Touan-An que la flotte de guerre hiverne, ce qui permet d'y admirer pendant de longues heures son déplorable délabrement.

Continuons à remonter le fleuve. Au village de Thouiteu, situé à 9 kilom. en amont, on rencontre, sur la gauche, le confluent de la rivière de Ba-truc. Toute cette plaine est cultivée en rizières: aussi le paysage est-il triste et monotone. Il ne reprend un air gai et animé qu'au village de Than-Pheuoc; à partir, en effet, de la jonction des deux cours d'eau, une végétation puissante et variée, au milieu de laquelle se dérobent de nombreux jardins et de jolies cases, vient heureusement modifier la physionomie du pays. Barques et sampans chargés de denrées s'entre-croisent dans toutes les directions. De distance en distance, de petites pagodes votives témoignent de la superstitieuse piété des riches notables; l'emplacement en est toujours gracieusement choisi. On arrive ainsi à Mang-Ca, le port intérieur de Hué, où d'innombrables jonques annamites et chinoises encombrent le fleuve, qui mesure alors 150 mètres de largeur et de 4 à 8 mètres de profondeur. Le chargement de ces bateaux, en dépit de leur extérieur misérable, représente des valeurs énormes: sous les nattes et les feuilles à couvrir les cases, mar-

chandises à la portée du vulgaire, on trouverait des ballots
de soie, du poivre, de l'ivoire, du sucre, de la cannelle,
du cardamome, du curcuma, de l'indigo, du tabac, du thé,
de l'opium introduit en contrebande, des étoffes de luxe,
des porcelaines, des objets d'art en ivoire, en argent ou
en bronze, des armes, des meubles en bois sculpté ou
incrusté de nacre, etc., etc. Au bout du village on aperçoit
enfin *Tangh-Hué*, « là Ville », c'est-à-dire deux lignes de
bastions qui fuient à angle droit, de distance en distance
des portes de style chinois et, sur les murs, de petites
huttes de paille protégeant l'artillerie contre les intempé-
ries des saisons. A droite, un canal, d'environ 40 mètres
de largeur et traversé par deux ponts de bois, se prolonge
tout d'un trait à perte de vue, tandis que le fleuve
s'éloigne à gauche en laissant une grande île boisée entre
lui et un second canal. Suivons celui-ci, longeons un
petit ouvrage avancé et quelques cales sèches sur lesquelles
sont halées de grandes-pirogues, tournons à droite, puis,
au bout de 300 mètres, prenons un nouveau coude à
gauche : cette fois, le canal se continue en ligne droite
sur une longueur de 1,800 mètres, baignant presque le
pied de la légation française. Cet édifice jouxte la Case des
Ambassadeurs. C'est un véritable palais de briques et de
fer, ayant environ 35 mètres de façade, un rez-de-chaussée et un étage, et qui n'a pas coûté moins de 1,000,000
de francs. A l'extrémité du canal, le fleuve, partagé encore
par une seconde île, reprend une largeur de 400 mètres :
c'est à ce point qu'il se subdivise, à une distance de
quelques kilomètres de la place, en deux branches, le
Vian-Deuong et la rivière de Fou-Came, qui sont les deux
bras occidentaux de son delta et vont se jeter l'un et
l'autre dans la vaste lagune de Cao-haï. Toute cette voie
fluviale est également des plus animées.

Au débarcadère de la légation française vient aboutir la seule grande route du royaume, celle de Tourane à Hué, se prolongeant jusqu'à Hâ-Noï. C'est donc, pour notre établissement, une tête de ligne importante. En face, le front sud de la citadelle. Le glacis n'a pas 100 mètres de large, et les bastions sont entourés d'un fossé qui, large de 40 mètres, n'offre guère plus aujourd'hui, par suite de son mauvais entretien, qu'une profondeur variant entre 1^m,50 à 2 mètres. La partie des remparts élevée à 4 mètres au-dessus des fossés est en briques, les fondements en pierre. Ce côté, comme les trois autres, présente une ligne de six bastions dont chaque face est armée de 5 pièces et chaque flanc de 3 pièces, soit 16 pièces par bastion. En comptant celles de l'ouvrage à cornes au N.-E. et de l'ouvrage pentagonal au S., on peut évaluer le chiffre total de cette artillerie à 400 pièces; mais tout cela ne vaut pas grand'chose. Dix portes et autant de ponts de pierre jetés sur les fossés donnent accès dans la citadelle. A l'angle S.-O. de la place s'aligne un troisième canal, artificiel comme les deux précédents : on remarque en face la somptueuse habitation dont le roi fit cadeau au bourreau de la cour en 1873. Un peu au delà, à un kilomètre et demi environ, on rencontre le village catholique de Kim-Long, résidence centrale des missionnaires français, auxquels l'Annam doit l'introduction de la culture, devenue fructueuse, du caféier : les diverses plantations entreprises par ces religieux sont toutes, du reste, admirablement tenues. Mais il sont à peine 80 dans les dix provinces pour suffire aux besoins, tant spirituels que matériels, de 45,000 chrétiens : les voyageurs doivent regretter leur petit nombre, car les indigènes catholiques sont les seuls qui témoignent de la déférence aux étrangers. La résidence de l'évêque est non loin de là.

L'enceinte que nous venons de décrire en renferme toutefois une autre également carrée, mais non fortifiée, de 700 mètres de côté, et dans laquelle se trouvent les cases royales, entourées de jardins. La ville proprement dite est donc comprise entre ces deux enceintes. Elle possède d'ombreuses promenades, de larges places, des voies amplement tracées; ses maisons elles-mêmes respirent un air d'aisance auquel on n'est point accoutumé dans ce pays. Outre ses nombreuses cases de mandarins, de bourgeois et d'ouvriers, on y voit : au N., la préfecture, les collèges, les magasins de riz et les magasins d'argent; à l'E. et à l'O., les ministères et les casernes; au S., des magasins et des arsenaux contenant, d'après les assertions officielles, 4,000 pièces, engins plus curieux, à coup sûr, que redoutables. Quant à l'enceinte royale, jusqu'à présent nul Européen n'a été assez heureux pour être admis à l'honneur de la franchir. On doit donc se borner à supposer que les impénétrables palais de Tu-Duc contiennent d'assez belles collections d'objets d'art, surtout de provenance chinoise, et même quelques trésors d'un total respectable ; mais il est impossible de rien déterminer de précis sur ce curieux sujet.

Somme toute, on ne pouvait choisir un meilleur emplacement pour bâtir la capitale, bien que ses défenses artificielles aient aujourd'hui singulièrement perdu de leur valeur.

L'Européen qu'aucun titre officiel n'amène dans ce pays ne pourra visiter, pendant longtemps encore peut-être, que les faubourgs de Kieu-Deuoc, de Kieu-Dingh et de Mang-Ca, tant la défiance des mandarins s'ingénie à fermer à tout étranger les portes de la ville proprement dite. Dans ces localités les habitations, groupées autour du marché, sont entourées de jardins, ce qui leur donne un aspect gai.

Mais leurs seuls édifices remarquables sont les pagodes, et encore ne méritent-elles pas toutes qu'on se dérange.

M. Dutreuil de Rhins estime que la population de Hué ne doit pas dépasser 30,000 habitants, et que celle des faubourgs groupés dans un rayon de 4 kilomètres est à peu près la même ; soit un chiffre de 60,000 âmes environ pour l'agglomération totale. Quant à son commerce, le même voyageur l'estime de la façon suivante. En comptant, — ce qui est compter largement, — un voyage pour les 7 corvettes (d'un tonnage de 150 tonneaux), trois voyages pour les 150 jonques annamites (d'une moyenne de 20 tonneaux), et quatre voyages pour les 16 jonques chinoises (d'un tonnage moyen de 90 tonneaux) qui fréquentent Touan-an, on arrive à un total d'environ 15,000 tonneaux de riz qui entrent chaque année dans le port de Hué, sur lesquels 10,000 viennent des ports du nord, principalement de Nam-Dinh (Tong-Kin). Quant aux exportations, elles doivent être peu considérables. Mais les autres marchandises d'importation, sur lesquelles on n'a point de chiffres suffisamment exacts pour être cités, les mandarins s'efforçant d'atténuer autant que possible les ressources de leur pays de peur d'attirer sur lui l'attention des étrangers, et particulièrement la nôtre, — les autres marchandises d'importation sont nombreuses et riches : elles consistent surtout en beaux bois de construction et d'ébénisterie, en soie, en coton, en tabac, en thé, en épices, en drogues, en ivoire, généralement en tous produits étrangers quelconques, et aussi en opium de contrebande, denrée rigoureusement prohibée dans tout le royaume. Aussi, faisant abstraction de l'argent (lingots et sapèques), M. Dutreuil de Rhins n'hésite pas à estimer à environ 3,000,000 de francs, et plutôt au-dessus qu'au-dessous de ce chiffre, la valeur réelle des importations et exportations. C'est un beau résultat pour un aussi mince centre de population et pour un pays aussi peu intelligemment administré. Combien avantageusement la situation serait changée entre des mains aptes à tirer parti de cette productive région ! Les minerais du Kouang-Duc fourniraient, notamment, d'excellents fers s'ils étaient soumis à un traitement métallurgique convenable.

M. Dutreuil de Rhins a pu explorer également le bassin supérieur du Thruong-Thien. Ce fleuve se subdivise encore à 18 kilomètres en amont de Hué, à Kieu-Tuan, en deux branches. La branche occidentale compte environ 32 kilomètres de longueur, sur lesquels 27 sont navigables pour les canots à vapeur : les grandes étendues de terrain qu'elle arrose sont excellentes, mais presque complètement incultes.

Quant à la branche orientale, elle n'a que 24 kilomètres de longueur : il serait facile et peu coûteux de la rendre entièrement navigable pour les embarcations à vapeur ; mais l'importance actuelle des relations commerciales, qui se bornent au transport des bois, n'en fait pas une nécessité urgente.

Les seules autres localités importantes de l'Annam sont Tourane, dans la province de Kouang-Nam, et Quin-Hone, dans celle de Binh-Dinh.

La route de Hué à Tourane, que nous avons signalée plus haut, comprend une distance de 97 kilomètres entre les deux villes, et de 104 kilomètres, si l'on part du mouillage de cette dernière en faisant le tour de sa baie. Cet espace, divisé en 8 *trams* ou relais de poste, est franchi par les courriers en 27 heures. Par mer, la distance est de 45 milles, exigeant une moyenne de 7 heures de traversée. La magnifique baie de Tourane (*Keua-Han*) a la forme d'un chiffre 6 de 13 kilomètres de hauteur sur 11 de largeur. Qui l'a vue une fois ne saurait l'oublier. Tout, dans son aspect, offre un saisissant contraste. Une multitude de petites criques boisées découpent en gracieux festons le demi-cercle de ses contours. On se croirait, au premier abord, dans un pays inconnu, désert, et le panorama ajoute encore à l'étrangeté de cette impression. Toute la côte orientale apparaît comme un énorme massif montagneux couvert de forêts, où les fauves vivent à l'abri des attaques du chasseur; rien ne s'y meut, que les reflets mouvants d'un soleil de feu miroitant sur les roches polies ou à travers l'éclaircie capricieuse des bois. Que si l'on se rapproche de la presqu'île non moins accidentée qui domine la côte occidentale, on aperçoit, cette fois, quelques cases éparses sur le rivage; mais on n'en reste que davantage frappé du formidable contraste que présente alors l'ensemble de cet écrasant tableau de la nature à côté de l'œuvre chétive de l'homme. Enfin, de la pointe du mouillage on réussit à distinguer vaguement, à environ 4 kilomètres dans le Sud, le village lui-même. Un rivage bas, uniforme comme une plage de sable, borne la baie dans cette direction. La petite rivière de Han s'y jette. On sait quelles circonstances motivèrent l'occupation de cette position par les troupes françaises de 1858 à 1860, comment alors notre entreprise sur Hué échoua par suite de notre ignorance de la géographie du pays, et de quelle façon cet échec fut promptement compensé par la conquête de la Basse-Cochinchine. Les deux petits forts bombardés par nous, situés à quelques centaines de mètres de chaque côté de l'entrée, sont aujourd'hui à moitié abandonnés; aucune réparation ne leur a été faite, et les briques des murailles emplissent les fossés. Le village s'étend principalement sur la rive gauche du Han : les cases, assez jolies, sont presque toutes entourées de jardins potagers et de bosquets. Le marché, qui n'est guère important, avoisine une élégante pagode. La population de Tourane n'excède pas 4,000 âmes. En s'écartant de la rivière, le terrain s'élève en pente très douce et devient sablonneux : il y a là des pâturages excellents et de belles plaines bien cultivées. Mais la rivière est peu fréquentée par les jonques, car, actuellement, le commerce de Tourane est presque insignifiant.

L'importance que ce vaste port acquerra certainement dans l'avenir, et dont on a exagéré ridiculement la soi-disant insalubrité, mérite qu'on attire sur lui l'attention du commerce français. Sa position centrale sur les côtes de l'Annam, dans une riche province et à la limite sud du golfe du Tong-Kin, dépourvu de ports dignes de ce nom, lui a valu une réputation méritée. Mais il faut bien reconnaître aussi que ce port, entre les mains des Annamites, n'a presque pas de valeur. Tant que cet état de choses subsistera, tant que le commerce extérieur se fera au moyen de petits bateaux ou de jonques, Tourane sera avec raison délaissé pour le port de Kiam (*Hoï-An*, autrefois *Hoaï-Fou* ou *Faïfo*), aujourd'hui le principal marché de la province.

« L'avenir commercial de Tourane, déclare M. Dutreuil de
» Rhins, dépend non seulement de son sort politique, mais
» encore de celui des provinces voisines ; il ne suffira pas,
» pour le relever, que des navires de construction euro-
» péenne y viennent charger, mais il faudra que les Euro-
» péens s'établissent en grand nombre dans le pays, qu'ils
» entreprennent les travaux nécessaires pour que Tourane
» devienne un débouché d'un accès facile pour tous les
» produits, non de la seule province de Kouang-Nam, mais
» du Kouang-Ngaï, etc., et qu'ils débarrassent son port
» des bancs qui l'envahissent chaque jour davantage.
» Ces travaux n'ont rien d'effrayant : déjà les nombreux
» cours d'eaux constituent comme autant de routes qu'on
» peut relier par des canaux ; un chemin de fer longeant

» à peu près les côtes est d'une exécution facile ; quant
» aux bancs formés par la rivière de Han, rien ne serait
» plus aisé que de les draguer et d'en supprimer une fois
» pour toutes la cause en faisant dériver le cours de la
» rivière à l'Océan à travers le petit isthme de sable de
» Tien-Tcha ». Ce projet vaudrait bien, croyons-nous,
qu'on prît la peine de l'examiner avec attention.

Quant au port de Quin-Hone, ouvert au commerce étranger et où nous possédons un consul avec une garde de 100 hommes, en vertu des traités de 1874, il figure un vaste rectangle très bien fermé, mais dont la partie Sud offre seule un bon mouillage. La presqu'île montagneuse qui le protège vers l'E. et le S. se termine par une falaise abrupte couronnée par un petit fortin : derrière cette pointe, qu'il faut contourner pour entrer, et recouverte par elle se trouve l'extrémité d'une plage de sable qui s'étend, à l'O. et au N., en une plaine mamelonnée jusqu'aux montagnes dont toute la lagune est entourée. C'est sur cette lagune de sable, brûlée par le soleil, que nous nous sommes installés, et dans d'assez mauvaises conditions hygiéniques. Aujourd'hui, pourtant, l'aspect de la concession fait présager un heureux avenir. On y a beaucoup construit déjà, édifices pour les fonctionnaires, casernes entourées de jardins, agréables maisons particulières. Par suite, le commerce s'y est un peu développé. Dès le courant de 1877, on y a vu 14 navires de construction européenne, et les recettes des douanes franco-annamites ont atteint le dixième des dépenses du personnel. M. Dutreuil de Rhins pense que Quin-Hone, qui n'en était alors qu'à ses débuts,
» offre des ressources qui permettront de couvrir plus
» tard les frais de notre premier établissement. »

Nous devons, toutefois, encore signaler, dans le sud de la province de Nghé-An, la baie de Ang (*Vioung-Ang*),

Intérieur de la citadelle de Go-Den.

située par 18° 08' de latitude N. et 104° 02' de longitude E. C'est une demi-circonférence d'environ 2 milles, complètement ouverte du N.-E. au N.-O., bordée de collines assez élevées qui, au S., ne laissent entre leur pied et la mer qu'une étroite bande de sable sur laquelle les lames déferlent furieusement pendant l'hivernage. Néanmoins, une canonnière pourrait trouver un refuge dans une petite anse creusée au N.-E. de la baie et assez bien fermée par une ceinture de roches. Deux fortins défendent actuellement cette position, qui, au besoin, servirait de poste d'observation contre les pirates et de poste de douane. Peut-être même pourrait-on établir un petit port de commerce un peu à l'O. de cette baie, à l'embouchure d'une rivière qu'on remonte facilement pour aller à Ha-Tinh, capitale de la province. On s'assurerait ainsi une nouvelle escale après Quin-Hone, Tourane et Touan-An sur la route du Tong-Kin. C'est encore là une question à examiner.

III

Caractère et mœurs des Annamites. — Facilités de la vie matérielle. — La religion et les bonzes. — Les décorations honorifiques. — Tribus Moïs. — Emigrants chinois.

On a remarqué que les Annamites de la Moyenne-Cochinchine sont, en général, plus grands que ceux de notre colonie, quoique tout aussi gauches et déhanchés, mais que les plus petits paraissaient plus vifs, plus intelligents. Ils ont, d'ailleurs, le même type de physionomie. On y rencontre aussi quelques individus dont le type, les traits et la chevelure se rapprochent un peu de ceux du nègre; mais ils sont peu nombreux.

Partout on peut lire sur la physionomie des indigènes un singulier mélange de crainte et de curiosité, de moquerie, de défiance et même de haine. En s'éloignant de la capitale, on remarquera moins cette dernière expression. Si même il était possible de surprendre, sans être vu, ces Annamites, on leur trouverait parfois un air d'animation et d'abandon allant jusqu'à la gaieté : c'est que ce sont, à huis-clos, des esclaves qui s'étourdissent, des flâneurs par excellence qui parlent haut alors, étant libres de se remuer beaucoup pour ne rien faire.

Les divers voyageurs les ont tous jugés à des points de vue différents, les uns leur accordant l'intelligence, les autres la leur refusant. S'il est vrai que les Annamites ne montrent guère de dispositions pour apprendre les sciences, leur talent d'imitation non raisonné n'étant que l'effet d'une sorte d'instinct ou de compréhension rudimentaire, ils font preuve, au contraire, de beaucoup de ressources et d'entendement véritable dans toutes les questions où leur intérêt est en jeu. C'est que l'intelligence se développe par l'étude, et que la grande étude des Annamites est celle des conditions qui régissent leur société. Aussi est-il une science presque innée chez eux : la science de la bassesse, de l'intrigue, de la ruse, conditions fondamentales de l'existence et de l'avancement pour un mandarin. Sur ce terrain, ils rendraient des points aux plus adroits courtisans, aux plus rusés diplomates. Ces dispositions doivent être devenues naturelles par suite du long usage ; elles sont dans le caractère, dans les mœurs des habitants, comme dans leur gouvernement, gouvernement d'autant plus ombrageux qu'il sent sa faiblesse vis-à-vis des étrangers, que sa propre histoire et que tout autour de lui est là pour l'instruire de son avenir plus ou moins éloigné.

Le peuple, rompu à son tour à ce manège, s'est peu à

peu détaché des plus vulgaires exigences de la vie. Il ne
se donne même plus la peine de faire produire son sol. A
quoi bon l'ensemencer pour d'autres? Aussi plus de la
moitié des terrains cultivables est-elle aujourd'hui inculte.
Abruti par la servitude, l'Annamite s'est fait à la misère :
pourvu qu'il ait un peu de riz à manger, de l'eau-de-vie
de riz à boire, du tabac à fumer, de l'areck et du bétel
pour fabriquer sa chique, pourvu qu'il ait le loisir de ne
rien faire, de tenir les conversations les plus licencieuses,
de se livrer à une débauche éhontée, de jouer et de s'amu-
ser, il se montre satisfait de son sort et préfère certainement cette indolente pauvreté à l'existence de travail qui
lui donnerait le bien-être. L'Annamite, à qui le commerce
extérieur est interdit, n'a aucun intérêt à faire des cultures
riches, lesquelles, d'ailleurs, lui coûteraient trop de fatigues, et il n'est pas encouragé à produire des céréales au
delà des besoins de sa consommation, car les mandarins,
aussi lâches et rampants avec leurs supérieurs que durs et
rapaces avec leurs inférieurs, le dépouilleraient bien vite
de son superflu. C'est pour la même raison que le commerce
et l'industrie végètent, réduits à quelques pauvres boutiques de marchands, à quelques misérables échoppes d'ouvriers. Quant aux artistes, on n'en trouve plus nulle part ;
même ils ont presque tous disparu au Tong-Kin : ce qui
n'a rien d'étonnant, puisque les ouvriers qui ont le malheur
de se distinguer dans leur profession sont ou volés par les
mandarins, ou transportés à Hué et enrégimentés de force
dans les compagnies d'artisans de S. M. Tu-Duc, condition
peu agréable et peu enviée de quiconque n'aime pas les
coups de rotin. L'indigène en est arrivé à dédaigner le
soin de sa propre personne ; d'une saleté dégoûtante,
dévoré de vermine et rongé par les maladies de peau,
couvert de loques puantes, sans cesse en contact avec les

animaux de sa basse-cour au milieu même de son logis, il
sue la crasse et la misère ignoble par tous ses pores. Les
femmes sont les dignes femelles de ces hommes. Le seul
aspect de l'eau leur donne à tous un épouvantable frisson.

Il est heureux pour ces êtres dégradés que la vie matérielle soit à aussi bas prix, car, autrement, la mortalité
atteindrait des proportions effrayantes. Mais un mandarin
vit à merveille pour 1 franc par jour, et les gens du
peuple avec 0 fr. 30 ou même 0 fr. 20. Quand on sait que
le riz blanc de belle qualité coûte un peu plus de 2 piastres (11 fr. 10) le picul, la volaille de 0 fr. 50 à 0 fr. 75 la
pièce, la douzaine d'œufs 0 fr. 60, un beau canard 1 franc,
un cochon de lait 5 francs, un beau porc de 7 à 24 francs,
suivant sa qualité, une vache de 25 à 27 francs, un énorme
bol de *tra-hué* (plante analogue au thé) environ 0 fr. 02 ;
qu'on a presque pour rien le gibier, le poisson, les che-
vrettes, les légumes et les fruits, cette facilité d'existence
n'a plus rien qui étonne. S'agit-il de trafiquer ? La location
du plus beau sampan n'excède pas 2 francs par jour. Quant
à l'habitation, on loue facilement une case un peu convenable pour 50 francs par mois, et la plus magnifique du
pays ne coûte pas 3,000 francs à acheter. Enfin, — dernière denrée superfine ! — une femme se vend entre 100
et 150 francs, tout au plus 300 francs si c'est une beauté
hors ligne, une de ces têtes formant le losange parfait. Il
est vrai que l'entretien d'une *congaï* aussi distinguée
entraîne une assez grande dépense supplémentaire, 20 francs
au moins de nourriture par mois, toilette, bijoux et argent
de jeu montant à dix fois plus ; sans compter que la conduite fantaisiste de la dame donnera tant d'embarras à son
propriétaire que celui-ci en aura bientôt assez, qu'il la
renverra avec une indemnité, et qu'il sera peut-être assez
fou pour en reprendre d'autres, ce qui deviendra fort

coûteux. Mais le mariage légitime présente les mêmes inconvénients, sans compter les frais du divorce.

Les pratiques religieuses du peuple se ressentent de cet abaissement. A côté de Bouddha, il adore une quantité innombrable de divinités et de génies : chaque famille a ses fétiches (*Tiane-fou*), dont la protection doit la préserver de tous les dangers. Des doctrines chinoises les Annamites n'ont donc conservé qu'un tissu de superstitions grossières, et tout ce qui leur pouvait causer une gêne quelconque a disparu : jamais on ne voit, comme en Chine, les pagodes pleines de fidèles ; au contraire, celles-ci sont constamment désertes. Pas de pratiques religieuses, pas de prières, mais des cérémonies publiques bruyantes, accompagnées de grands repas. Dans la plupart de ces fêtes, le rôle de la religion est insignifiant ou nul, et même le « culte des ancêtres » est bien moins inspiré par un sentiment de vénération que dicté par la coutume et la loi. Ce n'est pas non plus la religion, mais la loi seule qui impose aux enfants le respect pour leurs parents et la soumission à toutes leurs volontés ; c'est la loi qui force l'enfant à prendre l'époux ou l'épouse que leur destine leur famille. Sous le régime de l'autorité despotique par excellence, le souverain tient ainsi dans sa main tous ses sujets, les enfants par leurs parents, les serviteurs par leurs maîtres, etc..... Toute la famille d'un condamné est responsable et punie de la faute d'un de ses membres : on a même vu les rigueurs de la justice s'étendre jusqu'aux domestiques, jusqu'aux amis du coupable ! Quant au culte des morts, qui consiste principalement à faire en leur honneur des festins copieux et à s'enivrer plus ou moins, il est fort peu digne d'intérêt. Les Bonzes (*phrds*) ne sont point faits, d'ailleurs, pour relever le niveau de l'esprit religieux. Leur ignorance est monstrueuse. La perspective

d'une vie oisive, la dispense du service militaire, le droit
de percevoir des aumônes abondantes, d'être entretenus
de riz par le roi et de tenir boutique, à certaines époques
de l'année, d'objets de dévotion, voilà la vocation vraie de
ces braves gens à tête rase, fort gras dans leur vie con-
templative. Peu nombreux, du reste, et privés complètement de la fréquentation du beau sexe. Mais leurs vœux
de chasteté sont garantis par une sanction pratique, car,
s'ils les enfreignent, on les incorpore sur le champ dans
l'armée. Bien vus des mandarins, parce qu'ils ne s'occupent
pas de politique, le peuple s'en moque. Somme toute, ce
sont des privilégiés peu gênants. Les lettrés et les mandarins ne peuvent, on le conçoit, s'abaisser jusqu'à des
pratiques dirigées par de tels ministres. En conséquence,
tout en partageant les croyances superstitieuses de ce
vulgaire qu'ils méprisent, ils prétendent observer les rites
et suivre la doctrine de Confucius : mais on aurait une
bien triste idée des principes de morale de ce grand philo-
sophe si on les jugeait d'après les actes de ces singuliers
adeptes. Enfin, peuple et mandarins, tous assistent avec
plaisir aux grandes fêtes, telles que les sacrifices (*chin-chin*)
au Ciel, à la Terre, etc., cérémonies empruntées au culte
officiel de l'empire chinois, ou plutôt à la plus ancienne et
peut-être la plus belle des religions de la Chine, au culte
de Yu-Kiao. En résumé, disons, avec M. Dutreuil de Rhins,
que, « par caractère, par tempérament, les Annamites ne
» seront jamais passionnés ou fanatiques en fait de philo-
» sophie ou de religion ». Toutefois, quand le même
voyageur ajoute : « Des individus aussi superstitieux ne
» sont assurément pas des sceptiques », je ne puis
souscrire à cette conclusion étrange, l'histoire comparée
des innombrables superstitions humaines étant là pour
protester contre une pareille déduction.

Ce qui m'étonne davantage de la part de cette population vaniteuse autant que corrompue, c'est que la classe dirigeante n'ait point encore inventé une « décoration » quelconque dans l'Annam. Ce genre de récompense manque à sa décadence. Le roi et les princes se contentent de porter des ornements en or ; les mandarins, en grande ou en petite tenue, ne se distinguent que par la forme, la couleur, les broderies de leurs vêtements et par leurs plaquettes d'ivoire sur lesquelles sont tracés des caractères chinois différents. Il y a bien des médailles, d'ailleurs très répandues, données par le roi ; mais on ne les porte pas, car elles ne constituent nullement des indices honorifiques. Ce sont de simples « souvenirs », des témoignages de courtoisie, rien de plus. Aucun étranger ne vient à Hué sans en recevoir quelqu'une à titre de cadeau, tantôt en argent, tantôt en or, selon le rang de la personne. On ne s'en pare pas moins au retour en Europe, pour obéir à la monomanie du jour. J'ai même vu plusieurs de nos colons les porter ouvertement, à Saïgon.

Quelques mots, maintenant, au sujet de deux autres catégories non moins intéressantes d'habitants : les Moïs, et les Chinois immigrés.

Les Moïs, ou « sauvages », qui sont probablement les descendants des populations primitives, diffèrent passablement des Annamites. Leurs yeux ne sont pas bridés ; le regard est timide, mais non pas faux ; les pommettes des joues ne sont pas saillantes, leurs traits bien moins anguleux, leurs membres gros, arrondis, leur teint très foncé. Ils ont pour vêtement une ceinture et une sorte de manteau de couleur sombre ; comme ornement des plumes d'oiseaux dans les cheveux, des bracelets et des colliers de cuivre, de plomb, de porcelaine et de coquillages. Tous sont munis de longues piques et de flèches empoisonnées ; quelques-uns possèdent, en outre, un instrument de musique formé de dix tuyaux de bois juxtaposés, dont ils tirent des airs fort monotones. Leurs villages sont cachés dans la chaîne de montagnes boisées qui sépare l'Annam du Laos. Ces Moïs cultivent le riz de montagne, mais vivent surtout des produits de leur chasse. Ils sont complètement indépendans des Annamites, auxquels ils ne payent aucun tribut, mais seulement une sorte de droit de douane quand ils viennent aux derniers postes échanger des plumes, des plantes médicinales, de l'ivoire, de la cire, etc., contre le sel et les autres produits de la plaine qui leur font défaut. Leurs relations avec les Annamites sont, du reste, fort rares, une crainte et une haine réciproques les tenant éloignés les uns des autres. Les Annamites n'ont osé se risquer dans la région qu'ils habitent que sur certains points où les gorges et les cours d'eau leur offraient une extrême facilité de retraite ; encore se sont-ils bien peu avancés, ce qui n'empêche pas la cour de Hué de pousser la forfanterie jusqu'à faire représenter sur ses cartes officielles les limites de sa province de Kouang-Tri comme s'étendant jusqu'au Mé-Không. En 1877, M. le docteur Harmand a reconnu que les Annamites n'occupaient pas la moitié de ce territoire.

Pour ce qui concerne les Chinois, disons que le gouvernement annamite, si défiant à l'égard des étrangers, a depuis longtemps ouvert ses portes à ceux-ci, bien qu'il ne les admette que dans une infime proportion. Dans chacune des dix provinces de l'Annam proprement dit, il n'y en a pas 500. C'est ainsi que dans celle de Hué on en trouve environ 200 à Touan-An, répartis principalement sur les jonques ou au service du roi, tout au plus 180 dans le faubourg de Kieu-Deuoc, et une vingtaine à peine établis aux alentours ; mais dans les villages de l'intérieur du

Kouang-Duc on n'en rencontre pas un seul. Si peu nombreux qu'ils soient, les Chinois ont réussi pourtant à accaparer tout le gros commerce. A Kieu-Deuoc notamment, leurs boutiques sont de véritables bazars : on y trouve surtout des étoffes chinoises et anglaises, de soie et de coton, des porcelaines, des poteries, des meubles, du thé, des drogues, des conserves chinoises, du tabac, de la papeterie, des jouets, des objets servant au culte, des ustensiles de ménage, etc... Ces Chinois, qui viennent de différentes provinces (Haïnam, Canton, Fo-Kien, etc.), sont admirablement unis, quoique appartenant à des congrégations différentes. Ils savent, du moins, se faire respecter en n'hésitant pas à rudoyer nettement, quand le besoin s'en fait sentir, les mandarins qui se mêlent intempestivement de leurs affaires. La recette est sûre. Seuls, les représentants de la France n'en ont pas encore compris la portée.

Telle est la situation présente du royaume d'Annam. J'exposerai plus loin les conclusions qu'il importe d'en tirer.

TONG-KIN

I

Lorsque, vers la fin du mois d'octobre 1873, M. Francis Garnier franchit l'entrée du Fleuve-Rouge avec une flottille portant 250 hommes destinés à soumettre le Tong-Kin, l'expédition commandée par cet habile officier n'était pas la conséquence d'une longue et obscure série de pourparlers et d'agissements diplomatiques.

Depuis quinze ans, l'Angleterre et la France s'efforcent concurremment d'attirer dans leurs colonies respectives de l'Indo-Chine le commerce du Yûn-Nân, c'est-à-dire le commerce intérieur de la Chine entière.

C'est que le Yûn-Nân est, sans contredit, le pays du globe le plus riche en produits métalliques. On y trouve à profusion la houille, le fer, le zinc, le plomb, l'étain, le cuivre, le mercure, l'argent, l'or, etc. Les provinces voi-

sines — le Se-Tchuen, le Koueï-Tcheou, le Kouang-Si —
ne sont pas moins fertiles en produits de toute sorte. Or,
ces richesses naturelles demeurent sans emploi, leur
transport par les provinces de la Chine étant presque
impossible et exigeant un temps très long.

Les Anglais essaient d'accaparer le monopole d'un
pareil commerce, qui ruinerait les colonies *voisines* à leur
profit. De là les deux projets de communication tentés par
eux : le premier, aujourd'hui abandonné, de relier Yuen-
Kiang à Rangoon par un chemin de fer ; le second, auquel
ils sont loin d'avoir renoncé, d'établir une voie commerciale entre Rangoon et Taly, à l'aide du cours de
l'Iraouaddy, lequel passe à une distance relativement peu
considérable de cette dernière ville.

L'expédition française du Mé-Không n'eut, à son tour,
d'autre but que de détourner, grâce au cours de ce fleuve,
et de monopoliser le commerce du Yûn-Nân au profit
de Saïgon. Mais les explorateurs reconnurent, à leur
grand regret, que le Mé-Không cesse d'être navigable au-
dessus de Pnôm-Pénh et qu'il fallait renoncer à ce
projet.

La solution du problème n'était que différée. En 1870,
cette solution devenait un fait acquis.

Il y avait alors à Han-Kow, dans la Chine du centre, un
Français, M. Jean Dupuis. Fixé dans le pays depuis vingt
ans, possesseur d'une grande fortune, il s'était créé par sa
situation pour ainsi dire officielle, ayant obtenu du gouvernement chinois le privilège de tenir un dépôt d'armes
et de munitions de guerre pour l'approvisionnement du
Céleste-Empire, des relations intimes avec les mandarins
et vice-rois des provinces du sud.

M. Dupuis profita de cette situation privilégiée pour
mettre à exécution un projet conçu et étudié par lui

depuis 1864. En 1870, d'accord avec le vice-roi du Yûn-Nân, suivi d'une escorte chinoise qui le laissa à Mon-Tze, ville frontière, il quitta cette province, dans la direction du Tong-Kin, à la recherche d'une voie commerciale économique entre la Chine du sud-ouest et les ports européens. Monté sur une barque, seul avec un domestique, il descendit le Fleuve-Rouge, traversa, au sortir de Lâo-Kaï, des peuplades insoumises et sauvages, puis pénétra jusqu'aux avant-postes annamites établis à Kouen-Ce. Là, il acquit la certitude que le fleuve se poursuivait jusqu'au golfe du Tong-Kin dans un état continu de navigabilité. Au mois d'octobre 1872, il devait, à la tête d'une flottille, achever cette reconnaissance depuis le golfe jusqu'à Kouen-Ce, en reprenant la voie en sens inverse. Désormais, l'œuvre poursuivie sans relâche depuis plus de quarante ans par les Anglais dans l'Inde, l'œuvre tentée sans succès, en 1866-1868, par la célèbre expédition du Mé-Không était enfin accomplie, et accomplie par un Français !

Le 16 mars 1873, M. Dupuis rentrait à Yûn-Nân-Sên, capitale du Yûn-Nân. Sa présence y provoqua un enthousiasme indescriptible. Les populations de ce pays, si riche en minéraux, vivent dans l'insuffisance de toutes choses. Mais les tendances des peuples vers le bien-être et la richesse sont partout les mêmes. La démonstration que M. Dupuis venait de faire de la nouvelle voie commerciale le posa en libérateur et excita, parmi les habitants du Yûn-Nân, les plus grandes espérances. C'est, en effet, à des centaines de millions qu'il faut estimer la valeur des produits qui, à un moment donné, peuvent prendre la voie du Fleuve-Rouge pour pénétrer en Chine ou descendre à la mer.

Si, à ce moment, M. Dupuis n'eût songé qu'à favoriser les intérêts chinois, la Chine serait maîtresse aujourd'hui du Tong-Kin ; M. Dupuis, heureux et riche, verrait son nom glorifié au premier rang des explorateurs et des bienfaiteurs des peuples. Mais M. Dupuis ne songeait qu'à la France ! On sait, aujourd'hui, de quelle incroyable façon la France a récompensé son courageux et dévoué patriotisme.

Le Tong-Kin, — dont la véritable désignation en langue annamite est *Bac-Ki,* — se trouve compris au nord-est de l'Annam, qu'il sépare de la Chine, entre 18° et 22° de latitude Nord, et 102° et 104° de longitude Est. Ce pays, que le Song-Koï (en chinois : *Hong-Kiang*) ou Fleuve-Rouge traverse dans la plus grande partie de son parcours, a été conquis par les Annamites de Hué sur la dynastie légitime des Lê en 1802 : depuis ce temps, ils n'ont pu conserver cette province, qui compte 10,000,000 d'habitants environ, qu'en la privant de toute communication avec l'extérieur, et qu'en faisant peser sur la population le plus étouffant despotisme. Aussi les Tong-Kinois n'attendent-ils qu'une occasion pour secouer le joug. Cette occasion, la France vient de la laisser échapper.

Avant de donner la physionomie générale du pays, rectifions, tout d'abord, une erreur commune aux géographes européens, sans exception. Jusqu'ici, on a commis cette grande méprise de fixer pour limites des possessions annamites dans le Tong-Kin les frontières de Chine. La partie du territoire comprise entre Lao-Kaï, frontière du Yûn-Nân, et Kouen-Ce est habitée par des tribus indépendantes qui établissent une barrière entre la Chine et le Tong-Kin ; et de fait, les habitants de ces deux derniers pays ne se rencontrent ni chez l'un ni chez l'autre. Au temps où régnait la dynastie tongkinoise, les peuples montagnards se reconnaissaient tributaires du Tong-Kin : mais, depuis la conquête de 1802, leurs tribus se sont affranchies du joug de l'Annam.

La distance comprise entre Kouen-Ce et la mer est de 229 milles, un peu plus de 100 lieues, en suivant le cours du Song-Koï, lequel, du reste, est à peu près droit. De Kouen-Ce, dernier poste annamite, à Lao-Kaï la distance est de 115 milles, c'est-à-dire de 55 lieues environ. Sur ce parcours de 344 milles, reliant sans obstacle le Yûn-Nân à l'Océan, nous aurions pu régner en maîtres, après avoir établi notre protectorat sur le Tong-Kin, au lieu de signer un traité dérisoire que l'empereur de Hué se garde bien d'exécuter.

Nous reviendrons sur cette question. Bornons-nous, actuellement, à décrire le fleuve, les contrées qu'il arrose et les habitants qu'il nourrit.

Le delta du Song-Koï comprend trois embouchures principales : le Cua-balat, le Cua-lak et le Cua-daï.

Ces trois estuaires sont obstrués par des bancs de sable, lesquels, s'élevant insensiblement, finiront par se réunir au continent. Un seul passage est accessible aux navires européens, le Tra-Li. Ce petit bras a donné son nom à un marché important. Tra-Li est l'unique port du Tong-Kin où les barques chinoises puissent, — en vertu des traités existants entre la Chine et l'Annam, — entrer, débarquer et embarquer. De ce point l'on peut remonter à Hâ-Noï, capitale de la province.

Le bras de Tra-Li, plus profond que les trois autres, compte 400 mètres de large, le Balat de 1,500 à 2,000 mètres, le Lak de 400 à 500 mètres, et le Daï 900 mètres environ.

En outre, un peu plus au nord et parallèlement au Song-Koï, non loin de la frontière, coule un autre fleuve, presque aussi important, le Thaï-Binh, lequel se subdivise également en deux bras : le plus méridional conservant le nom du fleuve même, le plus septentrional prenant celui de Cua-Cam.

C'est le cap Dao-Son (en chinois : *Tao-chân*, ou *Téou-chân*) qui marque l'entrée du Cam. Cette rivière baigne l'importante place de Haï-phong, sise au milieu des marécages, mais que nous avons suffisamment fortifiée lorsque nous y avons établi un consulat. Au point de vue militaire, sa situation est excellente. C'est le seul point du Tong-Kin, en effet, où les navires puissent trouver une profondeur suffisante pour pénétrer dans l'intérieur.

A Haï-phong, le Cam a environ 500 mètres de large : il en compte à peine 150 en tombant dans le Thaï-Binh, lequel, au contraire, au point de jonction, en possède de 800 à 1,000. Le Cam est très tortueux : en ligne droite il n'a guère plus de 25 milles, mais on en compte environ le double par eau. En suivant son cours, il englobe une île d'une grande étendue; ses deux bras sont, alors, également navigables.

La séparation du Cam et du Thaï-Binh s'opère au Lou-to-Kiang *(Les six bras)*. Depuis Haï-phong, ce ne sont, de tous côtés, que des rizières. Chaque village est entouré de nombreux bouquets d'arbres. Le pays est sain, et l'on y rencontre de l'eau douce.

Le Thaï-Binh offre une navigation très facile. Il renferme moins de bancs de sable que le Fleuve-Rouge. Sa largeur, à la mer, mesure plus de 3 kilomètres et, de là jusqu'au Lou-to-Kiang, dépasse en certains endroits 2,000 mètres. A 15 milles de son embouchure se trouve un canal de communication qui le réunit au Cua-lak, un des bras intérieurs du Song-Koï.

On rencontre, ensuite, Haï-Dzuong, une des plus importantes citadelles du Tong-Kin, à 15 milles également au-dessous du Lou-to-Kiang. La ville marchande compte

30,000 âmes. Lorsque le commerce florissait, sous la dynastie des Lê, les barques, remontant le Cam, passaient par Haï-phong et, par les canaux intérieurs, atteignaient Haï-Dzuong, d'où, rejoignant le Cua-lak par le canal de communication, elles remontaient à Hà-Noï, évitant ainsi les courants du Cam et du Thaï-Binh. Mais, depuis leur établissement au Tong-Kin, les Annamites ont fermé cette route en construisant deux forts à Haï-phong et un barrage au-dessous de Haï-Dzuong sur le canal qui mène au Cua-lak.

A 2 milles au-dessous du Lou-to-Kiang se trouve le Song-chi, second canal allant, à son tour, rejoindre le Fleuve-Rouge. Sa longueur est d'environ 45 à 50 milles : sa largeur qui, près du Thaï-Binh, mesure 100 à 150 mètres, va se rétrécissant jusqu'à n'en plus compter que 50 ou 60. A 5 milles du Cua-lak, le Song-chi présente un rapide dont la résistance nécessite de fortes machines. A son autre extrémité, quand il touche au Thaï-Binh, ce canal englobe une île de petite étendue.

Cette île à peine dépassée, le Thaï-Binh se rétrécit jusqu'à ne compter plus que 250 mètres de large.

On passe, peu après, devant une douane située sur un monticule. Sur la rive opposée, un autre monticule, où se voyaient, il y a peu d'années encore, les ruines d'un fort : cet emplacement, selon la tradition, serait celui de la capitale des anciens rois du Tong-kin. Mais à quelle époque reporter l'existence de la cité disparue? Ce doit être à une date fort reculée, car nous savons que le prince tong-kinois Lili, mort en 1432, avait donné à la ville, aujourd'hui appelée Hà-Noï *(l'intérieur du fleuve)*, le nom de Tong-Kin *(Cour de l'Est)*, désignation appliquée aujourd'hui par les Européens au pays lui-même, par opposition à celui de Tsin-hiao-fou *(Cour de l'Ouest)* que lui donnaient les Chinois.

Immédiatement au-dessus de la douane, le Thaï-Binh reçoit du Nord un affluent, venant des montagnes que l'on aperçoit à dix kilomètres environ. Quinze milles au-dessus, à vingt-quatre *lis* de Bac-Ninh, un petit village de 3,000 âmes, résidence d'un missionnaire espagnol, dont les habitants s'adonnent exclusivement au travail du fer, qu'ils façonnent en objets de première nécessité. Plus loin, le port de Bac-Ninh, distant de cette ville de sept ou huit kilomètres et lui servant de marché. Les environs sont consacrés à la culture du ricin, pour la production de l'huile à brûler. C'est une plante qui exige peu de soins et qui vient également bien à peu près partout.

A 10 kilomètres au delà, Tô-hà, petite cité commerçante de 12,000 habitants. On y fabrique toutes sortes de poteries, et aussi des coffrets en terre d'argile destinés à contenir les os des morts. La culture est celle du mûrier. C'est dire que l'industrie des vers à soie est importante dans ce district. Elle s'étend jusqu'à Thaï-Nguyen. Il importe de noter que toute la contrée, entre cette dernière place et Bac-Ninh, est demeurée fidèle à l'ancienne dynastie des Lê plus encore que dans le reste de la province. Les Chinois, en grand nombre dans la région, appuient fortement cette résistance, de telle sorte, que les mandarins annamites sont obligés de compter avec la population.

A 13 ou 14 milles au-dessus de Tô-hà apparaît une île, qu'environnent des bancs d'argile dure taillés à pic. Cinq milles plus haut, on atteint un troisième canal, communiquant avec le Fleuve-Rouge au dessous de Son-Tay. Il est vrai que, depuis quinze ans, son lit est encombré. A cet endroit, la largeur du Thaï-Binh n'est plus que de 100 mètres : il quitte, alors, son cours parallèle à celui du Song-Koï pour prendre la direction du Nord.

L'importante place de Thaï-Nguyen se rencontre ensuite à 20 milles environ au-dessus du canal. Les mines de charbon, de zinc, de plomb, de cuivre et même d'argent y abondent. L'autorité annamite y est purement nominale, et les mandarins de Hué en ont été souvent chassés.

La dernière ville importante du Tong-Kin dans le bassin du Thaï-Binh est Lang-Son, à six journées de marche plus loin, chef-lieu d'une province indépendante habitée par les Thos et les Xas.

Distance du Lou-to-Kiang au troisième canal : 55 milles. A partir de ce point, aucun canal, aucun arroyo ne font plus communiquer les deux fleuves.

Si l'on remonte maintenant le Tra-Li pour aller à Hà-Noï, on tombe, ainsi que nous l'avons dit, dans le Cua-Loc, que rencontre bientôt le canal du Thaï-Binh. On a laissé auparavant, sur la gauche, la ville de Nam-Dinh, assise sur un arroyo communiquant avec un des bras du Daï.

Quant au Daï, que nous savons impraticable, il reçoit le Namb-Dinh (en chinois : *Fou-li*), autre branche du Fleuve-Rouge qui arrose successivement Ninh-Binh, la mission catholique française de Ké-so, et Phu-ly.

Au-dessus du canal précité, sur le Cua-Loc, se trouve Hong-Yen, la première ville du Tong-Kin où des Européens se soient établis. Il y a plus de deux siècles, elle possédait des factoreries portugaises et hollandaises. Le fleuve est large de 1,000 mètres à cet endroit, grâce à la présence d'un puissant banc de sable situé au milieu de son cours et qui découvre à marée basse. Autrement, la largeur n'est que de 250 à 300 mètres près du canal, de 150 à 200 mètres en arrivant à Son-Tay. De décembre à mai, il y a peine 2 mètres d'eau ; mais, pendant le reste de l'année, on le remonte facilement. Les plaines qu'il parcourt sont toutes en rizières. Sa longueur est de 50 milles entre le canal du Thaï-Binh et celui de Song-chi.

De Hong-Yen au Lou-to-Kiang on compte environ 90 milles. De Hong-Yen à Hà-Noï, 40 milles.

Hà-Noï, que les indigènes nomment *Caï-tcheu* et les missionnaires *Kaï-tcho*, est l'ancienne capitale de la province. Bien qu'elle soit aujourd'hui déchue de son rang, elle en est encore la ville la plus importante. La cité marchande, qui s'étend entre la citadelle et le fleuve, compte environ 100,000 âmes. La citadelle ne renferme que des soldats, les fonctionnaires et les établissements publics : son entrée est interdite au peuple.

L'aspect de cette place suggère, toutefois, des pensées tristes : « Il y a, rapporte M. Dupuis, beaucoup de grands
» magasins chinois peu ou presque point occupés. Des mai-
» sons, qui pourraient contenir cinquante personnes et
» plus, en renferment à peine aujourd'hui une dizaine. Le
» commerce a considérablement diminué depuis la con-
» quête du pays par les Annamites. La colonie chinoise,
» qui occupe le plus beau quartier, compte environ
» 2,000 personnes. »

Le fleuve est large, devant Hà-Noï, de 700 à 800 mètres.

On rencontre successivement, ensuite, le canal du Song-chi, le troisième canal, et la ville de Son-Tay ; cette dernière un peu au-dessus du point de réunion du Cua-Loc et du Namb-Dinh.

Plus haut, sur la rive gauche, l'affluent du Tsin-hô ou *Rivière-Claire*. A quatre ou cinq journées de barque en amont, la rivière arrose Tuyen-Kouang, centre d'un commerce important ; puis, elle se subdivise en deux branches : la branche occidentale, qui prend sa source dans le Yûn-Nân, près de Kaï-Hoa-Fou ; et la branche orientale, qui sort du Kouang-Si. La navigation de la première s'arrête à Hô-yang, frontière du Tong-Kin, à quatorze ou quinze jours de distance de Tuyen-Kouang, et à quatre seulement de Kaï-hoa. La navigation de la seconde s'arrête à Cao-bang, autre place frontière, également située à quinze jours de barque du point de jonction et à trois jours de marche de Tiaô-Shing, dans le Kouang-Si.

Les grandes jonques et les petits vapeurs peuvent remonter la Rivière-Claire jusqu'à sa bifurcation : au-dessus, les deux branches ne sont accessibles qu'aux petits bateaux légèrement chargés. Ajoutons que tout ce bassin renferme de nombreuses mines de charbon, de zinc, de cuivre, de fer et d'argent autour desquelles une ouverture sérieuse du Fleuve-Rouge ne saurait manquer d'attirer de nombreux essaims de travailleurs.

A 10 ou 11 kilomètres au delà, sur la rive droite, le Hé-Hô ou *Rivière-Noire*, appelée *Ly-sien-Kiang* sur les cartes, et qui n'est autre que la branche occidentale du Fleuve-Rouge. Son entrée, obstruée par un banc, c'est assez difficile ; mais son cours redevient, ensuite, aisément navigable pendant deux journées pour de grandes barques ou de petits vapeurs. La navigation s'arrête forcément à Tsong-Pô, où l'on rencontre un grand rapide et une chute infranchissable.

La ville de Hung-Hoa est située à deux kilomètres au-dessus de l'embouchure de la Rivière-Noire. C'est une petite citadelle appartenant au système des autres villes du Tong-Kin, le système Vauban. Nous avons dit, en effet, que les officiers français fortifièrent l'Annam dans les dernières années du règne de Louis XVI.

Kouen-Ce, le dernier poste annamite, est distant de 220 lis de Hung-Hoa. Tout cet espace est couvert d'un grand nombre de villages, parmi lesquels on distingue Kin-Tchi-Hien. Le territoire en est très fertile : le riz, le sucre, le tabac, le coton, le ricin forment ses productions principales. Kouen-Ce n'est, du reste, qu'un poste de douaniers et de soldats. Son commerce particulier est sans importance.

Là commence le pays des forêts. Nous avons dit qu'il était peuplé, jusqu'à Lao-Kaï, de tribus indépendantes. La distance est de 115 milles. La navigation à vapeur y est facile pour les bateaux de deux mètres environ de tirant d'eau, de mai à décembre, époque des hautes eaux : mais, pendant la saison sèche, il est nécessaire de n'employer que des vapeurs d'une construction spéciale et d'un faible tirant d'eau, 70 centimètres à peu près.

En résumé, pour se rendre à Hà-Noï et, de là, remonter le Song-Koï jusqu'au Yûn-Nân, la navigation par le Thaï-Binh et le Cua-Loc ou par le Cua-Cam et le Song-chi est préférable à celle qui s'effectue par le Tra-Li. La barre du Thaï-Binh, en effet, peut laisser passer des navires de $3^m 50$ à 4 mètres pendant les huit mois des hautes eaux, de $1^m 80$ à 2 mètres pendant les autres mois de saison sèche : quant au Cam, les grands navires jusqu'à $6^m 50$ peuvent toujours le remonter jusqu'à Haï-phong ; toutefois, de décembre à mai, le Song-Koï reste bas, ce qui force de descendre le Thaï-Binh après avoir remonté le Cam, et, de mai à décembre, il ne porte que de petits navires. Mieux vaut donc prendre, en toute circonstance, l'entrée du Thaï-Binh.

II

Vallée de Bô-Chinh et cours du Giang. — Facilités qu'offrait la conquête du Tong-Kin. — Mœurs, commerce, industrie des Tongkinois. — Leur armée. — Température du pays.

Avant la réunion du Tong-Kin à l'Annam, le *Bô-Chinh* servait de limite aux deux pays. C'est une vallée dans la province de Kouang-Binh, qui peut avoir huit lieues d'étendue du côté de la mer sur quinze de profondeur et qui est entourée à l'ouest et au midi d'une ceinture de hautes montagnes. Un massif accidenté la sépare du bassin de la rivière de Dong-Hoï : on voit encore, sur les flancs de ces collines, les ruines des fortes murailles qui, jadis, séparaient le Tong-Kin de l'Annam. Les tyrans de Hué et de Ha-Noï y reléguaient simultanément leurs criminels. Ce lieu d'exil était mal famé, et fort redouté. Quand les missionnaires français vinrent se fixer dans la province, ils débutèrent par visiter cette population de proscrits. Ils avaient un but, qu'ils atteignirent. Ces malheureux ne pouvaient que haïr leurs despotes ! Aussi les Européens s'y virent-ils bien accueillis. Les conversions furent nombreuses, grâce au bien-être relatif dont on sut les faire accompagner. A la fin de 1873, le Bô-Chinh comptait 21,000 chrétiens contre une proportion de 80,000 bouddhistes. Ce district était, ainsi, devenu le plus important au point de vue religieux comme au point de vue politique, en ce qui peut, du moins, concerner l'influence française. Il est gouverné civilement par un préfet, et, religieusement, par trois missionnaires et douze prêtres indigènes.

Le magnifique fleuve Giang, qui se divise en trois branches à quelques milles de son embouchure, arrose cette vallée. Sa branche méridionale borne les deux missions désignées, dans la terminologie ecclésiastique, sous le nom de *Cochinchine septentrionale* et de *Tong-Kin méridional*. Géographiquement, les chrétientés établies dans les nombreux îlots du fleuve appartiennent donc, en réalité, au Tong-Kin. Un peu au nord de l'embouchure du Giang est le Vûng-Chùa, ou *baie de la Pagode*, mouillage bien connu de nos officiers de Saïgon. Pendant tout le courant de 1872 et de 1873, les pirates chinois y tinrent en observation une flottille de cinq ou six jonques de guerre pour arrêter les convois dirigés du Tong-Kin sur Hué. Ces forbans, du reste, ne se gênent aucunement pour opérer de temps en temps des descentes sur la côte, et pour piller et brûler tout ce qu'il rencontrent. La fameuse expédition du *Bourayne*, qui fit tant de bruit, n'a servi à rien. Les pirates se montrent franchement partout dans ces parages, depuis la pointe de Malacca jusque sur les côtes de la Chine.

Le cours du Hat-Giáng est sillonné par plus de deux mille jonques, presque toutes appartenant aux indigènes chrétiens, lesquels retirent de la pêche ou d'un petit commerce leur nourriture de chaque jour. Avant les ravages des pirates, ils possédaient quelques barques de mer qui apportaient régulièrement à la mission les produits de Ha-Noï et de Saïgon, faisant en même temps le service des correspondances. Aujourd'hui, les possesseurs de ces barques sont complètement ruinés.

Le Bô-Chinh se divise naturellement en deux régions : la région basse, où les rizières sont assez fertiles ; la région haute, où sont exploitées de magnifiques forêts.

Si l'on remonte la branche méridionale du Giang, ou Ngan-An, jusqu'à sa source, c'est-à-dire jusqu'aux montagnes qui séparent son bassin de la plaine du Mé-Không, on rencontre encore là, dans différentes vallées, plusieurs chrétientés de date plus récente. Elles se composent d'une agglomération de pauvres gens venus de toutes parts, lesquels, trouvant des bois à exploiter et des rizières à cultiver, ont fini par y établir leur résidence. L'ignorance de ces montagnards est extrême. La région, toutefois, est merveilleuse de pittoresque et d'imprévu. C'est là que se rencontrent les « cavernes » si fameuses du Bô-Chinh, que le Ngan-An traverse sous des voûtes de 300 pieds d'élévation, et dont les mille stalactites, en se réfléchissant dans le fleuve, présentent le tableau le plus féerique que l'on puisse imaginer.

Quant à la branche septentrionale, on compte également sur ses bords, de l'un comme de l'autre côté, de fort nombreuses chrétientés. Mais la navigation est périlleuse, ce bras du Giang se trouvant successivement coupé par vingt-quatre rapides. Les deux principaux centres de cette région sont Côn-Ngua et Vinh-Phuoc.

Je n'ai eu qu'un but en donnant ces détails : celui d'expliquer comment l'influence française se trouvait naturellement assise, depuis longtemps déjà, dans le pays. L'impatience avec laquelle les Tongkinois supportent l'annexion était un élément de plus, sur lequel nous pouvions compter. Le protectorat du Tong-Kin, mis en regard de notre protectorat du Cambodge, c'était la chute, à bref délai, de l'empire d'Annam, c'était le relèvement de notre Cochinchine, c'était la France dominant seule sur toutes les côtes de l'Indo-Chine orientale ! Ce projet généreux, qui fut celui de M. Dupuis et de Francis Garnier, doit-il donc n'être qu'un rêve ? Pourtant, en 1873, le moment était bien choisi. Le despotique Tu-Duc est exécré de ses mandarins et de sa cour, autant pour le moins que de ses sujets. D'autre part, les nombreux commerçants chino de la région, sans cesse dépouillés par les avides collecteurs de ce souverain, ne demandaient qu'à subir nos lois : et cela se comprend lorsqu'on a pu voir de près de quelle faveur excessive ils jouissent dans notre colonie, où toute la richesse commerciale s'accumule entre leurs mains à l'exclusion des trafiquants européens. Enfin, — et cela était surtout à considérer, en laissant de côté toute question religieuse, dont on n'avait nullement à se préoccuper ici, — notons plus de 2,000,000 de chrétiens indigènes, disséminés dans toutes les provinces de l'empire et n'attendant plus que l'heure de favoriser leurs coreligionnaires d'Occident. Il y avait là, je le répète, une situation unique, que les Anglais, eux, n'eussent point perdue en pareil cas. J'ai tenu entre mes mains, à Saïgon, des dépêches de l'évêque français de Hué offrant à nos troupes les services de ses néophytes pour assurer la réussite d'un coup de main sur cette capitale, qu'on pouvait alors très facilement surprendre. Ces dépêches, vraiment patriotiques, furent communiquées à M. le gouverneur Dupré, qui, cédant à de mesquines jalousies, n'en voulut point tenir compte. Ce haut et tout-puissant fonctionnaire préféra s'arrêter à des plans de hasard. On sait à que pitoyable désastre ces plans ont abouti !

Si M. de La Grandière, — le conquérant « pacifique » de nos trois provinces de l'ouest, — eût encore commandé à Saïgon lors de ces ouvertures, le résultat eût été différent !

Ces préliminaires posés, essayons d'esquisser brièvement la physionomie des habitants. Nous reprendrons ensuite l'exposé des faits.

« Les Tongkinois, raconte M. Dupuis, ont le nez moins
» épaté que les Chinois, et les pommettes plus saillantes.
» Ils ont des membres un peu frêles, la barbe peu fournie

» et le teint olivâtre. La figure des hommes est peut-être
» trop carrée, et celle des femmes trop ronde ; mais ils
» rachètent ces défauts par d'autres avantages, tels que la
» belle prestance du port, la finesse de la peau et de beaux
» yeux noirs cachés sous d'épais sourcils. Ils ne coupent
» jamais leurs cheveux, qui sont d'un noir d'ébène, et les
» portent aussi longs qu'ils peuvent devenir. Ils les ras-
» semblent derrière la tête en forme de chignon, et les
» maintiennent dans cette position à l'aide d'une épingle.
» Leur taille est, d'ordinaire, plutôt petite que grande. Un
» des traits caractéristiques de leurs mœurs consiste dans
» l'habitude qu'ils ont d'échanger des cadeaux en toute
» circonstance. Il ne faut songer à se présenter nulle part
» sans être précédé ou suivi d'une offrande. » Ajoutons
qu'ils ont également contracté l'habitude déplorable du
bétel. Les gens riches ne sortent jamais sans se faire
escorter d'un domestique porteur de cet indispensable
mélange. Si le promeneur est un lettré, son domestique
lui porte, en plus, ses pinceaux et son encre. Le public
s'extasie devant cette élégance suprême.

C'est à table qu'ils traitent d'habitude leurs affaires.
Aussi se reçoivent-ils souvent les uns les autres. Ils sont
d'un naturel très gai, fort prodigues, aimant le bruit, les
réjouissances, les fêtes, n'ayant aucun souci du lendemain.
Ils ont assez de penchant à la franchise, différant singulièrement en cela des Annamites et des Chinois.

En fait de culte, ils ne se préoccupent guère que de
celui des Ancêtres. Leurs pratiques funéraires sont somptueuses : souvent même ils s'obèrent par excès d'apparat.
Les morts sont déposés dans un cercueil garni de petits
sachets de chaux destinés à brûler les chairs ; après quoi l'on
recueille les os, qu'on renferme dans ces coffrets en terre
d'argile de Tô-Hà dont j'ai précédemment parlé. Ces coffrets

ont 50 centimètres de long sur 20 de haut et de large : le couvercle et les côtés sont perforés de petits trous. Jamais on ne brûle les morts au Tong-Kin.

Le Tongkinois, fort laborieux, aime le gain, bien qu'il ne soit pas avare. Aussi a-t-il l'esprit du négoce poussé plus loin que l'Annamite. Il fait commerce de tout. Cependant, il y a beaucoup de pauvres dans la province. Cela tient à l'absence du trafic avec l'extérieur, d'une part ; de l'autre, à l'exubérance de la population et à la tyrannie des mandarins de Tu-Duc.

A ce sujet, notons un détail curieux. Les Tongkinois exècrent leurs conquérants au point de rechercher avidement le costume européen, en haine du vêtement annamite. « Ils nous tourmentaient sans cesse, raconte encore
» M. Dupuis, pour obtenir de nous nos mauvaises chaus-
» sures et nos chapeaux. Dès qu'un tel peuple se croira
» suffisamment protégé par les Français, il acceptera avec
» enthousiasme nos idées, nos usages, notre costume
» même en l'appropriant au climat. »

Leurs foires et marchés sont très nombreux à l'intérieur.

J'ai déjà cité les cultures les plus importantes : le riz, le mûrier, le coton, la canne à sucre, le ricin. J'ajouterai à cette énumération la cannelle et l'indigo. La récolte du riz se fait deux fois par an dans le delta, une seule fois dans la vallée supérieure du fleuve, où l'eau séjourne plus longtemps. Quant à la soie, qui provient principalement de cocons jaunes, elle est à bon marché par suite du bas prix de la main d'œuvre, qui est de 0 fr. 30 par jour. Les Tongkinois sont encore très habiles à fabriquer toutes sortes d'objets en tabletterie, notamment les meubles en bois de *moun* (ébène) et de *trac* incrustés de nacre, dont l'usage commence à se répandre dans nos salons et nos boudoirs de Paris. Cette dernière essence d'arbre est rare et inaltérable, double qualité qui en accroît le prix.

Jusqu'en 1874, l'empereur de Hué s'était réservé le monopole du commerce du riz. Bien plus, il était défendu au peuple, sous les peines les plus sévères, de quitter le Tong-Kin pour commercer au dehors ; il aurait pu en rapporter des goûts d'indépendance. Au reste, la même prohibition est faite aux habitants même de l'Annam, spécialement pour ce qui concerne les relations avec Saïgon. Notre prétendu traité n'a rien changé, en réalité, à l'état des choses. Les seuls Chinois ont le droit de venir commercer au Tong-Kin dans le port de Tra-Li, et cela uniquement en vertu de la suzeraineté que la Chine a toujours gardée sur l'Annam. Quant à la France, si, depuis le traité, ses navires peuvent remonter librement jusqu'à Hâ-Noï, les ordres secrets de la cour de Hué persistent à maintenir le vide autour de nos commerçants.

Comme en Cochinchine, les maisons des villages sont généralement en bois ou en torchis entremêlé de bambous ; celles des pauvres, couvertes en chaume ; celles des riches, couvertes en tuiles. La population y vit concentrée. Aucune maison isolée, point de fermes éparses çà et là dans la campagne. Une épaisse ceinture de bambous dérobe aux regards chaque village.

A cause des débordements, parfois terribles du fleuve, les habitants du delta ont construit des chaussées, atteignant jusqu'à 7 ou 8 mètres d'élévation, pour se protéger. Sur beaucoup d'entre elles trois voitures pourraient aisément passer de front. On les rencontre jusqu'à Hung-Hoa, c'est-à-dire jusqu'au-dessus des confluents de la Rivière-Claire et de la Rivière-Noire. Dans cette longue portion du pays, les récoltes se transportent à l'aide de charrettes à bœufs ou de brouettes à bras. Cette dernière machine est ainsi décrite

par M. Dupuis : « Leurs brouettes sont très pratiques. La
» roue, au lieu d'être en avant, est placée au centre et
» supporte tout le poids. Il n'y a plus qu'un effort de
» traction à opérer. La roue est garantie par des parois
» établies autour de son mouvement de rotation. L'homme
» passe autour de son cou une courroie, qui vient s'atta-
» cher aux deux bras de la brouette. De chaque côté de ce
» commode véhicule sont aménagées des banquettes pour
» porter des voyageurs ou des marchandises. Les gens
» pauvres seuls font usage de ce moyen de locomotion.
» Les gens aisés voyagent dans des filets. »

On voit que cette ingénieuse invention ne le cède en
rien à la fameuse brouette à voile des Chinois. Quant aux
charrettes à bœufs, ces criardes et lourdes manivelles se
meuvent sur quatre roues pleines, lesquelles, par leur
pesanteur, ne contribuent pas peu à en rendre la marche
singulièrement lente. J'ai eu la fantaisie de me faire traîner
en cet original équipage dans l'Inde et dans le Cambodge :
mais je conseille fort à ceux qui ont les os sensibles de ne
se point risquer à un aussi douloureux mode de transport.

Dans le haut du pays, ce sont les hommes qui portent les
fardeaux à l'aide d'un gros bambou ferré aux deux extrémités, et dont chaque bout supporte l'anse d'un panier
destiné à contenir la charge. Ainsi équipés, ils courent au
pas gymnastique, tout comme les coolies chinois qu'on
rencontre à Saïgon.

Les agriculteurs forment la partie la plus nombreuse de
la population des villages. Les autres habitants exercent le
métier de charpentier, menuisier, forgeron, tisserand, scieur
de long, fabricant de cercueils. Mais les premiers sont, à
coup sûr, les plus moraux et les plus honnêtes.

L'armée tongkinoise n'existe que sur le papier. Les mandarins ont amené de l'Annam 1,500 ou 2,000 soldats anna-

mites, qui tiennent garnison dans toute la province.
« Leurs manœuvres, raconte encore M. Dupuis, s'exécu-
» cutent avec force grimaces. Il faut les voir gambader,
» courir, danser, couper le cou avec une facilité extrême :
» mais le moindre danger vient-il à survenir, tous ces
» habiles jongleurs sont bien vite en déroute. » Le reste
des troupes se compose des milices nationales, qui se refusent à combattre en haine de leurs oppresseurs et dont la
défection serait certaine, défection qui, vu leur prédomi-
nance numérique dans l'armée, amènerait forcément la
perte du pays. La cour de Hué s'en est bien aperçue lors
de notre dernière expédition !

Un dernier mot relativement à la température de la province. Elle est excellente et varie de 38° centigrades à 7°,
quelquefois à 5° au-dessus de zéro, selon la saison.
Les mois d'avril et de mai sont les plus durs à passer ; ils
finissent la saison sèche. Il en est de même, du reste, en
Cochinchine, où le mois de mai, qui sert de transition, est
accompagné presque journellement d'orages formidables.

III

**Les traités du 15 mars et du 31 août 1874. — Situation pré-
sente des ports concédés. — Nos auxiliaires naturels. —
Violations des traités par les Annamites. — Mesures prises
ou à prendre : annexion ou protectorat. — État actuel du
commerce au Tong-Kin.**

Je ne veux point raconter ici l'héroïque expédition de
Francis Garnier et de M. Dupuis qui, à la tête d'une poignée d'hommes également résolus, surent, en vingt-deux
jours, conquérir cette province du Tong-Kin, le plus riche
fleuron de la couronne du roi Tu-Duc. Aujourd'hui, cette

histoire est connue de tous (1). Je veux donc me borner à joindre mes conclusions personnelles, basées sur mon exacte connaissance de ce pays, à celles, déjà nombreuses, qui ont été précédemment émises.

Le traité politique signé à Saïgon, le 15 mars 1874, par M. le contre-amiral Dupré avec les ambassadeurs annamites délégués pour traiter de la paix stipulait les clauses suivantes :

1° Ouverture au commerce de trois ports annamites, Hà-Noï et Haï-Phong, dans le Tong-Kin, et Quin-Hone, dans l'Annam indépendant ;

2° Liberté pour les Européens de résider et d'acquérir sur ces trois points du territoire annamite, sous la protection d'un consul français et d'une garnison de 100 hommes dans chacune de ces localités ;

3° Libre circulation dans l'intérieur du royaume au moyen de passeports visés par le consul ;

4° Autorisation de faire transiter les produits de Chine à travers le Tong-Kin ;

5° Libre exercice de la religion catholique dans tout le royaume ;

6° Payement à l'Espagne par le gouvernement annamite d'une indemnité de 1 million de piastres (5,555,000 fr.) ;

7° Cession par la France au gouvernement annamite de 5 navires de guerre à vapeur, de la force totale de 500 chevaux, armés et équipés, de 100 canons approvisionnés de 200 coups par pièce, de 1,000 fusils à tabatière et de 500,000 cartouches ;

8° Remise à l'Annam de l'indemnité de guerre de 5,500,000 fr. qu'il restait devoir à la France ;

(1) Consulter, notamment, sur cette question l'instructif ouvrage de M. P. Gaffarel : *Les Explorations françaises de 1870 à 1881*, également publié dans la « Bibliothèque de vulgarisation ».

Éléphant de guerre.

9° Interdiction à l'empereur d'Annam, en cas de révolte ou de troubles intérieurs, de recourir à une autre puissance que la France.

Je me demande comment il a pu se faire qu'une Chambre française se soit résignée à voter un pareil traité sans avoir demandé aucune explication préalable au ministre de la marine au sujet des articles 6, 7 et 8 ? Vaincus, nous n'eussions pu signer une convention pire !

Relativement au payement à l'Espagne par le gouvernement annamite d'une indemnité de 1 million de piastres, il courait, à Saïgon, une singulière légende, qu'on m'a affirmée authentique et que je dois rapporter ici, ne voyant aucune autre explication plausible à une pareille stipulation, puisqu'aucun soldat espagnol n'a jamais mis les pieds au Tong-Kin lors de notre expédition de 1873-1874. On se souvient combien nos débuts, à Tourane, furent malheureux. Le gouvernement impérial résolut alors d'asseoir la future colonie sur les bords du Don-Naï. Mais comment acclimater nos pauvres soldats dans les marécages si malsains de l'intérieur ? Le chef de l'expédition fit donc appel au bon vouloir du gouvernement de Manille, lequel expédia aussitôt une forte colonne de Tagals, sous les ordres du colonel espagnol Palanca. Ces utiles auxiliaires, faits au climat, nous valurent nos trois provinces de l'est. Toutefois, l'Espagne, qui ne pouvait ni ne voulait nous rendre gratuitement un aussi important service, stipula qu'en échange de son aide on lui verserait 1 million de piastres, la conquête une fois assise, ou qu'on lui accorderait un territoire sur nos côtes pour y installer un port de relâche. A la fin de 1861, elle formula sa réclamation. La France refusa nettement le territoire ; quant aux piastres stipulées, elle oublia pendant douze ans de les payer. L'Espagne, qui n'était pas la plus forte, se tut. En 1874, trouvant l'occasion bonne de solder ce vieux compte sans bourse délier, M. l'amiral Dupré tira son acquit de la poche des Annamites.

C'est, assurément, au voisinage de cet article 6 qu'il.faut attribuer l'insolite convention de l'article 8. L'Annam, depuis douze ans également, nous devait une indemnité de 5 millions et demi. Il payait cette somme à l'Espagne, à notre place. En réalité, il ne nous devait plus rien. Pour ne point entrer dans des explications compromettantes, nous déclarions publiquement le décharger de sa dette. Il est vrai que, en garantie du payement à faire aux Espagnols, nous nous sommes constitués, pour six ans, les gardiens de la douane établie aux embouchures du Song-Koï. Il est possible que la France puisse, à cette occasion et pendant ce laps de temps, rentrer quelque peu dans ses propres déboursés, ce qui constittera notre seul profit d'un semblable traité.

Quant à l'article 7, je me bornerai à faire remarquer qu'il donne aux Annamites le moyen de nous mettre à la porte du Tong-Kin, dès que l'envie leur viendra de nous surprendre, à moins que nous ne soyons résolus à maintenir constamment sur un fort pied la flottille spécialement affectée à la garde de notre protectorat, ce qui sera encore une dépense de plus.

En réalité, qu'a reçu la France par cet acte diplomatique ? Une signature, à laquelle la cour de Hué est résolue de ne jamais faire honneur.

L'échange des ratifications du traité politique du 15 mars 1874, auquel était venu s'ajouter un traité de commerce le 31 août suivant, eut lieu à Hué le 13 avril 1875 seulement : toutefois, les Annamites se refusèrent à l'ouverture du Tong-Kin au commerce avant la ratification commerciale, qu'on gardait depuis six mois, à Paris, dans les cartons du ministère. On ne se souciait guère en effet, chez nous, de soumettre à la Chambre ce traité annexe, qui nous liait encore davantage les bras. Pourtant, il fallut bien s'y décider, et ce ne fut qu'au 18 septembre 1875 que fut fixée l'ouverture officielle du royaume au commerce européen. Ce même jour, les consuls français s'installèrent à Hà-Noï et à Haï-Phong, avec leurs escortes de 100 hommes.

Voyons, maintenant, quelle est notre situation depuis la ratification des traités.

A proprement parler, le seul des trois ports où nous avons droit d'établissement qui nous rapporte quelque peu est Haï-Phong. Je dirai plus loin dans quelle proportion. Mais il n'en peut être autrement, puisque cette place est la clef du fleuve. Il est vrai que le gouvernement annamite cherche de tout son pouvoir à neutraliser nos opérations : jusqu'à présent, en ce qui le concerne, la déclaration de l'ouverture du Song-Koï est restée à l'état de déclaration purement platonique. M. Dutreuil de Rhins écrit à ce sujet : « Le gouvernement annamite, loin d'en assurer la navigation, entretient sur son territoire des bandes de rebelles et de pirates chinois qui, en violation des traités de 1874, imposent des droits de douane, de province à province, sur tout le parcours du fleuve. » Nous laissons faire. De telle sorte que si les barques marchandes de l'extérieur peuvent remonter le fleuve, celles de l'intérieur sont arrêtées en chemin. On conçoit à quel point notre trafic souffre par suite de mesures de ce genre. Au début même de 1882, la cour de Hué encourageait encore presque ouvertement des entreprises analogues à quelques lieues à peine au-dessus de Hà-Noï. Il est difficile de se moquer de nous et de braver notre pavillon avec plus de désinvolture.

Aussi, jusqu'à présent, le commerce nous échappe à
Hà-Noï. Il est, tout entier, entre les mains des Chinois. Du
reste, les mauvais traitements infligés à M. Dupuis par
notre gouvernement et par nos agents n'ont point encouragé les Français à s'y fixer. Bien que la défiance de la
cour de Hué ait limité la présence des « Célestes » à une
infime proportion dans le Tong-Kin (les 15 provinces de
ce royaume n'en contiennent peut-être pas dix mille), ces
étrangers ont tout accaparé. Et cela s'explique. Indépendamment qu'ils sont admirablement unis, malgré leurs
provenances différentes, on remarque chez tous l'orgueil
de race et la conscience d'une supériorité écrasante sur les
Annamites. Ces simples marchands chinois, qui n'ont dans
ce pays ni consuls ni troupes pour les protéger, marchent
haut la tête devant les Annamites, petits ou grands mandarins, ne cèdent le pas à personne, professent une pitié
méprisante pour les indigènes, et n'en sont que plus respectés. Voilà tout le secret de la réussite en de pareilles
contrées. Voilà le secret que nous n'avons voulu, nous
autres Français, ni découvrir ni employer. Aussi les
Annamites sont-ils pour nous, dans le Tong-Kin, d'une
hauteur et d'une insolence rares, ne nous accordant
presque jamais les salutations réglementaires (*lay*), à
moins qu'ils ne soient pas en force ; dans ce dernier cas,
ils ne procèdent à cette formalité qu'avec une répugnance
visible à constater.

Pour en revenir à nos deux ports du Tong-Kin, disons
nettement qu'il importe que nous sachions dépouiller,
dans l'intérêt de notre influence future, les préjugés de la
métropole. Que l'on soit bien convaincu, en France, de
ceci : c'est que nous ne parviendrons à asseoir sûrement
notre protectorat dans ce royaume qu'à la condition de
favoriser, avant tout, ceux des habitants qui sont chré-

tiens. Ils ont fait leurs preuves envers nous ! Il ne s'agit plus ici, qu'on y songe, d'une question de prosélytisme ou de libre-pensée : cette alternative n'a rien à faire présentement dans l'hypothèse qui nous préoccupe. Ce qu'il nous importe de constater, ce sur quoi nous devons insister, parce que cette affirmation repose, — pour nous qui connaissons le pays —, sur une vérité indéniable, c'est que les Tongkinois chrétiens nous sont dévoués et attendent impatiemment de nous leur délivrance. Comme ils sont nombreux, ils entraîneront, au moment voulu, le reste des habitants, lesquels ne demandent qu'à expulser leurs oppresseurs. M. Dupuis, qui savait à fond les ressources de la région, ne se proposait pas d'employer un autre moyen. Ce qu'il eût fait à lui seul, si on lui eût permis d'accomplir son œuvre, nous devons le faire à notre tour, quand l'heure, — qui ne peut tarder, — sera propice. Du reste, un événement significatif vient de se passer, au commencement même de 1879, sur les bords du Fleuve-Rouge. Un descendant des anciens rois dépossédés, nommé Lé-Yang-Tsaï, a envahi, à la tête de 10,000 partisans, les districts de Ling-Shang et de Ching-Chou. Les Annamites, ne se sentant pas de force, en ont appelé à leur suzerain, l'empereur de la Chine, lequel a rendu, à cet effet, un édit rapporté par le *Wan-kwoh-kung* (de Shangaï). L'édit ordonne que, « L'Annam étant un pays
» faible et pauvre, incapable de résister à l'invasion, le
» gouveneur de Kouang-si, Yang-Chung-Ya, devra envo-
» yer à la poursuite de Lé-Yang-Tsaï des troupes en nom-
» bre suffisant pour le saisir, l'empêcher d'avancer davan-
» tage sur le territoire annamite, le faire comparaître
» devant les tribunaux, annihiler les plus dangereux de
» ses soldats et ramener à la raison, puis disperser les
» autres. Les troupes seront sous les ordres directs de

» Feng-Tsuo-Tsaï, qui, passera immédiatement la fron-
» tière avec elles et s'entendra avec Yang-Chung-Ya. »
Eh bien ! n'est-il pas évident que la cour de Hué, en cette
circonstance, a formellement contrevenu aux dispositions
de l'article 9 du traité de 1874, lequel interdit à l'Annam,
en cas de révolte ou de troubles intérieurs, de recourir à
une autre puissance que la France? En même temps, n'est-
ce pas là une preuve nouvelle de son affectation à ne
tenir aucun compte des conventions passées, lesquelles,
pourtant, nous ont coûté assez cher pour que nous en
exigions l'application entière et stricte ? A cette occasion,
je ne puis que répéter mes questions précédentes : que font
notre chargé d'affaires et nos consuls? pourquoi n'inter-
venons-nous pas ? Il faudra, évidemment, que nous en
arrivions à annexer l'Annam, comme nous avons fait déjà
du Cambodge, si nous voulons assurer notre commerce et
nos intérêts entre les bouches du Mé-Không et du Song-
Koï. Prenons garde, cependant, de nous en aviser trop
tard.

Ma conclusion, je l'emprunte textuellement à M. Dutreuil de Rhins :

« Si nous n'étions, dit-il, au siècle où le commerce et
» le besoin d'expansion, favorisés par l'électricité et la
» vapeur, poussent si rapidement les peuples civilisés à la
» conquête de nouveaux débouchés pour leurs produits,
» de nouveaux établissements, nous donnerions encore de
» longues années à ce triste royaume d'Annam : mais
» aujourd'hui les défauts de ses adversaires, *défauts qui*
» *lui sont malheureusement trop connus*, constituent sa
» seule force. Sous la réserve d'une parfaite connaissance
» du pays et des Annamites, leur histoire ancienne et
» moderne nous confirme dans cette opinion qu'on peut
» tout oser avec eux, *et que l'audace même est prudence.*

» La faiblesse de l'Annam est telle qu'il ne faudrait pas
» dix mille hommes pour en faire, en peu de temps, la
» conquête et pour la garder.

» Ceci soit dit à titre de renseignement, et non pour
» exciter prématurément des désirs d'extension. La con-
» quête de l'Annam est une question de temps, dont la
» solution est aujourd'hui en Europe, et pas ailleurs. En
» attendant le moment opportun, il serait à désirer que
» notre gouvernement de Cochinchine se souciât *unique-*
» *ment* d'attirer le plus grand nombre possible de nos
» nationaux dans le pays, d'y opérer toutes les réformes,
» d'y introduire toutes les améliorations nécessaires pour
» rendre profitable notre conquête. C'est le seul moyen à
» employer pour convaincre nos compatriotes de l'utilité
» qu'il y aurait à la garder ou à l'étendre ; car, si nous
» leur présentons de bons résultats, nous réveillerons en
» eux le goût de la colonisation, de laquelle dépend, en
» grande partie, le sort de notre marine. Nous stimulerons
» ainsi leur intérêt autant que leur patriotisme, et ils
» n'attendront pas d'être à la merci des marines étrangè-
» res, d'être appauvris matériellement et moralement et
» battus dans le *struggle for life* pour s'occuper enfin de
» leur colonie et de leur marine marchande ».

Les conseils sont excellents. Nous verrons si on les ap-
plique, et de quelle façon on s'y décidera.

Toutefois, si jamais la France s'annexe le Tong-Kin, elle
n'oubliera pas qu'elle doit cette conquête à MM. J. Dupuis
et Millot, les premiers Français qui aient osé, à leurs
risques et périls, explorer le Song-Koï du Yûn-Nân à la
mer, et que ce fut Francis Garnier qui, le premier, l'arrosa
de son sang. Si jamais encore elle s'annexe l'Annam, elle
n'oubliera pas davantage que cet accroissement de territoire, par lequel elle décuplera ses ressources par l'exten-

sion de son commerce, aura été l'œuvre de ces mêmes hommes, qui, par leur patriotisme, auront préparé ses voies. A chacun le mérite de ses œuvres !

Un dernier mot sur la question commerciale.

Nous devons à M. de Kergaradec, lieutenant de vaisseau et consul de France à Haï-Phong, un *Rapport* très instructif sur le commerce du Tong-Kin pendant l'année 1880.

D'après les états dressés par la douane mixte franco-annamite, les importations de ce port se sont élevées à 5,467,000 francs, et ses exportations à 7,500,000 francs ; soit un total, en chiffres ronds, de 13 millions de francs. Mais ce chiffre est loin de représenter la valeur des échanges opérés. Pour favoriser l'établissement du commerce extérieur, dont les commencements ont été très difficiles, la douane a mis sagement de côté les préoccupations fiscales, acceptant le plus souvent sans observations les déclarations qui lui étaient faites. Actuellement encore, le droit officiel de 5 0/0 *ad valorem* est liquidé sur des prix de base sensiblement inférieure à la vérité, de sorte que, pour arriver à une évaluation à peu près juste, il faudrait augmenter de 25 0/0 les données ci-dessus. Si à la somme ainsi obtenue nous ajoutons 2 millions de francs de numéraire importé et 1,500,000 francs pour l'opium, que le traité de commerce laisse en dehors de l'action de la douane mixte, nous arrivons au chiffre de 20 millions de francs, le mouvement véritable du port en 1880.

L'importation peut se détailler ainsi qu'il suit : cotons, filés ou tissus, 34 0/0 de la valeur totale ; opium, 21 0/0 ; médecines chinoises, 11 0/0 : tabac chinois préparé, 9 0/0 ; thés 5 0/0 ; marchandises diverses (papier chinois, sacs en paille, tissus de soie de Chine, cuivre en feuilles ou en saumons, bâtonnets odorants ou *joss-sticks*, lainages, draperies, allumettes, etc., etc.), 20 0/0.

Les exportations se répartissent à peu près de la façon suivante : riz, 39 0/0 ; soie grège et tissus de soie, 21 0/0 ; étain, 16 0/0 ; huile à faire la laque, 6 0/0 ; produits divers (*cu-nao* ou faux gambier, huile de badiane ou d'anis étoilé, drogues à l'état brut, incrustations, etc.), 18 0/0.

Pendant le cours de cette même année, il est entré ou sorti à Haï-Phong 253 navires européens, avec une jauge générale de 114,197 tonneaux, et 205 jonques chinoises, avec une jauge de 9,616 tonneaux. La navigation française tient, jusqu'à présent, une trop faible place dans ce mouvement ; encore n'en occupe-t-elle une que grâce aux voyages du bateau à vapeur subventionné par l'administration de la Cochinchine française. Mais comment en serait-il autrement ? Il n'y a pas un vapeur marchand français dans les mers de la Chine !

En terminant son remarquable *Rapport*, M. de Kergaradec estime que le Tong-Kin est appelé à un magnifique développement dès que, par une ligne de paquebots ou par un chemin de fer qui suivrait la vallée du Fleuve-Rouge, ce pays sera en relations sûres et suivies avec la Chine, ou plutôt le Yûn-Nân. Notre consul affirme que, dans ce cas, un mouvement commercial de plus de 300 millions passerait entièrement par le port d'Haï-Phong. M. Dupuis et M. Dutreuil de Rhins n'hésitent pas même à déclarer que ce chiffre devra s'étendre jusqu'à 600 millions !

D'après les statistiques publiées en 1880 par les douanes chinoises, la valeur totale des échanges est à Shanghaï de 380 millions, à Han-Kow de 250 millions, à Canton de 190 millions. Si les prévisions de M. de Kergaradec se réalisent, Haï-Phong, qui deviendra un jour inévitablement un port français, serait classé immédiatement après Shanghaï ; et si les estimations, plus splendides encore, de M. Dupuis et de M. Dutreuil de Rhins, si compétents dans la question, passent dans l'avenir à l'état de fait accompli, cette même place deviendrait alors la tête de ligne commerciale de toutes les mers de la Chine! Une telle perspective mérite bien quelques efforts et quelques dépenses.

Les événements, d'ailleurs, se précipitent et pourraient bien nous forcer la main. Au commencement du mois de mai 1882, nous avons dû bombarder la citadelle de Hâ-Noï, dont les mandarins favorisaient trop ouvertement les pirates du haut fleuve. A la suite de cette démonstration, le gouverneur de Saïgon, profitant de la subvention de 2,500,000 francs votée par les Chambres au mois d'avril 1881 pour l'entretien d'une flottille d'observation, a expédié sur le Fleuve-Rouge sept navires de guerre, montés par 650 hommes d'équipage, armés de 20 canons, dont 2 canons-revolvers, et ayant à bord un demi-bataillon d'infanterie de marine et un détachement de tirailleurs annamites de la colonie, sans compter l'artillerie de campagne. On a mis sur le champ garnison à Haï-Phong et à Hâ-Noï. L'objectif principal du corps expéditionnaire est, tout d'abord, de délivrer le haut fleuve des bandes connues sous le nom de « Pavillons-Noirs », puis d'occuper Lao-Kaï, dont nous ferons un entrepôt pour notre transit avec le Yûn-Nân, le Kouang-Si et la province de Tuyen-Kang. Espérons que cette campagne est le commencement du dénouement final. Puisque nous ne pouvons ni ne devons reculer, sachons, du moins, aller jusqu'au bout. Protectorat ou annexion, voilà désormais les deux seules solutions possibles du problème.

Il est, d'ailleurs, impossible de renoncer à la campagne poursuivie par nous depuis 1873 sur les rives du Fleuve-Rouge. Ce n'est plus seulement l'honneur de notre drapeau qui est en jeu, c'est encore l'avenir de notre importante colonie de Cochinchine qui se trouve engagé.

Les Anglais, — ces infatigables ennemis de l'influence française, — ont déjà pris les devants. En présence de nos hésitations incompréhensibles, ils ont agi, mettant tout en œuvre, avec une ténacité que rien ne rebute.

L'heure a cependant sonné pour la France de reconstituer l'empire colonial qu'elle a perdu. L'Indo-Chine orientale peut devenir pour nous une source de richesse et d'influence. Cette occasion, qui ne se retrouverait pas, la laisserons-nous perdre ?

Établissons-nous au plus tôt dans le Tong-Kin, et d'une façon définitive. Cela nous coûtera peu, relativement (il est vrai que cela nous eût coûté moins cher en 1874), et nous rapportera grandement. Plus tard, englobé par nos deux établissements de Cochinchine et du Tong-kin, l'Annam indépendant devra, à son tour, subir fatalement notre protectorat, comme l'a fait depuis longtemps le Cambodge. Ce jour-là, nous aurons fondé une colonie véritable, digne de la France, capable de rivaliser avec les grandes et fécondes colonies de l'Angleterre et de la Hollande, sans rivales l'une et l'autre jusqu'à présent dans ces mers lointaines. Il nous suffira de nous rappeler ce que nous avons su accomplir jadis et, en même temps, de mettre à profit les dures leçons du passé.

TABLE DES MATIÈRES

CAMBODGE

ROYAUME D'ANNAM

TONG-KIN

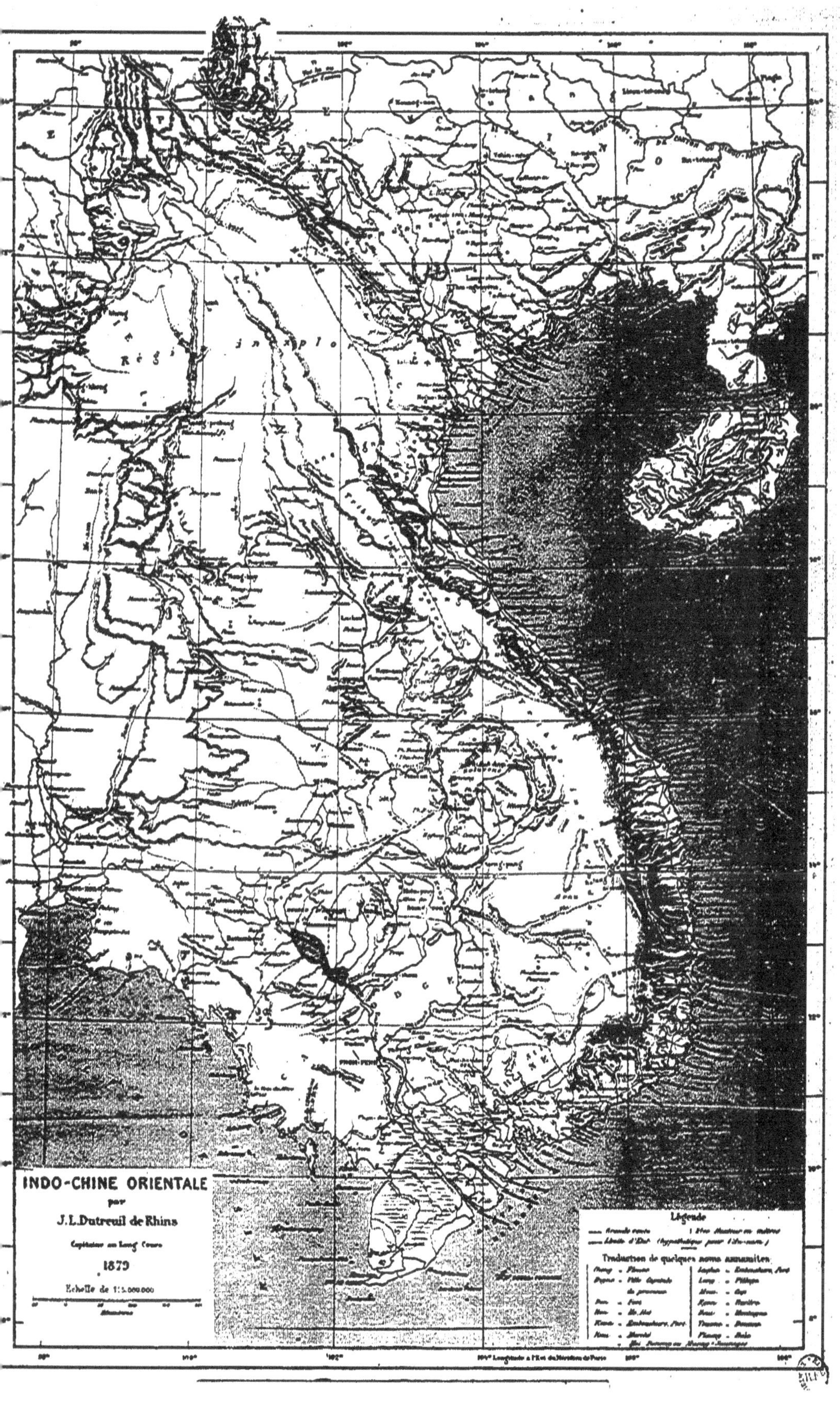

INDO-CHINE ORIENTALE
par
J. L. Dutreuil de Rhins
Capitaine au Long Cours
1879
Echelle de 1:5.000.000
Légende
Grande route
Limite d'État (hypothétique pour l'Annam)
Traduction de quelques noms annamites
Rég... in explo...
INDO-CHINE ORIENTALE